Die Anerkennungsfähigkeit von US-amerikanischen punitive damages awards vor dem Hintergrund der Wirkung des Verhältnismäßigkeitsprinzips im Schadensrecht

Studien zum vergleichenden und internationalen Recht -
Comparative and International Law Studies

Herausgeber: Bernd von Hoffmann (†), Erik Jayme, Heinz-Peter Mansel,
Christine Budzikiewicz, Michael Stürner, Karsten Thorn
und Marc-Philippe Weller

Band 205

PETER LANG

Florian Alexander Sippel

Die Anerkennungsfähigkeit von US-amerikanischen punitive damages awards vor dem Hintergrund der Wirkung des Verhältnismäßigkeitsprinzips im Schadensrecht

PETER LANG

Bibliografische Information der Deutschen Nationalbibliothek
Die Deutsche Nationalbibliothek verzeichnet diese Publikation in der Deutschen Nationalbibliografie; detaillierte bibliografische Daten sind im Internet über http://dnb.d-nb.de abrufbar.

Zugl.: Hamburg, Bucerius Law School, Diss., 2018

Gedruckt auf alterungsbeständigem, säurefreiem Papier
Druck und Bindung: CPI books GmbH, Leck

H 360
ISSN 0930-4746
ISBN 978-3-631-77914-9 (Print)
E-ISBN 978-3-631-80964-8 (E-PDF)
E-ISBN 978-3-631-80965-5 (EPUB)
E-ISBN 978-3-631-80966-2 (MOBI)
DOI 10.3726/b16463

Peter Lang – Berlin · Bern · Bruxelles · New York · Oxford · Warszawa · Wien

Diese Publikation wurde begutachtet.

www.peterlang.com

Meinen Eltern

Vorwort

Die Bucerius Law School – Hochschule für Rechtswissenschaft – in Hamburg hat diese Arbeit im Frühjahrstrimester 2018 als Dissertation angenommen. Die mündliche Promotionsprüfung fand am 2. Mai 2018 statt. Das Manuskript wurde im Dezember 2016 abgeschlossen. Für die Veröffentlichung konnten Rechtsprechung und Literatur bis Ende September 2018 berücksichtigt werden.

Herr Prof. Dr. Karsten Thorn, LL.M. hat diese Arbeit betreut und das Erstgutachten erstellt. Hierfür sowie für hilfreiche Ratschläge beim Anfertigen der Arbeit danke ich ihm sehr herzlich. Herrn Prof. Dr. Stefan Kröll, LL.M. danke ich für die zügige Erstellung des Zweitgutachtens.

Meiner Freundin Laura Borgel danke ich nicht nur für die Durchsicht des Manuskripts sowie wertvolle inhaltliche Anregungen, sondern von Herzen auch für ihre immerwährende und liebevolle Unterstützung seit nunmehr über sieben Jahren.

Mein größter Dank gilt schließlich meinen Geschwistern, Fabienne und Felix, sowie meinen Eltern, Jutta und Hans, für den bedingungslosen Rückhalt und die beständige Unterstützung, die sie mir schon mein gesamtes Leben zukommen lassen. Meinen Eltern ist diese Arbeit gewidmet.

Frankfurt am Main, im Oktober 2018
Florian Alexander Sippel

Inhaltsverzeichnis

Abkürzungsverzeichnis

ABl.	Amtsblatt
Abs.	Absatz
A.C.	Law Reports Appeal Cases
AcP	Archiv für civilistische Praxis
a.E.	am Ende
AfB	Archiv für bürgerliches Recht
AG	Die Aktiengesellschaft
AMG	Gesetz über den Verkehr mit Arzneimitteln
Art.	Artikel
Az.	Aktenzeichen
BBergG	Bundesberggesetz
BGB	Bürgerliches Gesetzbuch
BGBl.	Bundesgesetzblatt
BGH	Bundesgerichtshof
Begr.	Begründer
BGHZ	Entscheidungen des Bundesgerichtshofs in Zivilsachen
bspw.	beispielsweise
BVerfG	Bundesverfassungsgericht
BVerfGE	Entscheidungen des Bundesverfassungsgerichts
bzgl.	bezüglich
bzw.	beziehungsweise
C.L.R.	Commonwealth Law Reports
D.C.R.	District Court Reports
ders.	derselbe
d.h.	das heißt
DM	Deutsche Mark
DNotZ	Deutsche Notar-Zeitschrift
EGBGB	Einführungsgesetz zum Bürgerlichen Gesetzbuche
EMRK	Europäische Menschenrechtskonvention
EnWG	Gesetz über die Elektrizitäts- und Gasversorgung
FamFG	Gesetz über das Verfahren in Familiensachen und in den Angelegenheiten der freiwilligen Gerichtsbarkeit
f.	folgende
ff.	folgende
Fn.	Fußnote

FS	Festschrift
GBP	British Pounds
GG	Grundgesetz
HGB	Handelsgesetzbuch
Hrsg.	Herausgeber
insbes.	insbesondere
IPR	Internationales Privatrecht
IPRax	Praxis des Internationalen Privat- und Verfahrensrechts
IZVR	Internationales Zivilverfahrensrecht
JuS	Juristische Schulung
JZ	Juristenzeitung
krit.	kritisch
LG	Landgericht
m.w.N.	mit weiteren Nachweisen
NJW	Neue Juristische Wochenschrift
NJW-RR	NJW-Rechtsprechungs-Report
Nr.	Nummer
N.S.W.	New South Wales
N.Z.L.R.	New Zealand Law Reports
OLG	Oberlandesgericht
ProdHaftG	Gesetz über die Haftung für fehlerhafte Produkte
Q.B.	Law Reports Queen's Bench
RabelsZ	Rabels Zeitschrift für ausländisches und internationales Privatrecht
RG	Reichsgericht
RGBl.	Reichsgesetzblatt
RGZ	Entscheidungen des Reichsgerichts in Zivilsachen
RIW	Recht der Internationalen Wirtschaft
Rn.	Randnummer
Rz.	Randzeichen
S.	Seite
S.C.R.	Supreme Court Reports
sog.	sogenannte
StVG	Straßenverkehrsgesetz
t	Tonnen
U.S.	United States Reports
U.S.C.	Code of Laws of the United States of America
USD	United States Dollars
VersR	Versicherungsrecht

VR	Victorian Reports
VW	Die Versicherungswirtschaft
WM	Zeitschrift für Wirtschafts- und Bankrecht
z.B.	zum Beispiel
ZIP	Zeitschrift für Wirtschaftsrecht
ZPO	Zivilprozessordnung
ZVglRWiss	Zeitschrift für Vergleichende Rechtswissenschaft

A. Einleitung

„§ 328 I Nr. 4 ZPO ist die inländische Rechtsschutzgarantie für den durch die Anerkennung einer ausländischen Entscheidung bedrohten Vollstreckungsschuldner."[1]

Ein Vergleich des deutschen und des US-amerikanischen[2] Zivilprozessrechts offenbart schnell deutliche Unterschiede in Aufbau, Struktur und Schwerpunktsetzung zwischen beiden Rechtsordnungen. In vielen Teilbereichen herrscht daher noch immer erhebliche Unsicherheit hinsichtlich der Bewertung und Anerkennung bestimmter prozessualer Rechte. Die deutsche Rechtsordnung tut sich beispielsweise nach wie vor sehr schwer mit bestimmten Aspekten der US-amerikanischen Verfahrenseröffnung (z.B. Zustellung der Klageschrift), der Zuständigkeit angerufener Gerichte (z.B. bei Anwendung der *forum non conveniens*-Lehre) oder der Zulässigkeit bestimmter Prozesshandlungen (z.B. der „pre-trial discovery").[3] Diese Unsicherheiten und Probleme haben einst sogar zur Prägung des Begriffs vom „transatlantischen Justizkonflikt" geführt.[4] Vor diesem Hintergrund ist es zu begrüßen, dass US-amerikanische Zivilurteile mangels eines bilateralen Abkommen über die Urteilsanerkennung nach wie vor im Rahmen des deutschen Anerkennungsverfahrens am Maßstab von § 328 ZPO zu messen sind und deutsche Vollstreckungsschuldner daher vor einer aus Sicht der deutschen Rechtsordnung unberechtigten Inanspruchnahme durch US-amerikanische Zivilurteile geschützt werden können.

---

1 So *Becker*, RabelsZ 1996, 691, 708, in leichter Abwandlung eines Zitats von *Mansel*, Symposium, S. 82.

2 Ein einheitliches US-amerikanisches Zivilprozessrecht gibt es nicht, ebenso wenig wie eine einheitliches US-amerikanisches Recht. Stattdessen besitzen jeder Einzelstaat und der Bundesstaat ein eigenes Recht. In dieser Arbeit soll der Einfachheit halber dennoch pauschal vom „US-amerikanischen Recht" gesprochen werden.

3 Mit der Identifizierung von Problemfeldern im deutsch-amerikanischen Rechtsverkehr hat sich *Schütze* intensiv in mehreren Veröffentlichungen beschäftigt. Siehe u.a.: *Schütze*, FS Geimer, S. 1025 ff.; *ders.*, RIW 2004, 162 ff.; *ders.*, ZVglRWiss 2005, 427 ff.

4 *Krätzschmar*, FS Hay, S. 241, datiert den Beginn der Diskussion unter diesem Schlagwort auf ca. das Jahr 1985.

Bei einem Blick auf die Praxis der Urteilsanerkennung zeigt sich jedoch auch, dass ein solcher Schutz heute nur noch in Einzelfällen notwendig ist. Die weit überwiegende Zahl von Urteilen US-amerikanischer Zivilgerichte entspricht vielmehr den grundlegenden Prinzipien der deutschen Rechtsordnung. Aus diesem Grund ist es auch kaum verwunderlich, dass die letzte große Kontroverse im Bereich der Urteilsanerkennung zwischen den beiden Rechtsordnungen bereits über 100 Jahre zurückliegt. Im Jahr 1906 gab es in San Francisco als Folge eines schweren Erdbebens einen verheerenden Brand, dem große Teile der Stadt zum Opfer fielen. Im Nachgang des Brandes weigerten sich deutsche Brandschutzversicherungen, die Gebäudeeigentümer in San Francisco versicherten hatten, die entstandenen Schäden zu regulieren. Sie beriefen sich dabei auf eine Ausschlussklausel für Erdbeben in den Versicherungsverträgen und wurden daraufhin von den geschädigten Gebäudeeigentümern vor kalifornischen Zivilgerichten verklagt und durch diese Gerichte auch zur Zahlung verurteilt. Die deutschen Gerichte verweigerten in der Folge jedoch eine Anerkennung dieser Urteile unter Verweis auf die fehlende Verbürgung der Gegenseitigkeit (siehe § 328 Abs. 1 Nr. 5 ZPO). Auch nachdem der kalifornische Staat ein Gesetz verabschiedet hatte, das diesen Mangel überwinden sollte und daher eine gegenseitige Urteilsanerkennung vorsah, rückte das Reichsgericht vor dem Hintergrund der fehlenden tatsächlichen Übung einer gegenseitigen Anerkennung im Ergebnis nicht von seiner Anerkennungsverweigerung ab.[5]

Nach dieser Kontroverse, die auf dem eher formalen Argument der fehlenden Verbürgung der Gegenseitigkeit beruhte,[6] traten im Bereich der Urteilsanerkennung bis zum Jahr 1992 keine signifikanten neuen Probleme auf. Dies änderte sich erst durch die sog. Kalifornien-Entscheidung des Bundesgerichtshofs.[7] Diese betraf eine Urteilskategorie des US-amerikanischen Rechts, die von der deutschen Rechtsordnung seit jeher misstrauisch beäugt wurde und nach wie vor wird,[8] nämlich sog. punitive damages awards. Bei punitive damages handelt es sich um Schadensersatz, der den Schädiger bestrafen und zu einem normgerechten Verhalten anhalten soll.[9] Der Bundesgerichtshof lehnte in der Kalifornien-Entscheidung die Anerkennung von punitive damages pauschal ab und begründete dies mit einem Verstoß gegen den ordre public gem. § 328 Abs. 1

5 Siehe RGZ 70, 434 ff.

6 Siehe hierzu Kapitel B. I. 2. d).

7 BGH, Urteil vom 4. Juni 1992 – IX ZR 149/91; BGHZ 118, 312 ff.

8 Siehe hierzu insbesondere den Beitrag von *Mörsdorf-Schulte*, NJW 2006, 1184 ff.

9 Siehe hierzu im Einzelnen Kapitel B. II.

Nr. 4 ZPO. Er führte hierzu weiter aus, dass punitive damages gegen das im gesamten deutschen Recht wirkende Verhältnismäßigkeitsprinzip verstießen,[10] das ein „wesentlicher Grundsatz“ der deutschen Rechtsordnung und daher Teil des ordre public sei.[11]

Die Entscheidung des BGH wurde in der deutschen juristischen Literatur und Rechtsprechung ganz überwiegend begrüßt und entsprechend rezipiert. Insbesondere die Anerkennungsgerichte gingen nach der Kalifornien-Entscheidung schnell dazu über, eine Anerkennung von punitive damages unter Verweis auf die Rechtsprechung des BGH pauschal und ohne Prüfung des konkreten Einzelfalls abzulehnen. An dieser Vorgehensweise hat sich seit dem Jahr 1992 nichts Grundlegendes geändert, auch knapp 25 Jahre nach der Entscheidung des Bundesgerichtshofs lehnen deutsche Gerichte eine Anerkennung von punitive damages awards vollumfänglich ab.

Dabei wäre es durchaus angebracht, die Entscheidung des BGH und die ihr zugrunde liegende Argumentation vor dem Hintergrund der Rechtsentwicklungen in der Bundesrepublik Deutschland und den Vereinigten Staaten kritisch zu hinterfragen. Die zur Begründung der Anerkennungsverweigerung vorgetragene Argumentationslinie des BGH über den ordre public erfolgt nämlich über ein Rechtsinstitut, das offen für Veränderungen beider an der Urteilsanerkennung beteiligten Rechtsordnungen ist. Veränderungen im Recht der punitive damages als auch Veränderungen im deutschen Recht können somit durchaus dazu führen, dass ein einmal bestehender Verstoß gegen den ordre public später entfällt. Entwicklungen in den relevanten Bereichen in beiden Rechtsordnungen haben dabei auch unbestritten stattgefunden, bislang jedoch noch keine Auswirkungen auf die Anerkennungsfähigkeit von punitive damages vor deutschen Gerichten gezeigt. Nachfolgend sollen eben diese Entwicklungen näher analysiert und ihre Auswirkungen auf die bislang praktizierte Anerkennungsverweigerung aufgezeigt werden.

Hierzu soll in *Kapitel B.* zunächst näher auf die der Kalifornien-Entscheidung zugrunde liegenden rechtlichen Grundlagen eingegangen werden. Dies erfordert zunächst einen kurzen Abriss über Form und Ablauf des deutschen Anerkennungsverfahrens und der Wirkung des ordre public. Darüber hinaus muss die Funktion und Ausgestaltung von punitive damages im US-amerikanischen Schadensersatzrecht geklärt werden, bevor diese beiden Themen in der Beschreibung der tragenden Gründe der Kalifornien-Entscheidung zusammengeführt

---

10 BGHZ 118, 312, 343 f.

11 Siehe zum ordre public Kapitel B. I. 3.

werden können. Hierdurch soll insgesamt der Rahmen für die Untersuchung der zukünftigen Behandlung von punitive damages im Anerkennungsverfahren geschaffen werden.

Sodann wird sich *Kapitel C.* mit der zentralen Frage beschäftigen, inwieweit Entwicklungen im deutschen und US-amerikanischen Recht stattgefunden haben, die zentrale Elemente der Kalifornien-Entscheidung betreffen. Es wird dabei zunächst auf die Wirkung des Verhältnismäßigkeitsprinzips im deutschen Schadensrecht eingegangen und insbesondere dessen unterschiedlichen Formen und deren Wirkung auf die Bemessung von Ersatzfolgen analysiert werden. Daran anschließend wird geklärt, inwiefern sich das Recht der punitive damages seit dem Jahr 1992 weiterentwickelt hat und was dies für die Bemessung von punitive damages awards bedeutet. Hierdurch soll die Grundlage geschaffen werden, um etwaige Folgen dieser Entwicklungen für die Anerkennungsprüfung von punitive damages beurteilen zu können.

In *Kapitel D.* wird schließlich analysiert, welche konkreten Auswirkungen die Entwicklungen in der deutschen und der US-amerikanischen Rechtsordnung auf die Wirkung des ordre public im Rahmen der Anerkennungsprüfung von punitive damages haben. Hierbei wird insbesondere darauf eingegangen, inwieweit der Argumentation des BGH aus der Kalifornien-Entscheidung durch diese Entwicklungen die Grundlage entzogen wurde und was dies für die zukünftige Behandlung von punitive damages awards vor deutschen Anerkennungsgerichten bedeutet.

Abschließend werden in *Kapitel E.* die wichtigsten Feststellungen der vorangegangenen Untersuchung aufgezeigt. Hierzu soll auch eine thesenartige Zusammenfassung der gefundenen Ergebnisse dienen, die mit einem Ausblick auf die zukünftige Handhabung von punitive damages awards vor deutschen Gerichten verbunden sein wird.

B. Punitive damages awards im Verfahren der Urteilsanerkennung nach § 328 Abs. 1 ZPO

Die Diskussion zur Anerkennungsfähigkeit von US-amerikanischen punitive damages awards wird in Deutschland maßgeblich durch die ablehnende Haltung gegenüber punitive damages geprägt. Diese fußt maßgeblich in der Verbindung von punitive damages mit auf absurden Sachverhalten beruhenden und exorbitant hohen Schadensersatzsummen. Im wohl „bekanntesten" Fall[12] soll eine Frau in den Vereinigten Staaten den Hersteller ihres Mikrowellenherdes auf Schadensersatz verklagt haben, nachdem sie versucht hatte ihre Katze in der Mikrowelle zu trocknen. Im daraufhin ergangenen Urteil wurde ihr hoher Strafschadensersatz zugesprochen und die Verpflichtung des Herstellers begründet, in Zukunft einen Hinweis auf den Mikrowellenherden anzubringen, wonach diese zum Trocknen von Haustieren ungeeignet seien. Solche scheinbar haarsträubenden Urteile US-amerikanischer Gerichte führen dazu, dass punitive damages in Deutschland einen negativen Ruf haben und grundsätzlich abgelehnt werden. Das Erstaunliche ist jedoch, dass die gemeinhin mit punitive damages verbundenen Fälle fast ausschließlich urbane Mythen darstellen und nie wirklich vorgefallen sind.[13] Der bekannteste reale Fall dürfte der sog. „McDonald's coffee spill case" sein.[14] Doch auch in diesem Fall kam es letztlich nicht zur Zahlung

---

12 Ein anderer bekannter Fall ist der des „Autopiloten" im Wohnmobil: Demnach schaltete ein Mann in seinem gerade erworbenen Wohnmobil den „Autopiloten" (der in Wirklichkeit ein Tempomat war) ein, verließ das Steuer und legte sich auf der Couch im hinteren Teil des Wohnmobils schlafen. Das Wohnmobil fuhr in der Folge einen Abhang hinunter. Daraufhin soll der Mann (oder in einer Abwandlung seine Hinterbliebenen) erfolgreich den Hersteller des Wohnmobils auf hohen Schadensersatz verklagt haben, da dieser nicht darauf hingewiesen hatte, dass der „Autopilot" das Wohnmobil nicht automatisch ans Ziel steuere.

13 So auch der Mikrowellen-Fall; siehe hierzu *Trapp*, FS Rauscher, S. 158.

14 *Stella Liebeck v. McDonald's Restaurants, P.T.S., Inc. and McDonald's International, Inc.*, CV-93-02419, trial pleading: 1993 WL 13651163, judgment: 1995 WL 360309 (Westlaw citations). *Stella Liebeck* verschüttete bei McDonald's erworbenen Kaffee über ihre Beine und erlitt dabei Verbrennungen. Sie verklagte daraufhin McDonald's mit dem Argument, der Kaffee sei zu heiß gewesen und dies nicht kenntlich gemacht worden. *Stella Liebeck* persönlich bescherte ihre Klage unerwartete Popularität. So wurde bspw. durch *Randy Cassingham* der nach ihre benannte „Stella-Award" eingeführt, der bis 2007 jährlich für punitive damages-Klagen verliehen wurde, die besonders „wild, outrageous, or ridiculous" waren. Siehe hierzu http://www.stellaawards.com.

eines sehr hohen Strafschadensersatzes, sondern zu einer außergerichtlichen Einigung der Parteien auf einen niedrigen Betrag.[15] Die negative Grundeinstellung gegenüber punitive damages hat allerdings dazu geführt, dass das Urteil des BGH aus dem Jahr 1992,[16] das punitive damages awards für nicht anerkennungsfähig erklärte, weitgehend unreflektiert hingenommen und kaum hinterfragt wurde. Die strikt ablehnende Haltung des Gerichts wird vielmehr nach wie vor als selbstverständlich angesehen und die dogmatische Begründung nicht weiter diskutiert. Um vor diesem Hintergrund die Frage der heutigen Anerkennungsfähigkeit von punitive damages sinnvoll diskutieren zu können, soll zunächst in die für diese Diskussion relevanten Themenfelder eingeführt werden. Nachfolgend wird daher zunächst das Anerkennungs- und Vollstreckungsverfahren der ZPO beschrieben werden, gefolgt von einer Darstellung der Schadensersatzform der punitive damages. Zum Abschluss wird auf das soeben angesprochene Urteil des BGH eingegangen und dessen zentrale Aussagen analysiert.

I. Die Anerkennung und Vollstreckung ausländischer Urteile nach den Vorschriften der Zivilprozessordnung

Ein zivilrechtlicher Titel kann grundsätzlich nur im jeweiligen Urteilsstaat vollstreckt werden, da seine Wirkung auf dessen Gebiet beschränkt ist.[17] In einem Drittstaat entfaltet der Titel als fremder Hoheitsakt hingegen keine Wirkung. Allerdings sieht eine Reihe bilateraler Verträge[18] und multilateraler

---

15 Ursprünglich war McDonald's durch die Jury zu punitive damages in Höhe von USD 2,7 Mio. verurteilt worden. Dieser Betrag wurde jedoch bereits durch das Tatsachengericht auf USD 480.000 herabgesetzt. Nachdem beide Seiten in Berufung gegangen waren, einigten sie sich außergerichtlich auf einen unbekannten Betrag.

16 BGHZ 118, 312 ff.

17 *Martiny*, Hdb IZVR III/1, Rz. 68; *Schönau*, Anerkennung Mehrrechtsstaaten, S. 31.

18 Teilweise werden die nachfolgend aufgezählten bilateralen Verträge durch andere Vertragswerke überlagert: Abkommen zwischen dem Deutschen Reich und der Schweizerischen Eidgenossenschaft über die gegenseitige Anerkennung und Vollstreckung von gerichtlichen Entscheidungen und Schiedssprüchen vom 2.11.1929, RGBl. 1930 II, S. 1066; Abkommen zwischen dem Deutschen Reich und dem Königreich Italien über die gegenseitige Anerkennung und Vollstreckung gerichtlicher Entscheidungen in Zivil- und Handelssachen vom 9.3.1936, RGBl. 1937 II, S. 145; Abkommen zwischen der Bundesrepublik Deutschland und dem Königreich Belgien über die gegenseitige Anerkennung und Vollstreckung von gerichtlichen Entscheidungen, Schiedssprüchen und öffentlichen Urkunden in Zivil- und Handelssachen vom 30.6.1958, BGBl. 1959 II, S. 766; Vertrag zwischen der Bundesrepublik Deutschland und der Republik Österreich über die gegenseitige Anerkennung und Vollstreckung von gerichtlichen

Abkommen[19] die gegenseitige Anerkennung und Vollstreckung zivilrechtlicher Urteile vor. Hierfür ist regelmäßig Voraussetzung, dass sich das anzuerkennende Urteil an bestimmte Vorgaben hält oder im Anerkennungsstaat durch ein im jeweiligen Regelungswerk vordefiniertes Prüfverfahren bestätigt wurde.[20]

Entscheidungen, Vergleichen und öffentlichen Urkunden in Zivil- und Handelssachen vom 6.6.1959, BGBl. 1960 II, S. 1245; Abkommen zwischen der Bundesrepublik Deutschland und dem Vereinigten Königreich Großbritannien und Nordirland über die gegenseitige Anerkennung und Vollstreckung von gerichtlichen Entscheidungen in Zivil- und Handelssachen vom 14.7.1960, BGBl. 1961 II, S. 301; Vertrag zwischen der Bundesrepublik Deutschland und dem Königreich Griechenland über die gegenseitige Anerkennung und Vollstreckung von gerichtlichen Entscheidungen, Vergleichen und öffentlichen Urkunden in Zivil- und Handelssachen vom 4.11.1961, BGBl. 1962 II, S. 110; Vertrag zwischen der Bundesrepublik Deutschland und dem Königreich der Niederlande über die gegenseitige Anerkennung und Vollstreckung gerichtlicher Entscheidungen und anderer Schuldtitel in Zivil- und Handelssachen vom 30.8.1962, BGBl. 1965 II, S. 26; Vertrag zwischen der Bundesrepublik Deutschland und dem Staat Tunesien über Rechtsschutz und Rechtshilfe, die Anerkennung und Vollstreckung gerichtlicher Entscheidungen in Zivil- und Handelssachen, sowie über die Handelsgerichtsbarkeit vom 19.7.1966, BGBl. 1969 II, S. 890; Vertrag zwischen der Bunderepublik Deutschland und dem Staat Israel über die gegenseitige Anerkennung und Vollstreckung gerichtlicher Entscheidungen in Zivil- und Handelssachen vom 20.7.1977, BGBl. 1980 II, S. 925; Vertrag zwischen der Bunderepublik Deutschland und dem Königreich Norwegen über die gegenseitige Anerkennung und Vollstreckung gerichtlicher Entscheidungen und anderer Schuldtitel in Zivil- und Handelssachen vom 17.6.1977, BGBl. 1981, S. 341; Vertrag zwischen der Bundesrepublik Deutschland und Spanien über die Anerkennung und Vollstreckung von gerichtlichen Entscheidungen und Vergleichen sowie vollstreckbaren öffentlichen Urkunden in Zivil- und Handelssachen vom 14.11.1983, BGBl. 1987 II, S. 35.

19 Übereinkommen über die gerichtliche Zuständigkeit und die Anerkennung und Vollstreckung von Entscheidungen in Zivil- und Handelssachen vom 30.10.2007, ABl. L 339, S. 3 ff. (sog. revidiertes LugÜ); Haager Übereinkommen über die Anerkennung und Vollstreckung von Unterhaltsentscheidungen vom 20.10.1973, BGBl. 1986 II, S. 826.

20 Siehe hierzu bspw. die alte Regelung zur Anerkennung und Vollstreckung von Urteilen innerhalb der Europäischen Union gemäß Verordnung (EG) Nr. 44/2001 vom 22. Dezember 2000 des Rates über die gerichtliche Zuständigkeit und die Anerkennung und Vollstreckung von Entscheidungen in Zivil- und Handelssachen, ABl. L 12, S. 1 ff., 16.01.2001 (sog. Brüssel I-VO). Diese wurde mittlerweile durch die Verordnung (EU) Nr. 1215/2012 des Europäischen Parlaments und des Rates vom 12. Dezember 2012 über die gerichtliche Zuständigkeit und die Anerkennung und Vollstreckung von Entscheidungen in Zivil- und Handelssachen, ABl. L351, S. 1 ff., 20.12.2012 (sog.

Existieren keine vorgehenden staatsvertraglichen Regelungen, so erfolgt die Vollstreckbarerklärung in der Bundesrepublik nach den autonomen Vorschriften der ZPO, genauer nach §§ 722 Abs. 1, 723 ZPO.[21]

1. Die Vollstreckbarerklärung gem. §§ 722 Abs. 1, 723 ZPO

In § 722 Abs. 1 ZPO ist der Grundsatz festgeschrieben, nach dem die Vollstreckung aus einem ausländischen Titel nur erfolgen kann, wenn dieser durch ein Vollstreckungsurteil bestätigt wurde. Die Norm legt fest, dass das ausländische Urteil durch das Vollstreckungsurteil eigenständig im Inland vollstreckt werden kann und nicht lediglich die ausländische Vollstreckbarkeit auf das Inland übertragen wird. Die Vollstreckbarerklärung ist deshalb auch prozessuales Gestaltungs- und nicht bloßes Feststellungsurteil.[22] Der Unterschied dieser Wirkungserstreckung durch die Vollstreckbarerklärung zu einer bloßen Wirkungsverleihung zeigt sich, wenn die für vollstreckbar erklärte ausländische Entscheidung im Urteilsstaat ihre Vollstreckbarkeit verliert. In diesem Fall könnte sie bei Vorliegen einer bloßen Wirkungsverleihung auch im Inland nicht mehr vollstreckt werden, während sie bei Erstreckung der Wirkung durch ein Vollstreckungsurteil ihre inländische Vollstreckbarkeit behält.[23]

Das ausländische Urteil ist gem. § 723 Abs. 2 ZPO immer dann anzuerkennen, wenn es im Urteilsstaat Rechtskraft erlangt hat (siehe § 723 Abs. 2 S. 1 ZPO) und kein Ausschlussgrund nach § 328 Abs. 1 ZPO vorliegt (siehe § 723 Abs. 2 S. 2 ZPO). Das Erfordernis eines rechtskräftigen ausländischen Urteils und damit der endgültigen Vollstreckbarkeit im Urteilsstaat erfolgt dabei aus Gründen des Beklagtenschutzes. Der Beklagte soll sich erst dann einer Vollstreckung gegenübersehen, wenn das gegen ihn gerichtete Urteil bestandskräftig geworden ist. Abzustellen ist dabei auf die formelle Rechtskraft und somit darauf, ob die Entscheidung im Urteilsstaat noch mit ordentlichen Rechtsbehelfen angegriffen

---

Brüssel Ia-VO) ersetzt, die Notwendigkeit einer Vollstreckbarerklärung (sog. Exequatur) abgeschafft hat.

21 Anwendbar insbesondere im Verhältnis zu den Vereinigten Staaten von Amerika, da der Freundschafts-, Handels- und Schifffahrtsvertrag zwischen der Bundesrepublik Deutschland und den Vereinigten Staaten von Amerika vom 29.10.1954, BGBl. 1956 II, S. 487, keine Regelungen bzgl. der Anerkennung und Vollstreckung von Urteilen enthält.

22 Hk-ZV-*Netzer*, § 722 Rn. 1; *Jauernig/Berger*, Zwangsvollstreckungs- und Insolvenzrecht, § 2 Rz. 65; Thomas/Putzo-*Hüßtege*, § 723 Rn. 7.

23 Siehe hierzu *Geimer*, FS Georgiades, S. 493.

werden kann.[24] Über den Wortlaut des § 723 Abs. 2 S. 1 ZPO hinaus ist schließlich erforderlich, dass die Entscheidung auch im Urteilsstaat vollstreckbar ist. Dies wird damit begründet, dass die Urteilswirkung eines ausländischen Urteils in der Bundesrepublik nicht weitergehen soll, als im Urteilsstaat selbst. Damit kann ein ausländisches Urteil trotz formeller Rechtskraft immer dann nicht für vollstreckbar erklärt werden, wenn es im Urteilsstaat nicht vollstreckbar ist.[25] Zu beachten ist zudem das Verbot der révision au fond gem. § 723 Abs. 1 ZPO, durch das die Möglichkeit der sachlichen Nachprüfung des ausländischen Urteils ausdrücklich ausgeschlossen wird.[26] Das Nachprüfungsverbot bezieht sich dabei umfassend auf die Sachverhaltsermittlung, die Bestimmung der anzuwendenden Rechtsordnung und die konkrete Rechtsanwendung durch das ausländische Gericht (sog. Erstgericht).[27] Das Verbot der révision au fond erfolgt aus Gründen der Gewährung effektiven Rechtsschutzes.[28] Dieser wäre erheblich eingeschränkt, müsste ein Kläger nach Obsiegen in einem Staat ein zweites Verfahren zur Sache in einem anderen Staat führen, um in diesem ein vollstreckbares Urteil zu erlangen. Das Nachprüfungsverbot dient insofern auch der Effektivität und Verfahrenseffizienz des internationalen Rechtsverkehrs.

2. Die Anerkennungshindernisse gem. § 328 Abs. 1 Nr. 1, 2, 3, 5 ZPO

Das Anerkennungsverfahren nach § 328 ZPO dient der Sicherung unverzichtbarer Minimalanforderungen der deutschen Rechtsordnung. Dies ist notwendig und geboten, da der Kläger zur Durchsetzung seiner titulierten Ansprüche nach erfolgter Vollstreckbarerklärung staatliche Hilfe beanspruchen kann und jeder Vollstreckungsstaat ein legitimes Interesse daran hat, keine der eigenen Rechtsordnung fundamental zuwiderlaufenden Urteile aktiv durchsetzen zu müssen. Zu beachten ist dabei, dass das Anerkennungsverfahren lediglich auf Urteile

---

24 BGHZ 141, 286, 294; Baumbach/Lauterbach/Albers/Hartmann, § 723 Rn. 4; Musielak-*Lackmann*, § 723 Rn. 1; Thomas/Putzo-*Hüßtege*, § 328 Rn. 3; Zöller-*Geimer*, § 723 Rn. 2.

25 Im umgekehrten Fall, d.h. bei Vollstreckbarkeit im Urteilsstaat trotz fehlender Rechtskraft (z.B. wegen Anordnung der vorläufigen Vollstreckbarkeit), kann das Urteil aufgrund des Erfordernisses der formellen Rechtskraft nicht für vollstreckbar erklärt werden.

26 Baumbach/Lauterbach/Albers/Hartmann, § 723 Rn. 3; Musielak-*Lackmann*, § 723 Rn. 1; Zöller-*Geimer*, § 723 Rn. 1.

27 *Geimer*, IZPR, Rz. 2910; MüKoZPO-*Gottwald*, § 723 Rn. 2.

28 *Bach*, Grenzüberschreitende Vollstreckung, S. 14 f.

anwendbar ist. Hierunter versteht die herrschende Meinung jede Entscheidung, unabhängig von ihrer Form und Bezeichnung, die nach einem geordneten Verfahren endgültig über eine aufgestellte Rechtsbehauptung ergeht.[29] Sie muss jedoch von einem Gericht und damit von einer staatlichen Stelle, die nach den ausländischen Gesetzen zur Entscheidung von privatrechtlichen Streitigkeiten berufen ist, erlassen worden sein.[30] Ein diesen Grundsätzen entsprechendes ausländisches Urteil unterliegt der Nachprüfung gem. § 328 Abs. 1 ZPO, der die Anerkennung hindernde Ausschlussgründe enthält.

a) Internationale Zuständigkeit des Urteilsstaates – § 328 Abs. 1 Nr. 1 ZPO

Zunächst überprüft das Vollstreckungsgericht die internationale Zuständigkeit des Erstgerichts, wobei es nicht an dessen Feststellung gebunden ist, sondern eine eigene Tatsachenfeststellung vorzunehmen hat.[31] Heranzuziehen sind dabei nicht die Regeln der *lex fori*, d.h. die autonomen Vorschriften des Urteilsstaates, sondern die deutschen Regelungen zur internationalen Zuständigkeit werden spiegelbildlich angewandt.[32] Das Vollstreckungsgericht prüft insofern, ob sich das Erstgericht bei Anwendung der deutschen Vorschriften für international zuständig hätte erklären dürfen (sog. Anerkennungszuständigkeit).[33] Das deutsche Recht billigt ausländischen Gerichten im Rahmen des Anerkennungsverfahrens somit genau diejenige internationale Zuständigkeit zu, die auch inländische Gerichte in Anspruch nehmen können.[34] Es reagiert damit auf exorbitante Gerichtsstände ausländischer Rechtsordnungen, die eine internationale Zuständigkeit selbst bei Vorliegen minimaler Anknüpfungspunkte begründen.[35]

29 *Geimer*, IZPR, Rz. 2851; Baumbach/Lauterbach/Albers/Hartmann, § 328 Rn. 9; Musielak-*Stadler*, § 328 Rn. 5; Zöller-*Geimer*, § 328 Rn. 68.

30 BGHZ 20, 323, 329; Baumbach/Lauterbach/Albers/Hartmann, § 328 Rn. 10; Zöller-*Geimer*, § 328 Rn. 68.

31 BGHZ 52, 30, 37; MüKoZPO-*Gottwald*, § 328 Rn. 91; Musielak-*Stadler*, § 328 Rn. 12; Zöller-*Geimer*, § 328 Rn. 145.

32 Sog. Spiegelbildprinzip, siehe BGHZ 30, 1, 3; *Haas*, IPRax 2001, 195, 196; *Kern*, ZZP 2007, 31, 38; *Schönau*, Anerkennung Mehrrechtsstaaten, S. 36; MüKoZPO-*Gottwald*, § 328 Rn. 80.

33 Baumbach/Lauterbach/Albers/Hartmann, § 328 Rn. 16; Musielak-*Stadler*, § 328 Rn. 9; Zöller-*Geimer*, § 328 Rn. 102.

34 *Von Bar/Mankowski*, IPR I, § 5 Rn. 125.

35 *Schönau*, Anerkennung Mehrrechtsstaaten, S. 37; *von Bar/Mankowski*, IPR I, § 5 Rn. 124.

Die Anwendung solcher Gerichtsstände wird durch das Spiegelbildprinzip jedoch nicht vollständig unterbunden, da beispielsweise der Vermögensgerichtsstand gem. § 23 ZPO auch zugunsten des ausländischen Gerichts zu berücksichtigen ist und zuständigkeitsbegründend wirken kann.[36] Da die Überprüfung der internationalen Zuständigkeit dem Beklagtenschutz dient, erfolgt sie schließlich nur auf Rüge des Beklagten und nicht von Amts wegen.[37] Eine Ausnahme von diesem Grundsatz ist jedoch geboten, wenn die fehlende Anerkennungszuständigkeit auf Verletzung einer ausschließlichen internationalen Zuständigkeit deutscher Gerichte beruht, da in diesem Fall neben den Interessen des Beklagten auch solche der Bundesrepublik Deutschland betroffen sind.[38]

b) Fehlende Einlassung des Beklagten – § 328 Abs. 1 Nr. 2 ZPO

Ein weiteres Anerkennungshindernis stellt die Verletzung des rechtlichen Gehörs des Beklagten im Rahmen der Verfahrenseröffnung dar. Dies ist nach dem Wortlaut der Vorschrift immer dann der Fall, wenn dem Beklagten das verfahrenseinleitende Schriftstück nicht ordnungsgemäß oder aber erst so spät zugestellt wurde, dass ihm eine Verteidigung unmöglich war. Da der Einwand ebenfalls dem Beklagtenschutz dient, muss er im Rahmen des Anerkennungsverfahrens erhoben werden und wird nicht von Amts wegen berücksichtigt.[39] Die Norm ist zudem nur dann einschlägig, wenn der Beklagte weder zu prozessualen noch zu materiellen Fragen verhandelt, sich mithin überhaupt nicht auf das Verfahren eingelassen hat.[40] Der Versagensgrund wird immer dann relevant, wenn die Ordnungsmäßigkeit (§ 328 Abs. 1 Nr. 1 Alt. 1 ZPO) und Rechtzeitigkeit (§ 328 Abs. 1 Nr. 1 Alt. 2 ZPO) der Zustellung infrage stehen. Das verfahrenseinleitende Schriftstück muss nach den Vorgaben des § 328 Abs. 1 Nr. 2 ZPO sowohl ordnungsgemäß als auch rechtszeitig zugestellt worden sein, beide Voraussetzungen müssen demnach kumulativ vorliegen.[41] Die Beurteilung

---

36 Siehe hierzu nur MüKoZPO-*Gottwald*, § 328 Rn. 88, mit ausdrücklicher Nennung des Vermögensgerichtsstands gem. § 23 ZPO.

37 MüKoZPO-*Gottwald*, § 328 Rn. 93; Zöller-*Geimer*, § 328 Rn. 142.

38 *Bach*, Grenzüberschreitende Vollstreckung, S. 18; MüKoZPO-*Gottwald*, § 328 Rn. 93: „Soweit keine ausschließliche Zuständigkeit in Betracht kommt, […]".

39 *Geimer*, IZPR, Rz. 2937; MüKoZPO-*Gottwald*, § 328 Rn. 96; *Schönau*, Anerkennung Mehrrechtsstaat, S. 38; Zöller-*Geimer*, § 328 Rn. 188 f.

40 Der Versagensgrund wird deshalb vor allem bei Versäumnisurteilen relevant. Siehe *Bach*, Grenzüberschreitende Vollstreckung, S. 19; *Schönau*, Anerkennung Mehrrechtsstaaten, S. 38; Zöller-*Geimer*, § 328 Rn. 153.

41 Baumbach/Lauterbach/Albers/Hartmann, § 328 Rn. 20; Zöller-*Geimer*, § 328 Rn. 156.

der Ordnungsmäßigkeit bestimmt sich dabei nach den Vorgaben der *lex fori*.[42] Das Vollstreckungsgericht ist dabei nicht an die Beurteilung durch das Erstgericht gebunden, sondern hat eigene tatsächliche und rechtliche Feststellungen zu treffen.[43] Das Merkmal der „ordnungsgemäßen" Zustellung soll sicherstellen, dass der Beklagte die Möglichkeit erhalten hat, sich gegen die vor Gericht erhobene Klage zur Wehr zu setzen. Vor diesem Hintergrund scheidet ein Verstoß gegen die Vorschrift immer dann aus, wenn sich der Beklagte trotz fehlerhafter Zustellung auf das Verfahren eingelassen und hierzu vorgetragen hat.[44] Bei der Beurteilung der Ordnungsmäßigkeit prüft das Vollstreckungsgericht sowohl den Ablauf der Klagezustellung im engeren Sinne, wobei insbesondere die Vorschriften der anwendbaren Rechtsordnung zur Heilung von Zustellungsmängeln zu berücksichtigen sind,[45] als auch die Einhaltung der an das verfahrenseinleitende Schriftstück zu stellenden Mindestanforderungen. § 328 Abs. 1 Nr. 2 ZPO selbst stellt keine Vorgaben an das Schriftstück. Aus dem Zweck der Vorschrift ergibt sich jedoch, dass es zumindest alle diejenigen Informationen enthalten muss, die für die Entscheidung des Beklagten relevant sind, ob er sich auf das Verfahren einlassen möchte.[46] Durch das Erfordernis der Rechtzeitigkeit der Zustellung soll gewährleistet werden, dass der Beklagte in Fällen, in denen ihn das verfahrenseinleitende Schriftstück ordnungsgemäß innerhalb der Zustellungsfrist erreicht hat, auch tatsächlich genügend Zeit hatte, um sich effektiv auf das Verfahren vorbereiten zu können. Das Vollstreckungsgericht muss folglich anhand der Umstände des konkreten Falles beurteilen, welche Frist dem Beklagten zur Einlassung mindestens zuzugestehen war. Dabei ist das Gericht ebenfalls nicht an die Feststellungen des Erstgerichts gebunden, sondern hat eine eigene Bewertung vorzunehmen.[47] Regelmäßig wird man annehmen können, dass eine Einlassungsfrist von zwei bis drei Wochen ausreichend ist, um die Rechtzeitigkeit der Zustellung zu begründen.[48]

---

42 MüKoZPO-*Gottwald*, § 328 Rn. 99; Thomas/Putzo-*Hüßtege*, § 328 Rn. 12.

43 BGHZ 120, 305; MüKoZPO-*Gottwald*, § 328 Rn. 110.

44 So zumindest Zöller-*Geimer*, § 328 Rn. 160.

45 MüKoZPO-*Gottwald*, § 328 Rn. 102; Thomas/Putzo-*Hüßtege*, § 328 Rn. 12; Zöller-*Geimer*, § 328 Rn. 159.

46 *Geimer*, IZPR, Rz. 2927 ff.; MüKoZPO-*Gottwald*, § 328 Rn. 98; Zöller-*Geimer*, § 328 Rn. 168 f.

47 Zöller-*Geimer*, § 328 Rn. 185.

48 BGH NJW 1986, 2197; Baumbach/Lauterbach/Albers/Hartmann, § 328 Rn. 24; MüKoZPO-*Gottwald*, § 328 Rn. 103.

c) *Kollidierende Entscheidungen – § 328 Abs. 1 Nr. 3 ZPO*

Die Anerkennung ist auch immer dann zu versagen, wenn dem anzuerkennenden ausländischen Urteil ein früher ergangenes, rechtskräftiges und ebenfalls anzuerkennendes ausländisches Urteil oder aber eine inländische Entscheidung entgegensteht. Die Norm unterscheidet ausdrücklich zwischen der Konstellation sich widersprechender ausländischer Entscheidungen und der Kollision eines ausländischen mit einem inländischen Urteil. Im ersten Fall verleiht die Norm der Rechtskraft absolute Wirkung und verhilft auf diesem Wege dem prozessrechtlichen Prioritätsprinzip auch im Anerkennungsverfahren zur Geltung.[49] Im zweiten Fall des gegenteiligen inländischen Urteils wird dieses unabhängig vom Erlasszeitpunkt einseitig gegenüber der ausländischen Entscheidung bevorzugt. So fragwürdig diese Bevorzugung inländischer Urteile auch sein mag,[50] so klein ist der Anwendungsbereich des Versagensgrunds. Der Grund hierfür liegt im Verfahrenshindernis des § 261 Abs. 3 ZPO, das für den Fall einer bereits bestehenden Rechtshängigkeit das erneute anhängig machen vor einem anderen Gericht unterbindet. Analog angewandt verhindert die Norm, dass im Fall einer bereits bestehenden ausländischen Rechtshängigkeit ein Verfahren vor deutschen Gerichten anhängig gemacht werden kann. Im Ergebnis sollte daher bereits § 261 Abs. 3 ZPO dafür sorgen, dass der Fall sich entgegenstehender ausländischer und inländischer Entscheidungen, wie in § 328 Abs. 1 Nr. 3 ZPO gefordert, praktisch ausgeschlossen ist.[51] Hierzu wäre nämlich ein expliziter Verstoß des deutschen Gerichts gegen § 261 Abs. 3 ZPO nötig, der regelmäßig nicht zu erwarten ist und darüber hinaus das durch das deutsche Gericht erlassene Urteil aufhebbar machen würde.[52]

d) *Verbürgung der Gegenseitigkeit – § 328 Abs. 1 Nr. 5 ZPO*

Das Merkmal der Verbürgung der Gegenseitigkeit erfordert, dass auch ein deutsches Urteil im Staat des Erstgerichts ohne größere Hindernisse anerkannt und vollstreckt werden kann.[53] Eine vollständige Übereinstimmung des

---

49 MüKoZPO-*Gottwald*, § 328 Rn. 112; Zöller-*Geimer*, § 328 Rn. 199.

50 Geimer, IZPR, Rz. 2891; MüKoZPO-*Gottwald*, § 328 Rn. 113; Musielak-*Stadler*, § 328 Rn. 22; Zöller-*Geimer*, § 328 Rn. 199.

51 So insbesondere *Bach*, Grenzüberschreitende Vollstreckung, S. 33.

52 Im Wege der Restitutionsklage gem. § 580 Nr. 7 a) ZPO; siehe hierzu MüKoZPO-*Gottwald*, § 328 Rn. 113.

53 Baumbach/Lauterbach/Albers/Hartmann, § 328 Rn. 46; MüKoZPO-*Gottwald*, § 328 Rn. 131; Zöller-*Geimer*, § 328 Rn. 264.

ausländischen Anerkennungs- und Vollstreckungsrechts mit den autonomen deutschen Vorschriften wird dabei nicht gefordert. Vielmehr gilt die Gegenseitigkeit schon dann als verbürgt, wenn bei Gesamtbetrachtung des ausländischen Anerkennungs- und Vollstreckungsrechts keine höheren Hürden als im Inland erkennbar sind. Aus diesem Grund kann auch die Erschwerung der Anerkennung an einer Stelle durch die gleichzeitige Erleichterung an einer anderen ausgeglichen werden.[54] Die Verbürgung der Gegenseitigkeit ist regelmäßig durch tatsächliche Übung nachzuweisen.[55] Nur wenn eine solche mangels Praxis nicht besteht, kommt es ausnahmsweise auf das Anerkennungsrecht des Urteilsstaates an.[56] Die Gegenseitigkeit kann dabei auch nur für bestimmte Arten von Urteilen verbürgt sein, es existiert mithin kein Erfordernis vollständiger gegenseitiger Anerkennung im zivilrechtlichen Bereich.[57] Im Falle von Mehrrechtsstaaten, z.B. den Vereinigten Staaten, ist zudem zu beachten, dass die Gegenseitigkeit jeweils zu demjenigen Partikularstaat verbürgt sein muss, dessen Gericht die anzuerkennende Entscheidung erlassen hat.[58] Eine pauschale Beurteilung, die als Vergleichsmaßstab den Gesamtstaat heranzieht, scheidet insofern aus.

3. Der Vorbehalt des ordre public gem. § 328 Abs. 1 Nr. 4 ZPO

Eine besondere Stellung im Anerkennungsverfahren nimmt der Vorbehalt des ordre public gem. § 328 Abs. 1 Nr. 4 ZPO ein, der für ein ausländisches Urteil mehr oder minder die letzte Hürde vor einer erfolgreichen Anerkennung darstellt.[59] Der ordre public ist immer dann betroffen, wenn ein ausländisches Urteil gegen „wesentliche Grundsätze" der deutschen Rechtsordnung verstößt. Was den Vorbehalt des ordre public von den meisten anderen Versagensgründen unterscheidet,[60] ist seine generalklauselartige Ausgestaltung. Inhalt und Grenzen des ordre public können nicht aus der Norm selbst bestimmt werden, sondern erfordern die Auslegung der Norm vor dem Hintergrund ihres Zwecks. Aus diesem Grund soll nachfolgend genauer auf den Aussagegehalt des ordre public

---

54 *Geimer*, IZPR, Rz. 2880.

55 Baumbach/Lauterbach/Albers/Hartmann, § 328 Rn. 47; *Geimer*, IZPR, Rz. 2879; MüKoZPO-*Gottwald*, § 328 Rn. 133.

56 Baumbach/Lauterbach/Albers/Hartmann, § 328 Rn. 47.

57 MüKoZPO-*Gottwald*, § 328 Rn. 132; Musielak-*Stadler*, § 328 Rn. 31; Zöller-*Geimer*, § 328 Rn. 265.

58 BGH ZIP 1999, 1226, 1230; OLG Koblenz RIW 2004, 302, 306 f.; *Haas/Stangl*, IPRax 1998, 452, 454; Thomas/Putzo-*Hüßtege* § 328 Rn. 20.

59 *Geimer*, IPrax 1998, 175, 176, spricht insofern von der „einzigen Toleranzgrenze".

60 Mit Ausnahme des Gegenseitigkeitserfordernisses gen. § 328 Abs. 1 Nr. 5 ZPO.

im Allgemeinen und seine Wirkung im Anerkennungsverfahren im Besonderen eingegangen werden.

a) Das Rechtsinstitut des ordre public

Der Vorbehalt des ordre public ist ein international gebräuchliches Rechtsinstitut, das der Einwirkung ausländischen Rechts auf das Inland Grenzen setzt. Kodifizierungen des Vorbehalts finden sich in fast allen Rechtsordnungen[61] sowie in bilateralen und multilateralen Abkommen.[62] Das deutsche Recht normiert den ordre public sowohl im autonomen Zivilverfahrensrecht in Form des bereits erwähnten § 328 Abs. 1 Nr. 4 ZPO als auch im autonomen Kollisionsrecht in Form des Art. 6 EGBGB.[63] Anhand der Kodifizierungen in diesen beiden Bereichen sollen die unterschiedlichen Erscheinungsformen der Vorbehaltsklausel sowie deren Aussagegehalt näher erläutert werden.

(1) Erscheinungsformen und Terminologie

Im Verfahrensrecht bewirkt der Vorbehalt die Nichtanerkennung eines ausländischen Urteils, wenn dieses in erheblichem Maße gegen die inländische Rechtsordnung verstößt und eine Anerkennung daher untragbar wäre.[64] Im Kollisionsrecht führt die ordre public-Klausel zur Nichtanwendung des nach den Kollisionsregeln eigentlich berufenen ausländischen materiellen Rechts, wenn die Anwendung dieser Rechtsnormen in einem ernsthaften Widerspruch zur inländischen Rechtsordnung stehen.[65] Sprachlich werden die beiden Ausprägungen des ordre public dahin gehend differenziert, dass im Verfahrensrecht vom

---

61 Siehe bspw. in Frankreich Art. 6 Code Civile, in Italien Art. 16 und Art. 64 IPRG, in Japan Art. 118 JZPO.

62 Siehe hier insbesondere die jeweiligen Normierungen in den drei großen aktuellen europäischen Verordnungen: Art. 45 Abs. 1 a) Brüssel Ia-VO; Art. 21 der Verordnung (EG) Nr. 593/2008 des Europäischen Parlaments und des Rates vom 17. Juni 2008 über das auf vertragliche Schuldverhältnisse anzuwendende Recht, ABl. L 177, S. 6 ff., 4.7.2008 (sog. Rom I-VO); Art. 26 der Verordnung (EG) Nr. 864/2007 des Europäischen Parlaments und des Rates vom 11. Juli 2007 über das auf außervertragliche Schuldverhältnisse anzuwendende Recht, ABl. L 199, S. 40 ff., 31.7.2007 (sog. Rom II-VO).

63 Darüber hinaus ist er unter anderem auch normiert in § 109 Abs. 1 Nr. 4 FamFG oder § 1059 Abs. 2 Nr. 2 b) ZPO.

64 Hk-Zwangsvollstreckung-*Netzer*, § 723 Rn. 42; Musielak-*Stadler*, § 328 Rn. 23.

65 *Kegel/Schurig*, IPR, S. 525 ff.; *Kropholler*, IPR, S. 244.

„anerkennungsrechtlichen ordre public",[66] im Kollisionsrecht hingegen vom „kollisionsrechtlichen ordre public" gesprochen wird.[67]

Schließlich kann terminologisch noch zwischen dem „materiellrechtlichen ordre public"[68] und dem „verfahrensrechtlichen ordre public" differenziert werden.[69] Diese Unterscheidung betrifft die Frage, aus welchen Rechtsbereichen die Normen stammen, aus denen die „wesentlichen Grundsätze" im Sinne des ordre public abgeleitet werden. Hierfür kommen sowohl das materielle Recht als auch das Verfahrensrecht in Betracht. Anwendung findet das Begriffspaar somit maßgeblich im Rahmen der Bestimmung des konkreten Inhalts der Vorbehaltsklausel.

(2) Inhalt

Zentrales Element der inhaltlichen Bestimmung des ordre public stellen in Art. 6 EGBGB als auch in § 328 Abs. 1 Nr. 4 ZPO die „wesentlichen Grundsätze" des deutschen Rechts dar. Diese legen die Grenze fest, bis zu der ausländisches Recht im Inland wirken kann. Der terminologische Gleichlauf im Wortlaut der beiden ordre public-Vorschriften spricht dabei in Verbindung mit dem Grundsatz der Einheit der Rechtsordnung dafür, den kollisions- und anerkennungsrechtlichen ordre public inhaltlich einheitlich zu bestimmen.[70]

In der Praxis bereitet die Präzisierung des Begriffs der „wesentlichen Grundsätze" aus drei Gründen erhebliche Schwierigkeiten.[71] Erstens scheidet eine gesetzliche Definition der „wesentlichen Grundsätze" aus, da es sich hierbei um einen unbestimmten Rechtsbegriff handelt, der einer gesetzlichen Verankerung *per definitionem* nicht zugänglich ist. Zweitens würde der Vorbehaltsklausel durch eine starre Definition auch die Flexibilität genommen, eine Vielzahl verschiedener und im Vorfeld nicht abschließend zu erfassender Fallgestaltungen zu behandeln. Und drittens sind die „wesentlichen Grundsätze" zudem stark vom jeweils vorherrschenden Zeitgeist beeinflusst, wodurch selbst die Etablierung richterrechtlicher Standards erheblich erschwert wird, die zumindest als Leitlinie der Auslegung dienen könnten.[72] Um vor dem Hintergrund dieser

---

66 *Geimer*, IZPR, Rz. 23; *Völker*, Dogmatik ordre public, S. 28.
67 *Geimer*, IZPR, Rz. 24; *Völker*, Dogmatik ordre public, S. 28.
68 *Kegel/Schurig*, IPR, S. 530; *Schütze*, IZPR, Rz. 339.
69 *Schütze*, IZPR, Rz. 339; *Völker*, Dogmatik ordre public, S. 253.
70 So insbesondere *Weller*, Gerichtsstandvereinbarungen, S. 344.
71 *Völker*, Dogmatik ordre public, S. 115 ff.
72 Siehe insofern den Hinweis bei *Schütze*, IZPR, Rz. 338: „Der ordre public wird dem Zeitgeist folgend stets neu definiert. Was heute noch hinnehmbar sein mag, ist morgen ordre-public-widrig; was heute mit den Grundprinzipien unseres Rechts unvereinbar

Schwierigkeiten dennoch zu einer rechtstaatlich gebotenen Konkretisierung der „wesentlichen Grundsätze" zu kommen, muss die Funktion des ordre public im Kollisions- und Anerkennungsrecht zur Interpretation mit herangezogen werden. Allgemein gesprochen möchte die Vorbehaltsklausel verhindern, dass ausländisches Recht, das gegen tragende Säulen der deutschen Rechtsordnung verstößt, im Inland wirkt.[73] Ihr kommt mithin eine rein negative Wirkung zu, da sie Rechtspositionen des deutschen Rechts nicht aktiv gegenüber dem ausländischen Recht zur Anwendung bringen möchte.[74] Eine solche Positivfunktion, das heißt die Durchsetzung inländischer Überzeugungen bei Anwendung ausländischer Normen, erfüllen vielmehr die Eingriffsnormen.[75] Die Negativfunktion des ordre public, insbesondere in Abgrenzung zur Aktivfunktion der Eingriffsnormen, lässt sich daher prosaisch dahin gehend beschreiben, dass sie als „Schild, nicht Schwert" wirkt.[76]

Vor dem Hintergrund der Negativfunktion des ordre public kann somit zumindest festgestellt werden, dass als „wesentliche Grundsätze" nur solche Rechte und Rechtspositionen in Betracht kommen können, von denen die deutsche Rechtsordnung unter keinen Umständen abrücken möchte. Naturgemäß gehören hierzu die Grundrechte und die ihnen gleichgestellten Rechte des Grundgesetzes, deren Geltung im Rahmen des ordre public bereits durch die ausdrückliche Normierung in Art. 6 S. 2 EGBGB klargestellt wird.[77] Zu einer ordre public-relevanten Verletzung von Grundrechten ist es bislang insbesondere im Bereich des Art. 3 GG und des Art. 6 GG gekommen. Der BGH musste hier unter anderem bereits zur Frage der Ehescheidungsfähigkeit nach kanonischem Recht,[78] zur Frage der Aufspaltung der Vermögens- und Personensorge

---

erscheint, verstößt morgen nicht mehr hiergegen." Dazu auch *Kegel/Schurig*, IPR, S. 537.

73 Das Reichsgericht, RGZ 60, 296, 300, sah darin noch die „Grundlagen des deutschen staatlichen und wirtschaftlichen Lebens. Der BGH ist in BGHZ 50, 370, 376, dazu übergegangen, diese in den „Grundgedanken der deutschen Regelungen und der in ihnen liegenden Gerechtigkeitsvorstellungen" zu sehen.

74 *Triebel/Peglow*, ZIP 1987, 613, 617 f.; *Völker*, Dogmatik ordre public, S. 58, 65; *Weller*, Gerichtsstandvereinbarungen, S. 303.

75 *Becker*, RabelsZ 60 (1996), 691, 693 f.; *Triebel/Peglow*, ZIP 1987, 613, 619; *Weller*, Gerichtsstandvereinbarungen, S. 303.

76 In Anlehnung an *Triebel/Peglow*, ZIP 1987, 613, 617.

77 *Kegel/Schurig*, IPR, S. 530 ff.; *Kropholler*, IPR, S. 251 f.; *Völker*, Dogmatik ordre public, S. 119 ff.; *Weller*, Gerichtsstandvereinbarungen, S. 310 ff.

78 BGHZ 41, 136 ff.

bei Ehescheidungen nach iranischem Recht[79] und der Sorgerechtsübertragung nach iranischem Recht Stellung nehmen.[80] Die besondere Fallträchtigkeit des Familienrechts ist dabei der Tatsache geschuldet, dass familienrechtliche Regelungen international sehr heterogen ausgestaltet sind und es so bei familienrechtlichen Streitigkeiten mit Auslandsbezug schnell zur Kollision mit elementaren Grundüberzeugungen des deutschen Familienrechts kommen kann. Grundrechte und grundrechtsgleiche Rechte stellen jedoch nicht die einzige Quelle dar, aus denen sich die „wesentlichen Grundsätze" des deutschen Rechts im Sinne des ordre public speisen. Vielmehr müssen hierzu auch die in den §§ 138 Abs. 1, 826 BGB verkörperten rechtsethischen Prinzipien gezählt werden.[81] Diese Vorschriften dienen neben der Ausfüllung der Vorbehaltsklausel zugleich als funktionales Äquivalent des ordre public auf Ebene des materiellen Rechts.[82] Schließlich haben auch völkerrechtliche Wertungen über Art. 25 GG Eingang in den deutschen ordre public gefunden, insbesondere die in der EMRK verkörperten Grundsätze.[83] Darüber hinaus wird der ordre public auch durch europäisches Gemeinschaftsrecht maßgeblich beeinflusst, insbesondere zwingendes Gemeinschaftsrecht dient unstreitig der Konkretisierung.[84] Alles in allem stellen die „wesentlichen Grundsätze" somit eine Ansammlung unterschiedlicher Rechtsgrundsätze und Prinzipien dar, die über das gesamte Recht und die Normenpyramide verteilt sind. Die Grundrechte und grundrechtsgleichen Rechte lassen sich dabei aufgrund der ihnen zustehenden Bestandsgarantie als starrer, unveränderlicher Teil der „wesentlichen Grundsätze" begreifen, während in Prinzipien wie dem Verhältnismäßigkeitsgrundsatz oder den guten Sitten ein flexibler und vom Zeitgeist abhängender veränderlicher Teil gesehen werden kann. Eine abschließende Definition der „wesentlichen Grundsätze" ist hingegen nicht möglich.

Die vielschichtige inhaltliche Ausgestaltung des ordre public führt im Ergebnis dazu, dass der Überprüfungsmaßstab in jedem Einzelfall eigenständig zu ermitteln ist. So können wesentliche Grundsätze, die in einem bestimmten Fall Relevanz für die ordre public-Prüfung aufweisen, in einem anderen Fall vollkommen irrelevant sein. Der Rechtsanwender muss sich insofern beim Versuch

---

79 BGH NJW-RR 1993, 962.

80 BGHZ 120, 29 ff.

81 *Martiny*, Hdb IZVR III/1, Rz. 998 f.; *Völker*, Dogmatik ordre public, S. 159 ff.

82 *Völker*, Dogmatik ordre public, S. 161 f.

83 *Kegel/Schurig*, IPR, S. 526; *Kropholler*, IPR, S. 248 f.; *Völker*, Dogmatik ordre public, S. 144 ff.

84 *Kropholler*, IPR, S. 250; *Martiny*, Hdb IZVR III/1, Rz. 983.

einer allgemeinen Bestimmung des ordre public mit dem Abstecken eines äußeren Rahmens begnügen.

b) Die Wirkung des ordre public im Anerkennungsverfahren: Das Konzept des „effet atténué de la reconnaissance"

Die inhaltliche Ausgestaltung des ordre public im Kollisions- und Anerkennungsrecht legt den Schluss nahe, ihn in beiden Bereichen auf die gleiche Art wirken zu lassen. Es ist jedoch anerkannt, dass der ordre public im Anerkennungsverfahren lediglich in abgeschwächter Form Wirkung entfalten soll.[85] Diese abgeschwächte Wirkung des § 328 Abs. 1 Nr. 4 ZPO wird als „effet atténué de la reconnaissance" bezeichnet.[86] *Sandrock* spricht daher auch etwas spöttisch vom „scharfen" kollisionsrechtlichen ordre public im Vergleich zum „laxen" anerkennungsrechtlichen ordre public.[87]

Das Konzept des „effet atténué de la reconnaissance" verfolgt das Ziel, die Schaffung hinkender Rechtsverhältnisse zu verhindern.[88] Diese entstehen immer dann, wenn ein Urteil im Zweitstaat nicht anerkannt wird und dadurch der ihm zugrunde liegende Sachverhalt in zwei Rechtsordnungen im Ergebnis eine unterschiedliche Bewertung erfährt.[89] Hinkende Rechtsverhältnisse behindern den angestrebten internationalen Entscheidungseinklang erheblich, da dieser gerade von der Idee der universellen Geltung zivilrechtlicher Urteile in der durch den Erststaat gesprochenen Form getragen wird.[90] Vor diesem Hintergrund ergibt die abgeschwächte Wirkung des ordre public im Anerkennungsverfahren Sinn, da hierdurch zwangsläufig die Wahrscheinlichkeit einer Anerkennungsverweigerung sinkt.[91] Die abgeschwächte Wirkung des anerkennungsrechtlichen ordre public soll dabei nach herrschender Meinung durch die geringere Berücksichtigung inländischer Wertvorstellung im Anerkennungsverfahren im Vergleich

---

85 *Geimer*, IZPR, Rz. 27 f.; Staudinger-*Voltz*, Art. 6 EGBGB, Rn. 118.

86 *Looschelders*, IPRax 2005, 28; *Völker*, Dogmatik ordre public, S. 51; Zöller-*Geimer*, § 328 Rn. 243.

87 *Sandrock*, FS Sonneberger, S. 615.

88 Staudinger-*Voltz*, Art. 6 EGBGB Rn. 118, verweist darauf, dass die Parteien des Rechtsstreits durch das ausländische Urteil bereits ein Rechtsposition erworben haben. Damit wird impliziert, dass diese Rechtsposition grundsätzlich schutzwürdig und durch die inländische Rechtsordnung hinzunehmen ist.

89 *Geimer*, IZPR, Rz. 62; *Völker*, Dogmatik ordre public, S. 85 f.

90 *Bruns*, JZ 1999, 278, 279 schreibt insofern von der „Respektierung fremder Gerichtshoheit". Vgl. auch *Völker*, Dogmatik ordre public, S. 66.

91 Siehe *Völker*, Dogmatik ordre public, S. 85 f. m.w.N.

zur originären Anwendung ausländischen Rechts im inländischen Erkenntnisverfahren erreicht werden.

Im Ergebnis setzt die Ansicht der herrschenden Meinung jedoch eine inhaltlich voneinander abweichende Ausgestaltung von anerkennungs- und kollisionsrechtlichen ordre public voraus, die nach den obigen Ergebnissen gerade nicht vorliegt.[92] Sie spaltet den ordre public unnatürlich auf und schafft zwei terminologisch und funktionell gleichlaufende, aber inhaltlich unterschiedliche Instrumente. Dies ist nicht ohne Widerspruch geblieben.[93] Kritisiert wird dabei nicht die „andere" Wirkung des ordre public im Anerkennungsverfahren, sondern die Herleitung über den Inhalt der Vorbehaltsklausel. Zum Erreichen des Ziels werden stattdessen Konzepte vorgeschlagen, die allesamt am Faktor der Inlandsbeziehung des Rechtsstreits anknüpfen.[94] Unter anderem *Sandrock* stellt hierzu zwei Überlegungen an. Er will den ordre public im Anerkennungsverfahren anwenden, wenn eine nach allgemeinen Grundsätzen bestimmte ausreichende Inlandsbeziehung gegeben ist und die sich auf den Verstoß gegen den ordre public berufende Partei das Auslandsrisiko nicht freiwillig übernommen hat.[95] Dem zweiten Umstand liegt die Überlegung zugrunde, dass einer Partei das Risiko einer von inländischen Maßstäben abweichenden Rechtsordnung immer dann zuzumuten ist, wenn sie sich willentlich und wissentlich in den ausländischen Rechtskreis begeben haben.[96] Sie würde in diesem Fall gegen das Prinzip des *venire contra factum proprium* verstoßen, wenn sie sich später unter Verweis auf die abweichende ausländische Rechtsordnung einer Vollstreckung aus einem ausländischen Titel widersetzen würde.[97] Allerdings will *Sandrock* den ordre public trotz der freiwilligen Übernahme des Auslandsrisikos zur Anwendung bringen, wenn der „Kernbestand" des ordre public betroffen ist. Dies soll immer dann der Fall sein, wenn das Risiko „abartig" hoch ist, also insbesondere

---

92 Siehe Kapitel B. I. 3. a) (2).

93 Siehe insbesondere *Völker*, Dogmatik ordre public, S. 93: „Es wäre blinder Formalismus, im ersten Fall den ordre public einzusetzen, ihn im zweiten Fall aber unter Berufung auf einen generellen „effet atténué" nicht zum Zuge kommen zu lassen." Grds. Kritik üben auch *Sandrock*, FS Sonnenberger, S. 615 ff. und *Weller*, Gerichtsstandvereinbarungen, S. 344 ff.

94 *Sandrock*, FS Sonnenberger, S. 631 ff., prüft nach der Inlandsbeziehung noch die Freiwilligkeit der Übernahme des Auslandsrisikos sowie die Unverzichtbarkeit der betroffenen Rechtsposition.

95 *Sandrock*, FS Sonnenberger, S. 632 f.

96 *Sandrock*, FS Sonnenberger, S. 632.

97 *Sandrock*, FS Sonnenberger, S. 632 f.

bei einem Verstoß gegen unverzichtbare Grundrechtspositionen.[98] Andere Autoren verfolgen ausgehend von der Inlandsbeziehung einen anderen Ansatz. Sie sehen in der „anderen" Anwendung des anerkennungsrechtlichen ordre public die Bestätigung dafür, dass sich die wesentlichen Grundsätze des deutschen Rechts im Rahmen der kollisionsrechtlichen Prüfung häufiger durchsetzen, als in der anerkennungsrechtlichen Prüfung.[99] Der Grund hierfür wird jedoch nicht in inhaltlichen Unterschieden zwischen den Vorbehaltsklauseln gesehen, sondern im Umfeld ihrer Anwendung.[100] Demnach tangiert die Anerkennung eines bestehenden ausländischen Titels die inländische Rechtsordnung weniger, als die originäre Schaffung eines Titels auf Grundlage ausländischen Rechts. Die Inlandsbeziehung ist im Kollisionsfall *per se* größer als im Anerkennungsfall.[101]

Diese beiden Konstruktionen verhindern beide eine willkürliche inhaltliche Aufspaltung des ordre public, ohne am Ergebnis der Anwendungswirklichkeit der Vorbehaltsklausel etwas zu ändern: § 328 Abs. 1 Nr. 4 ZPO wird weiterhin sehr viel selektiver angewandt als Art. 6 EGBGB.[102] Der anerkennungsrechtliche ordre public wirkt somit im Vergleich zum kollisionsrechtlichen ordre public „anders", nicht jedoch „schwächer".

c) Fazit

Im Ergebnis muss die Vorbehaltsklausel des § 328 Abs. 1 Nr. 4 ZPO somit als Rechtsinstrument begriffen werden, das ausländischen Entscheidungen nur im Ausnahmefall die Anerkennung verweigert. Hierzu bedarf es neben einer ausreichend nahen Verbindung des Rechtsstreits zur deutschen Rechtsordnung eines Verstoßes gegen Grundprinzipien des deutschen Rechts. Betrachtet wird dabei nicht das Urteil als solches, sondern vielmehr das Ergebnis der Rechtsanwendung. Folge dessen ist, dass Urteile auch dann anerkannt werden können, wenn sie in der vorliegenden Form im Inland nicht erlassen worden wären. Die internationale Entscheidungsharmonie fußt nämlich nicht auf der Erwartung internationaler Entscheidungsgleichheit.

---

98 *Sandrock*, FS Sonnenberger, S. 634.

99 *Weller*, Gerichtsstandvereinbarungen, S. 345.

100 *Weller*, Gerichtsstandvereinbarungen, S. 344 f.

101 So auch *Völker*, Dogmatik ordre public, S. 92.

102 Vgl. auch *Völker*, Dogmatik ordre public, S. 92: „Der herrschenden Meinung ist damit lediglich *im Ergebnis*, nicht in der Begründung und ebenfalls nur für den Regelfall zuzustimmen."

4. Ergebnis

Das System der Urteilsanerkennung nach dem autonomen deutschen Recht stellt sich zusammenfassend betrachtet als anerkennungsfreundlich dar. Es ist dem internationalen Entscheidungseinklang verpflichtet und setzt einer Anerkennung daher nur in einem äußerst begrenzten Umfang Grenzen. Das flexibelste Instrument der Überprüfung ausländischer Entscheidungen stellt dabei die ordre public-Kontrolle dar, die sich ebenfalls durch ihre Zurückhaltung auszeichnet und sich auf die Verteidigung elementarer Grundsätze der deutschen Rechtsordnung konzentriert.

II. Die Schadensersatzart der punitive damages – Begriff, Aufgabe, Bedeutung

Bei punitive damages handelt sich um eine den kontinentaleuropäischen Rechtsordnungen weitgehend unbekannte Form von Schadensersatz des common law.[103] Dieser kann dem Geschädigten einer deliktischen Handlung neben dem Betrag zugesprochen werden, der zum Ausgleich des tatsächlich erlittenen Schadens notwendig ist. Punitive damages dienen dabei nicht der Kompensation, sondern sollen den Schädiger bestrafen und abschrecken.[104] Um für die spätere Untersuchung der Wirkung von punitive damages im deutschen Anerkennungsverfahren eine Grundlage zu schaffen, soll nachfolgend genauer auf den Inhalt, die Zielrichtung und Entwicklung dieser ausländischen Schadensersatzform eingegangen werden.

1. Begriff der „punitive damages“

Im Rahmen der Diskussion über punitive damages bereitet regelmäßig schon die korrekte Bezeichnung für diese Form von Schadensersatz erste Probleme. Der Grund hierfür liegt zum einen darin, dass es bereits in den Rechtsordnungen des common law eine Vielzahl von Begriffen für punitive damages unterschiedlicher Ausprägung gibt. Zum anderen führt das Fehlen eines funktionalen Äquivalents in den meisten kontinentaleuropäischen Rechtsordnungen dazu, dass auch eine präzise Übersetzung des englischen Begriffs ohne Bedeutungsverlust quasi nicht möglich ist.

---

103 So auch *Wagner*, Gutachten, S. A 69.

104 *Hay*, US Law, Rn. 421 ff.; *Kionka*, Torts, S. 362; siehe hierzu ausführlich Kapitel B. II. 2. b).

a) *Punitive damages, exemplary damages & Co.*

Als Gattungsbegriff für die Schadensersatzform hat sich heute die Bezeichnung als „punitive damages“ durchgesetzt. Neben diesem haben sich jedoch eine Reihe weiterer Begriffe gehalten oder neu entwickelt, die teilweise gleichwertig, teilweise aber auch nur in bestimmten Fällen Verwendung finden können. So bezeichnen „exemplary damages“,[105] „vindicative damages“[106] oder auch „smart money“[107] jeweils die Grundform von punitive damages.

Darüber hinaus haben sich im Laufe der Zeit jedoch auch spezielle Ausprägungen von punitive damages entwickelt, denen zur Unterscheidung eigene Bezeichnungen gegeben wurden. Das bekannteste Beispiel solcher besonderen punitive damages stellen die sog. „multiple damages“ dar. Diese unterscheiden sich dahin gehend, dass sie ausdrücklich gesetzlich normiert sind und ihrer Höhe nach nicht im Belieben des Gerichts stehen. Sie bemessen sich vielmehr, wie der Wortlaut bereits erahnen lässt, an dem zum Ausgleich des erlittenen Schadens notwendigen Schadensersatz, indem sie ein vorher festgelegtes Vielfaches hiervon als punitive damages zusprechen.[108] Die bekanntesten multiple damages dürften die sog. „treble damages“ sein, die das Dreifache des kompensatorischen Schadensersatzes als punitive damages zusprechen.[109] Vorgesehen sind sie zum Beispiel in Verfahren nach dem RICO-Act[110] und bei Kartellrechtsverstößen.[111]

---

105 *Brand*, 43 Netherlands International Law Review, 143, 146 (1996); *Ellis*, 56 Southern California Law Review 1 (1982); *Fischer*, Remedies, S. 694; *Owen*, 39 Villanova Law Review 363, 364 (1994); *Rustad/Koenig*, 42 American University Law Review 1269, 1288 ff. (1993).

106 *Merkt*, Zustellung, S. 66; *Kionka*, Torts, S. 362; *Schlueter/Redden*, Punitive Damages, S. 21.

107 *Brockmeier*, Punitive und multiple damages, S. 3; *Kionka*, Torts, S. 362.

108 *Brockmeier*, Punitive und multiple damages, S. 23; *Schlueter/Redden*, Punitive Damages, S. 21.

109 *Brockmeier*, Punitive und multiple damages, S. 23; 164; *Merkt*, Zustellung, S. 90 ff.

110 Siehe § 1964(c) RICO-Act (18 U.S.C. §§ 1961-1968); RICO steht als Akronym für „Racketeer Influenced and Corrupt Organisations“. Das gleichnamige Gesetz wurde 1970 erlassen und sollte den Behörden die Strafverfolgung mafiöser Strukturen erleichtern.

111 Siehe 15 U.S.C. § 15 (a): „[...] shall recover threefold the damages by him sustained [...]“.

b) Terminologie in anderen Sprachen

Wie oben bereits angemerkt, wird die Handhabung von punitive damages außerhalb der Rechtsordnungen des common law zusätzlich dadurch erschwert, dass eine präzise Übersetzung mangels eines funktionalen Äquivalentes kaum möglich ist. Es dominieren daher größtenteils Umschreibungen oder Bezeichnungen, die den Bedeutungsgehalt des Begriffs der „punitive damages" nur ausschnittsweise erfassen.

In der deutschen Literatur und Rechtsprechung ist die Bezeichnung als „Strafschadensersatz" am geläufigsten.[112] Diese erfasst damit vornehmlich zwei wesentliche Aspekte von punitive damages, nämlich deren Straffunktion sowie die Verortung des Instituts im Schadensersatzrecht.[113] Neben diesem Begriff werden von einigen Autoren auch Umschreibungen wie „Entschädigung mit Strafcharakter"[114], „Schadensersatz mit in erster Linie strafendem Charakter"[115], „Schadensersatz mit Strafcharakter"[116] oder eine am Originalwortlaut angelehnte Übersetzung als „pönaler Schadensersatz" vorgeschlagen.[117] *Müller* fordert vor dem Hintergrund des einer jeden Übersetzung innewohnenden Bedeutungsverlusts sogar, den Begriff der punitive damages nicht zu übersetzen, sondern als feststehenden Rechtsbegriff zu behandeln und wörtlich zu übernehmen.[118]

Die Schwierigkeiten im terminologischen Umgang mit punitive damages stellen dabei kein ausschließlich deutsches Problem dar. Im Französischen werden punitive damages beispielsweise als „dommages-intérêts punitifs" bezeichnet.[119] Im Italienischen wird von „danni punitivi" oder „danni esemplari" gesprochen,[120] im Spanischen von „daños punitivos".[121] Vorherrschend ist somit zumeist eine wortgetreue Übersetzung.

---

112 Die US-amerikanischen punitive damages werden in dieser Arbeit als „punitive damages" oder „Strafschadensersatz" und das ihnen jeweils zugrunde liegende Urteil als „punitive damages award" oder „Strafschadensersatzurteil" bezeichnet.

113 Siehe hierzu sogleich unter Kapitel B. II. 2. b) (1) bzw. Kapitel B. II. 2. a) (2).

114 *Hoechst*, VersR 1983, 13.

115 *Rosengarten*, Punitive damages in der BRD, S. 29.

116 *Vorpeil*, RIW 1991, 597.

117 Dies entspricht weitestgehend einer wörtlichen Übersetzung.

118 *Müller*, Schadensersatzrecht, S. 8.

119 So *Licari*, Recueil Dalloz 2011, 423. Es finden sich auch die Bezeichnungen „dommages et intérêts exemplaires" und „dommages punitifs".

120 Dies kommt einer wörtlichen Übersetzung von „punitive damages" bzw. „exemplary damages" sehr nahe; siehe *Sirotti Gaudenzi*, Brevi Note, S. 1.

121 *García Matamoros/Herrera Lozano*, Estudio Socío-Juridicos 5, 211 (2003).

2. Dogmatische Grundlagen

Die Diskussion über punitive damages wird oft auch dadurch erschwert, dass deren konkreten Aufgaben, ihre Verbreitung und Einordnung im System des US-amerikanischen Schadensersatzes weitgehend unbekannt sind. Dieses Defizit führt sodann regelmäßig zu Ungenauigkeiten und unfundierten Behauptungen, die durch eine vorherige Befassung mit den dogmatischen Grundlagen dieser Schadensersatzform vermieden werden könnten. Aus diesem Grund sollen nachfolgend die Stellung von punitive damages im deliktischen Schadensersatzrecht und die durch sie konkret verfolgten Ziele näher beschrieben werden.

a) Punitive damages als Form deliktischen Schadensersatzes

Punitive damages berühren als deliktischer Schadensersatz rechtstechnisch zwei Gebiete: das Deliktsrecht und das Schadensrecht. Beide Bereiche weisen, insbesondere im Vergleich zur deutschen Rechtsordnung, bestimmte Besonderheiten auf, die sich auf die konkrete Anwendung von punitive damages auswirken.

(1) Einzelstaatliches Regelungsgebiet

Die Verortung von punitive damages im allgemeinen Deliktsrecht führt dazu, dass sie aufgrund der Kompetenzverteilung zwischen dem US-amerikanischen Bundesstaat und den Einzelstaaten der Gesetzgebungshoheit der Einzelstaaten unterliegen. Daher gibt es eigentlich auch keine „US-amerikanischen" punitive damages, sondern lediglich einzelstaatlichen Strafschadensersatz. Hiervon sind jedoch zwei Ausnahmen zu machen, in denen punitive damages auf föderaler Ebene ebenfalls Anwendung finden: Zum einen, wenn punitive damages in Bundegesetzen ausdrücklich vorgesehen sind,[122] und zum anderen, wenn Strafschadensersatz auf föderaler Ebene im Rahmen der Anwendung bundesstaatlichen common law zugesprochen wird.[123] Dieses bundesstaatliche common law existiert in einer begrenzten Anzahl von Bereichen, wie zum Beispiel dem Seerecht, dem Insolvenzrecht oder dem zwischenstaatlichen Handelsrecht.[124] Alle diese Bereiche unterfallen der Regelungshoheit des Bundesstaates und daher auch der Rechtsprechung durch die Bundesgerichte. Bundesstaatliches common law

---

122 So beispielsweise gem. RICO oder US-amerikanischem Kartellrecht; siehe hierzu bereits unter Kapitel B. II. 1. a).

123 Siehe zu einer Entscheidung des U.S. Supreme Court auf Grundlage des maritimen common law Kapitel C. II. 2. d).

124 Siehe hierzu ausführlich *Tidmarsh/Murray*, 100 Northwestern University Law Review, 585 ff.

verstößt dabei auch nicht gegen den *Erie*-Grundsatz „there is no federal general common law", den der U.S. Supreme Court im Jahr 1938 aufgestellt hat.[125] Die Entscheidung bezog sich nämlich nur auf Fälle, in denen Bundesgerichte einen Sachverhalt mit Bezug zu zwei Einzelstaaten zu beurteilen haben (sog. „diversity jurisdiction").[126] Ausschließlich in solchen Fällen ist es den Bundesgerichten nach der *Erie*-Entscheidung untersagt, bundesstaatliches common law anzuwenden oder zu etablieren, sie müssen in diesen Fällen vielmehr auf das einzelstaatliche common law zurückgreifen.[127]

Deutlich sichtbar wird die Verantwortung der Einzelstaaten für Strafschadensersatz bei einem Blick auf die jeweils geltenden Voraussetzungen für die Zuerkennung von punitive damages. Hier hat sich im Verlauf der Zeit ein Flickenteppich unterschiedlicher Regelungen entwickelt. Teilweise unterscheiden sich die in den verschiedenen Einzelstaaten verfügbaren punitive damages in Ausmaß und Umfang deutlich voneinander.[128] So haben viele Einzelstaaten Strafschadensersatzbeträge mittlerweile einer Deckelung unterworfen, die zumeist durch einen von zwei Regelungsansätzen erreicht wird.[129] In einigen Staaten, z.B. Virginia,[130] ist eine feste Betragsobergrenze vorgesehen. Solange diese nicht erreicht wird und die materiellen Voraussetzungen der Zuerkennung von punitive damages gegeben sind, können diese frei festgesetzt werden. Andere Einzelstaaten, z.B. Ohio, koppeln die Höhe des punitive damages award hingegen an den kompensatorischen Schadensersatz und erreichen hierdurch eine höhenmäßige Begrenzung. Darüber hinaus finden sich auch Kombinationen beider Ansätze, so beispielsweise in Alaska, Missouri oder North Dakota. Dort beträgt der Strafschadensersatz ein bestimmtes Vielfaches des kompensatorischen Schadensersatzes, solange er eine bestimmte Obergrenze nicht überschreitet. Tut er dies doch, so wird der Betrag auf Höhe der Obergrenze gedeckelt.[131] Vier Einzelstaaten sind noch einen Schritt weitergegangen und haben punitive damages

---

125 Erie Railroad Co. v. Tompkins, 304 U.S. 64, 78.

126 *Hay*, US Law, Rz. 111.

127 *Hay*, US Law, Rz. 113; 236.

128 *Vidmar/Holman*, 43 Suffolk University Law Review, 101, 104 (2010).

129 Siehe zu den unterschiedlichen Regelungen die Übersicht bei *Vidmar/Holman*, 43 Suffolk University Law Review, 101, 104, 128 ff.

130 USD 350.000 in arzthaftungsrechtlichen Fällen, siehe 2006 Code of Virginia, § 8.01-38.1.

131 Siehe zu den verschiedenen Regelungsansätzen und deren Verwendung in den verschiedenen Einzelstaaten auch die Aufzählung des U.S. Supreme Court in Exxon Shipping Co. v. Baker, 554 U.S. 471, 496 (2008).

auch dem Grunde nach beschränkt. So kann in Louisiana, New Hampshire, Massachusetts und Washington Strafschadensersatz nur noch in Fällen zugesprochen werden, in denen dies ausdrücklich gesetzlich vorgesehen ist.[132] Diese Staaten verzichten somit vollständig auf den Strafschadensersatz nach common law. In Nebraska wurden punitive damages sogar komplett abgeschafft.[133]

Das Verfahren zur Bestimmung und Überprüfung von Strafschadensersatz ist in den meisten Einzelstaaten hingegen strukturell gleich geregelt. So werden punitive damages awards in der Regel durch eine Jury bestimmt und im Anschluss durch das Tatsachengericht auf ihre „reasonableness“ hin überprüft.[134] Hieran kann sich sodann noch eine Überprüfung durch ein oder mehrere Revisionsgerichte anschließen.

(2) Stellung im System des Schadensersatzes

Punitive damages sind auch heute noch vorrangig als deliktsrechtlicher Schadensersatz einzuordnen, können mittlerweile aber auch auf Haftungsgrundlagen aus anderen Bereichen basieren, insbesondere aus dem Vertrags-, Familien- und Arbeitsrecht.[135] Diese Ausdehnung in weitere Rechtsgebiete wird jedoch insofern beschränkt, als Strafschadensersatz auch in diesen Fällen nur bei zumindest deliktsgleichen Verhaltensweisen zugesprochen werden kann. Insofern bilden punitive damages nach wie vor eine der drei deliktischen Schadensersatzkategorien. Neben den Strafschadenersatz treten dabei „special damages“ und „general damages“.

Unter den Begriff der „special damages“ fällt derjenige Schadensersatz, der den konkret zu beziffernden Schaden ausgleichen soll.[136] Dieser umfasst insbesondere den sog. „pecuniary loss“, d.h. den materiellen Schaden.[137] Die „special damages“ werden grundsätzlich als „lump sum“, d.h. als einheitlicher Betrag,

---

132 Exxon Shipping Co. v. Baker, 554 U.S. 471, 495. Siehe auch *Gotanda*, 42 Columbia Journal of Transnational Law 391, 421 f. (2004), der punitive damages im Einzelstaat Washington fälschlicherweise als vollkommen abgeschafft ansieht. Diese Fehlannahme basiert auf dem von ihm zitierten, nunmehr aber überholten Urteil aus dem Jahr 1968.

133 Exxon Shipping Co. v. Baker, 554 U.S. 47, 495; *Gotanda*, 42 Columbia Journal of Transnational Law 391, 42; *Owen*, 39 Villanova Law Review 363, 369 f. (1994).

134 Exxon Shipping Co. v. Baker, 554 U.S. 471, 495.

135 Siehe z.B. aus dem Versicherungsvertragsrecht die „insurance bad faith litigation“, Fn. 178.

136 *Fischer*, Remedies, S. 21 f.; *Kionka*, Torts, S. 347; *Reimann*, US-Privatrecht, S. 102.

137 *Hay*, US Law, Rz. 420; *Reimann*, US-Privatrecht, S. 102.

zugesprochen.[138] Da sowohl Rentenzahlungen als auch die Bezifferung später eintretender Schäden erst zum Zeitpunkt ihrer Entstehung im US-amerikanischen Recht unüblich sind, können auch prognostizierte Schäden Berücksichtigung finden. Bei den „general damages“ handelt es sich hingegen um Ersatz für Schäden, die notwendige Folge der schädigenden Handlung sind und im Einzelnen nicht weiter nachgewiesen werden müssen.[139] Bekanntestes Beispiel solcher „general damages“ sind die „damages for pain and suffering“, die im Falle von Verletzungen der körperlichen Unversehrtheit zugesprochen werden können und mit dem deutschen Schmerzensgeld vergleichbar sind. „Special damages“ und „general damages“ bilden zusammen die sog. „compensatory damages“, deren Aufgabe der vollständige Ausgleich aller Schäden des Geschädigten ist.[140] Ihnen stehen die punitive damages als „non-compensatory damages“ gegenüber, deren Aufgaben folglich nicht im Schadensausgleich zu sehen ist.

b) Funktionen

Bei einem Blick in die juristische Literatur und Rechtsprechung in den Vereinigten Staaten zeigt sich, dass punitive damages im Einzelnen eine Vielzahl verschiedener Funktionen wahrnehmen. Es lassen sich jedoch zwei Hauptaufgaben identifizieren, die durch eine ganze Reihe sekundärer Ziele flankiert werden. Neben der Diskussion über die Funktion von Strafschadensersatz gibt es in den Vereinigten Staaten auch einen regen Austausch über Sinn und Zweck von punitive damages im Allgemeinen, der sich in den letzten Jahren sogar wieder intensiviert hat.

(1) Hauptzwecke: Bestrafung und Abschreckung

Die durch punitive damages nach herrschender Ansicht vorrangig verfolgten Ziele sind die Bestrafung („punishment“) und die Abschreckung („deterrence“).[141] Beide sind inhaltlich miteinander verwoben und können als zwei Seiten einer Medaille verstanden werden.[142]

---

138 *Reimann*, US-Privatrecht, S. 102.

139 *Fischer*, Remedies, S. 21 f.; *Hay*, US Law, Rz. 418; *Kionka*, Torts, S 346 f.

140 Siehe hierzu insbesondere *Fischer*, Remedies, S. 15 ff.; *Kionka*, Torts, S. 346.

141 *Fischer*, Remedies, S. 695; *Klass*, 92 Minnesota Law Review 83, 90 (2007); *Lew*, Fordham Papers, S. 156; *Müller*, Schadensersatzrecht, S. 11; *Reimann*, US-Privatrecht, S. 103; *Sunstein/Kahnemann/Schkade*, 107 Yale Law Journal 2071, 2081 (1998); *Trapp*, FS Rauscher, S. 157.

142 *Epstein*, Torts, S. 459.

Für viele Autoren und Gerichte steht die Bestrafungsfunktion klar im Vordergrund.[143] Punitive damages stellen demnach das Ergebnis der moralischen Bewertung eines bestimmten Verhaltens dar, das als nicht hinnehmbar beurteilt wurde. Aus diesem Grund habe der Handelnde eine Bestrafung verdient.[144] Die Bestrafungsfunktion ist dabei eng mit der Genugtuungsfunktion („retribution") verbunden. Diese wird von einigen Autoren auch als eigenständiges Ziel von Strafschadensersatz[145] oder aber als übergeordnetes Konzept der Bestrafungs- und Abschreckungsfunktion gesehen.[146] Die Zuordnung der Genugtuungs- zur Bestrafungsfunktion scheint diese jedoch besser zu beschreiben, da die Genugtuung automatische Folge der Bestrafung des Schädigers ist.[147] Als zweite Hauptaufgabe von Strafschadensersatz ist die Abschreckung heute allgemein anerkannt, die sowohl spezial- als auch generalpräventiv zu verstehen ist.[148] In erster Linie soll der Schädiger durch die Verurteilung zu punitive damages davor abgeschreckt werden, eine vergleichbare schädigende Handlung in Zukunft erneut zu begehen. Punitive damages üben aus spezialpräventiven Gesichtspunkten heraus betrachtet eine Denkzettelfunktion aus.[149] Sie sind jedoch gleichzeitig Ansatzpunkt einer generalpräventiven Abschreckung, da sie ein für die Allgemeinheit sichtbares Zeichen setzen. Der Gesellschaft soll durch die Verurteilung des deliktischen Schädigers zu punitive damages vor Augen geführt werden, dass ein bestimmtes Verhalten durch die Rechtsordnung grundsätzlich nicht akzeptiert wird und daher von jedermann zu unterlassen ist.[150] Strafschadensersatz ist mithin die zwingende Folge des Grundsatzes „tort does not pay".[151]

---

143 *Romero*, 41 Connecticut Law Review 109, 124 (2008); *Sharkey*, 113 Yale Law Journal 347, 359 (2003).

144 *Ellis*, 56 Southern California Law Review 1, 4 ff. (1982); *Klass*, 92 Minnesota Law Review 83, 90 (2007).

145 *Müller*, Schadensersatzrecht, S. 12.

146 *Brockmeier*, Punitive und multiple damages, S. 18, die deutsche Übersetzung der englischen Begriffe ist hier jedoch etwas unglücklich gewählt.

147 *Romero*, 41 Connecticut Law Review 109, 120 ff. (2008).

148 *Ellis*, 56 Southern California Law Review 1, 8 (1982); *Gaughan*, Business Interruption Losses, S. 453; *Lew*, Fordham Papers, S. 156.

149 *Müller*, Schadensersatzrecht, S. 11.

150 *Sunstein/Kahnemann/Schkade*, 107 Yale Law Journal 2071, 2085 (1998).

151 Restatement of Torts, Second, § 908.

(2) Weitere Zwecke

Neben den beiden Hauptaufgaben können noch eine Reihe weiterer Ziele identifiziert werden, die durch punitive damages erreicht werden sollen. So wird dem Strafschadensersatz beispielsweise die Funktion zugesprochen, einen Anreiz dafür zu schaffen, dem Recht zur Durchsetzung zu verhelfen.[152] Der durch eine deliktische Handlung Geschädigte soll demnach als privater Staatanwalt tätig werden,[153] dem die Aussicht auf punitive damages zur Wahrnehmung seiner Rechte animieren soll. In diesem Konzept stellt der Strafschadensersatz eine Entschädigung für die mit der Klage und dem Zivilprozess einhergehenden Belastungen des Geschädigten dar, die dieser altruistisch auf sich nimmt, um das deliktische Verhalten des Schädigers für die Allgemeinheit zu verfolgen.

Ein weiteres und regelmäßig genanntes Ziel von punitive damages ist die Entschädigung für einen auf andere Weise nicht zu ersetzenden Verlust.[154] Worin dieser vor dem Hintergrund der umfangreichen Schadensersatzansprüche des US-amerikanischen Deliktsrechts gesehen werden kann, bleibt dabei oft vage. Infrage kommen hier unter Umständen die dem Kläger anfallenden Anwaltskosten, die nach US-amerikanischen Zivilprozessrecht nicht durch den im Rechtsstreit unterlegenen Beklagten zu ersetzen sind.[155]

Mit Blick auf die sonstigen hier aufgeführten Aufgaben von punitive damages muss jedoch festgehalten werden, dass diese deutlich im Schatten der beiden Hauptzwecke stehen und keinen annähernd vergleichbaren Stellenwert einnehmen wie die Bestrafung und Abschreckung. Als Grund hierfür lässt sich anführen, dass sie im Gegensatz zu diesen keine allein tragfähige Begründung dafür geben können, warum punitive damages notwendig sind.

(3) Moderne Ansätze

Die Diskussion über die Funktion und Aufgaben von punitive damages steht trotz der Vielzahl bereits vorliegender Ansätze allerdings nach wie vor nicht still, sondern hat in den letzten Jahren sogar wieder an Fahrt aufgenommen. Die Systematik des Strafschadensersatzes wurde dabei insbesondere von *Sharkey*

---

152 *Ellis*, 56 Southern California Law Review 1, 10 (1982); *Klass*, 92 Minnesota Law Review 83, 91 (2007); *Owen*, 39 Villanova Law Review 363, 380 (1994).

153 *Brockmeier*, Punitive und multiple damages, S. 19; *Müller*, Schadensersatzrecht, S. 12 f.

154 *Ellis*, 56 Southern California Law Review 1, 3 (1982); *Klass*, 92 Minnesota Law Review 83, 91 (2007).

155 *Klass*, 92 Minnesota Law Review 83, 91 (2007); *Owen*, 39 Villanova Law Review 363, 379 (1994).

grundlegend hinterfragt. Im Rahmen ihrer Arbeit hat sie dabei einen Vorschlag gemacht, der punitive damages in sog. „compensatory societal damages“ umdeutet.[156]

Den Ausgangpunkt der Überlegungen von *Sharkey* stellt folgende Beobachtung dar: In Fällen, in denen eine deliktische Handlung mehr als nur eine Person schädigt, wird der Handelnde regelmäßig nicht durch alle Geschädigten verklagt, sondern nur durch einen kleinen Bruchteil von Betroffenen oder sogar nur durch einen Einzigen.[157] Der in solchen Fällen zugesprochene punitive damages award scheint höhenmäßig jedoch regelmäßig so bemessen zu sein, dass er auch die nicht vor Gericht verhandelten Schadensfälle mit berücksichtigt.[158]

Deutlich sichtbar wurde diese Tendenz im Fall *Mathias v. Accor Economic Lodging, Inc.*[159] Hier wurde zwei Klägern Schadensersatz in Höhe von jeweils USD 5.000 sowie Strafschadensersatz in Höhe von jeweils USD 186.000 zugesprochen, nachdem sie beim Aufenthalt in einem Hotel von Bettwanzen gebissen wurden. Das verklagte Hotel wusste dabei zum Zeitpunkt des Aufenthalts der Kläger, dass alle 191 Zimmer des Hotels durch Bettwanzen befallen waren. Trotz dieses Wissens und entgegen des Ratschlags eines Kammerjägers trafen sie jedoch keine Maßnahmen gegen den Wanzenbefall. In der das erstinstanzliche Urteil bestätigenden Entscheidung des Berufungsgerichts bemerkte Richter *Posner*, dass es wohl kein Zufall sei, dass der Gesamtschadensersatz pro Person USD 191.000 betrage.[160] Teilt man diese Summe nämlich durch die Anzahl der Hotelzimmer (191), so kommt man auf einen Betrag von USD 1.000 pro Zimmer. Bedenkt man zusätzlich, dass die Kläger die einzigen durch Bettwanzen gebissenen Geschädigten waren, die gegen das Hotel klagten, liegt der Schluss nahe, dass die Jury in der Kalkulation des Gesamtschadensersatzes berücksichtigen wollte, dass es in allen 191 Zimmern des Hotels zur gleichen deliktischen Handlung gekommen war.

Sharkey zieht aus diesem und vergleichbaren Fällen den Schluss, dass die Bemessung des Strafschadensersatzes in diesen Konstellationen auch von der Idee getragen wird, den der Allgemeinheit entstandenen Schaden mit zu

---

156 *Sharkey*, 113 Yale Law Journal 347 ff. (2003).

157 *Sharkey*, 113 Yale Law Journal 347, 357 f.

158 *Sharkey*, 113 Yale Law Journal 347, 360 f., mit Verweis auf die Urteile der einzelstaatlichen Gerichte im unter C. II. 2. b) (2) dargestellten Fall.

159 Mathias v. Accor Economic Lodging Inc., 347 Federal Reporter 3d, 672 ff. (2003).

160 „It is probably not a coincidence that […]“, Richter *Posner* in *Mathias v. Accor Economic Lodging Inc.*, 347 Federal Reporter 3d, 672, 678 (2003).

erfassen.[161] Punitive damages erfüllten daher die Aufgabe, die Gesellschaft für das an ihr begangene Unrecht zu kompensieren und müssten als „compensatory societal damages“ betrachtet werden.[162] Folge dieser Betrachtung muss nach Ansicht von *Sharkey* allerdings auch sein, dass die Allgemeinheit an dem einzelnen punitive damages award partizipiert.[163] Dies könne durch das Abführen eines bestimmten Anteils an allen in einem Einzelstaat ausgeurteilten punitive damages in speziell hierzu eingerichtete Fonds erreicht werden, die die gesammelten Beträge wiederum an bestimmte Gruppen oder die Allgemeinheit auskehren.[164] *Sharkey* verweist in diesem Zusammenhang auf bereits bestehende Modelle der Abführung eines bestimmten Anteils an punitive damages awards, sog. „split-recovery schemes“, in Iowa[165] und Utah.[166]

Das Konzept der „compensatory societal damages“ ist nicht ohne Kritik geblieben. Dies ist vor allem dem Umstand geschuldet, dass der Vorschlag *Sharkeys* aus dem bislang ausschließlich nichtkompensatorisch verstandenen Instrument der Bestrafung und Abschreckung ein hybrides Konstrukt machen würde, das ausdrücklich auch kompensatorischen Zwecken dienen soll. Darüber hinaus sind mit der vorgeschlagenen Umdeutung erhebliche praktische Probleme verbunden. So ist zu fragen, ob und wie sich die Verurteilung zu „compensatory societal damages“ auf Klagen anderer Personen auswirken soll, die durch die gleiche Handlung geschädigt wurden.[167] Insofern könnte argumentiert werden, dass diese nach der ersten Verurteilung des Schädigers auf den Ersatz von compensatory damages beschränkt sein müssen. Es stellt sich in dem Konzept von *Sharkey* auch die Frage, wie der Schaden der Allgemeinheit konkret zu quantifizieren ist. Kann wirklich, wie in *Mathias v. Accor Economic Lodging Inc.*, aus objektiven Umständen wie der Zimmeranzahl auf einen Schaden der Allgemeinheit geschlossen werden? Müsste die Anzahl der Betroffenen nicht konkreter bemessen werden? Und wie steht es mit den potentiellen Erfolgsaussichten der konkret ermittelten Schadensfälle: Müssen diese bei Bemessung des Schadens der Allgemeinheit berücksichtigt werden?[168] Alle diese Fragen zeigen,

161 *Sharkey*, 113 Yale Law Journal 347, 359: „[…] societal damages to redress, or compensate for, societal harms.“
162 *Sharkey*, 113 Yale Law Journal 347, 359, 389.
163 *Sharkey*, 113 Yale Law Journal 347, 391 ff.
164 *Sharkey*, 113 Yale Law Journal 347, 422 ff.
165 *Sharkey*, 113 Yale Law Journal 347, 416 ff.
166 *Sharkey*, 113 Yale Law Journal 347, 421 f.
167 *Kelly*, 41 San Diego Law Review 1429, 1439 (2004).
168 *Kelly*, 41 San Diego Law Review 1429, 1434 ff.

dass das Konzept von *Sharkey* erhebliche dogmatische wie praktische Probleme bereitet. Es ist jedoch gleichzeitig Beleg dafür, dass punitive damages nach wie vor ein lebendiges Thema in der juristischen Diskussion darstellen und offen für neue Entwicklungen sind.

3. Historische Entwicklung

Ein Blick auf die historische Entwicklung von punitive damages zeigt, dass die dem Strafschadensersatz zugewiesenen Zielrichtungen und Aufgaben auch stets stark vom jeweiligen Zeitgeist geprägt wurden.

a) Der „war on punitive damages"

Die erste große Debatte über das Für und Wider von punitive damages lieferten sich im 19. Jahrhundert die beiden amerikanischen Rechtsgelehrten *Simon Greenleaf* und *Theodore Sedgwick*.[169] Gegenstand des damaligen Streits waren die Fragen nach der dogmatischen Verankerung der punitive damages im Schadensersatzrecht sowie dem Sinn und Zweck strafender Elemente im Zivilrecht. Die Diskussion behandelte dabei viele derjenigen Aspekte, die auch zu Zeiten der Entstehung des BGB in Deutschland diskutiert wurden[170] und heute vor dem Hintergrund der sukzessiven Einführung nichtkompensatorischer Elemente in das deutsche Schadensersatzrecht wieder an Aktualität gewonnen haben.

Die damals an punitive damages geäußerte Kritik war grundlegend dogmatischer Natur. *Greenleaf* sah in der zivilen Schadensersatzhaftung ein rein auf den Ausgleich erlittener Schäden ausgerichtetes System, dem strafende Elemente wie punitive damages fremd seien.[171] Er trat für eine strikte Trennung zwischen privatrechtlichen und öffentlich-rechtlichen Instituten ein und sah in den punitive damages einen „Zwitter", der auf der Grenze zwischen beiden Welten „wandere".[172] Dem entgegnete *Sedgwick*, die Rechtswirklichkeit erfordere eine Schadensersatzform, die dem Geschädigten über den Ersatz seiner tatsächlich erlittenen Schäden hinaus Genugtuung verschaffe und den Schädiger von weiteren Taten abschrecke.[173] Letztlich setzte sich in den Vereinigten Staaten der

---

169 Eingegangen in die US-amerikanischen Rechtsannalen als sog. „war on punitive damages".

170 Siehe hierzu Kapitel C. I. 2. b).

171 *Greenleaf*, 9 Law Rep. 529 (1846–47).

172 *Rustad/Koenig*, 42 American University Law Rev. 1269, 1299 f. (1993).

173 *Rustad/Koenig*, 42 American University Law Rev. 1269, 1300 f.; *Sedgwick*, 10 Law Rep. 49 (1847–48).

pragmatische Ansatz von *Sedgwick* durch und punitive damages wurden, spätestens seit einem Urteil des U.S. Supreme Court aus dem Jahr 1851,[174] zu einem festen Bestandteil des amerikanischen Schadensersatzrechts. Die Anerkennung durch den Gerichtshof beendete damit zwar den sog. „war on punitive damages", nicht jedoch die grundsätzliche Debatte über die Notwendigkeit von Strafschadensersatz.

b) Das Aufbegehren einzelstaatlicher Obergerichte

Bereits gegen Ende des 19. Jahrhunderts kam es zu einem erneuten Erstarken der Gegner von punitive damages, als die Obergerichte einiger Einzelstaaten Strafschadensersatz in ihren Zuständigkeitsbereichen abschafften.[175] Diese vereinzelten Einbrüche in die ansonsten geschlossene Reihe von Einzelstaaten, die Strafschadensersatz nach wie vor gewährten, hatten im Ergebnis jedoch keinen größeren Einfluss auf die grundsätzliche Anerkennung von punitive damages im US-amerikanischen Rechtssystem.

c) Das Aufkommen von sog. „blockbuster awards"

Nach den frühen Kontroversen rückten punitive damages schließlich für etwa 80 Jahre in die zweite Reihe der juristischen Debatte und traten erst Mitte der 1980er Jahre wieder ins Rampenlicht. Der Auslöser für das erneute Aufflammen der Diskussion über Strafschadensersatz war Kritik wirtschaftlich-finanzieller Art.[176] Demnach führe der Anstieg in der Anzahl an punitive damages awards,

---

174 *Day v. Woodworth*, 54 U.S. 363 (1851). Der U.S. Supreme Court formulierte: "It is a well-established principle of the common law, that in actions of trespass and all actions on the case for torts, a jury may inflict what are called exemplary, punitive or vindictive damages upon a defendant, having in view the enormity of his offense rather than the measure of compensation to the plaintiff." (54 U.S. 363, 371).

175 New Hampshire 1873: Fay v. Parker, 53 N.H. 342; Nebraska 1881: Riewe v. McMormick, 11 Neb. 261; Washington 1891: Spokane Truck & Dray Co. v. Hoefer, 2 Wash. 45; Connecticut 1906: Hanna v. Sweeney, 78 Conn. 492; Massachusetts 1914: Boott Mills v. Boston & M.R.R., 106 N.E. 680; Michigan 1922: Wise v. Daniel, 190 N.W. 746.

176 Wirtschaftspolitisch geprägte Kritik an punitive damages awards ist in der allgemeinen Diskussion auch heute noch prominent vertreten. Wortführer sind dabei weiterhin vor allem Industrieunternehmen und Versicherungen, die den Strafschadensersatz als Innovationshindernis und Wettbewerbsverzerrung sehen. Prominente Unterstützung in ihren Ansichten erhielten sie Anfang der 1990er Jahre, als der damalige US-Vizepräsident *Dan Quayle* als Vorsitzender des „President's Council on Competitiveness" Strafschadensersatz als Standortnachteil für die US-Wirtschaft brandmarkte und

der Höhe der dabei gewährten Schadensersatzsummen und die Ausdehnung ihres Anwendungsbereichs zu einer starken Belastung für Unternehmen.

Dass diese Kritik durchaus berechtigt war, belegt eine empirische Studie der RAND Corporation aus dem Jahr 1987,[177] in der „civil jury awarded punitive damages“ aus Cook County, Illinois (County der Stadt Chicago) sowie San Francisco County über einen Zeitraum von 25 Jahren (1960–1984) analysiert wurden. Die dort gefundenen Ergebnisse zeigen, dass sich in den ausgewählten Countys die Anzahl an punitive damages awards, bezogen auf alle Zivilverfahren, zwischen 1980 und 1984 im Vergleich zum gleich lange vorherigen Zeitraum mehr als verdoppelte (Cook County: 1,3 % auf 2,5 %; San Francisco County: 3,2 % auf 8,3 %).[178] Zudem stellte die Studie einen signifikanten Anstieg sowohl im Mittel als auch im Durchschnitt der gewährten Strafschadensersatzsummen fest. In Cook County erhöhte sich bei Vergleich des Zeitraums 1975–1979 mit 1980–1984 das Mittel der Strafschadensersatzsumme von USD 13.000 auf USD 43.000, während die durchschnittliche Summe von USD 164.000 auf USD 729.000 stieg. In San Francisco County stieg das Mittel von USD 23.000 auf USD 63.000, der Durchschnitt von USD 170.000 auf USD 381.000 (bei Nichtbeachtung eines außergewöhnlich hohen Urteils von USD 13,4 Mio. aus dem Zeitraum zwischen 1975–1979, das den Durchschnitt für diesen Zeitraum sonst auf USD 583.000 bringt).[179] Die Studie wies zudem nach, dass punitive damages immer häufiger im Rahmen von sog. „business/contract cases“, d.h. vertraglichen Schadensersatzklagen, gewährt wurden. Während im Zeitraum zwischen 1975–1979 in Cook County in lediglich elf solcher Fälle punitive damages zugestanden wurden (Durchschnittssumme: USD 320.000), waren es zwischen 1980–1984 bereits 23 solcher Fälle (Durchschnittssumme: USD 624.000). In San Francisco County kann die gleiche Entwicklung beobachtet werden, dort gab es im ersten Zeitraum ebenfalls elf Fälle (Durchschnittssumme: USD 96.000), im zweiten Zeitraum war die Anzahl sodann auf 34 Fälle gestiegen (Durchschnittssumme: USD 500.000).[180]

Deutliche Veränderungen erlebte zu dieser Zeit insbesondere der Bereich der Produkthaftungsklagen,[181] in dem einige der ersten sog. „blockbuster

Reformen auf diesem Gebiet anregte. Siehe *Quayle*, Civil Justice Reform, 41 American University Law Review 559, 564 f.

177 *Peterson/Sarma/Shanley*, Empirics.

178 Siehe *Peterson/Sarma/Shanley*, Empirics, S. 9 Tabelle 2.1.

179 Siehe *Peterson/Sarma/Shanley*, Empirics, S. 15 Tabelle 2.7.

180 Siehe *Peterson/Sarma/Shanley*, Empirics., S. 23 Tabelle 2.10.

181 Siehe hierzu *Mörsdorf-Schulte*, Funktion und Dogmatik, S. 182 ff.

awards",[182] d.h. sehr hoher Strafschadensersatzurteile, ergingen.[183] Zudem kam es zur Einführung einer neuen Kategorie von Strafschadensersatz, den oben bereits erwähnten „business/contract related punitive damages". Diese zeichnen sich dadurch aus, dass sie in Zusammenhang mit vertraglichen Schadensersatzforderungen stehen, allerdings nicht für die Vertragsverletzung selbst gewährt werden, sondern für eine parallel dazu nachgewiesene deliktische Handlung des Vertragspartners, die ihren Ursprung im Umgang des Schädigers mit seinem Vertragspartner hat.[184] Die Entwicklung der frühen 1980er Jahre, hin zu einer verstärkten Anwendung von punitive damages, setzte sich in den folgenden Jahren unverändert fort und führte vor allem zur Zunahme von „blockbuster awards".[185] Diesen Trend erkannte Anfang der 1990er Jahre schließlich auch der U.S. Supreme Court als Problem und versuchte seitdem dieser Entwicklung entgegenzuwirken.[186]

4. Punitive damages außerhalb der USA

Auch wenn sich die bisherigen Ausführungen über punitive damages ausschließlich auf die US-amerikanische Ausprägung dieser Schadensersatzform bezogen haben, so stellt Strafschadensersatz keine Besonderheit des US-amerikanischen Rechts dar. Vielmehr kennen auch andere Jurisdiktionen des common law punitive damages. Dieser hat sich dort jedoch größtenteils unabhängig von den USA weiterentwickelt, teilweise sogar deutlich in eine andere Richtung.

---

182 Als „blockbuster awards" werden Strafschadensersatzurteile von mindestens USD 100 Mio. bezeichnet, siehe *Del Rossi/Viscusi*, 12 American Law and Economics Review 116 (2010).

183 *Mörsdorf-Schulte*, Funktion und Dogmatik, S. 182 Rn. 28.

184 Die Zunahme von punitive damage awards in diesem Bereich hat ihren Ursprung in der Ausdehnung der sog. „bad faith litigation". Damit wird ein deliktischer Tatbestand bezeichnet, der Vertragspartner untereinander zu „good faith and fair dealing" verpflichtet. Verstößt einer der Vertragspartner gegen das Prinzip, so stehen dem Geschädigten neben vertraglichen auch deliktische Ansprüche zu. Einen wichtigen Anwendungsbereich findet die „bad faith litigation" im Versicherungsrecht, insbesondere im Rahmen der Durchsetzung von Ansprüchen des Versicherten gegen seine Versicherung (sog. „insurance bad faith"; siehe als Beispiel für einen solchen Sachverhalt Kapitel C. II. 2. c) (2)).

185 Die Anzahl an punitive damages awards von mindestens USD 100 Mio. lag vor 1989 bei lediglich vier solcher Fälle. 1989–1993 kamen sieben weitere hinzu, 1994–1998 19 und 1999–2003 sogar 34; siehe *Viscusi*, 53 Emory Law Journal 1405, 1434 Table 3.

186 Siehe hierzu ausführlich Kapitel C. II.

a) England

Auch die englische Rechtsordnung kennt Schadensersatz in Form von punitive damages. Allerdings wurden in England seit der Mitte des 20. Jahrhunderts erhebliche Anstrengungen unternommen, um punitive damages wirksam zu begrenzen. Das englische Recht geht dabei zweigleisig vor, indem es sowohl die Fälle einschränkt, in denen punitive damages zugestanden werden können, als auch die Höhe von Strafschadensersatz begrenzt.

Bis ins Jahr 1968 konnten punitive damages in allen Fällen deliktischer Schädigung zugesprochen werden. In *Rookes v. Barnard*[187] entschied das House of Lords als damals oberstes englisches Gericht dann jedoch, dass Strafschadensersatz lediglich in zwei Fallgruppen zugesprochen werden kann. Voraussetzung ist demnach, dass es sich entweder um eine Klage gegen repressives, willkürliches oder rechtsstaatswidriges Verhalten eines Regierungsvertreters handelt[188] oder der Beklagte durch sein im Voraus geplantes deliktisches Verhalten einen Gewinn gemacht hat, der die dem Kläger zustehende Kompensation deutlich übersteigt.[189] Neben diesen beiden Fallgruppen können punitive damages selbstverständlich auch dann zugestanden werden, wenn dies gesetzlich vorgesehen ist.[190] Eine darüber hinausgehende Einschränkung wird dadurch erreicht, dass punitive damages nur dann zugesprochen werden können, wenn der kompensatorische Schadensersatz zur Bestrafung oder Abschreckung unzureichend[191] und der Kläger das Opfer des strafwürdigen Verhaltens des Beklagten ist.[192] Auf Strafschadensersatz kann hingegen vollständig verzichtet werden, wenn der Beklagte bereits für seine deliktische Handlung bestraft wurde,[193] mehrere Kläger vorhanden sind,[194] der Beklagte in gutem Glauben handelte[195] oder dem Kläger ein Mitverschulden anzulasten ist.[196]

---

187 *Rookes v. Barnard*, [1964] A.C. 1129.

188 *Rookes v. Barnard*, [1964] A.C. 1129, 1226; *Rogers*, Torts, S. 1013 f.; Der Begriff des „Regierungsvertreters" (engl. servant of the government) ist in diesem Fall weit zu verstehen und umfasst z.B. auch Polizisten oder Beamte der Kreis- und Bezirksverwaltung. Siehe hierzu die Klarstellungen des House of Lords in *Cassel&Co., Ltd. v. Broome*, [1972] A.C. 1027, 1087 f.

189 *Rookes v. Barnard*, [1964] A.C. 1129, 1226 f.; *Rogers*, Torts, S. 1014 ff.

190 Dies ist jedoch so gut wie nie der Fall; siehe hierzu *Marx*, Exemplary Damages, S. 59.

191 Sog. „if, and only if"-Test; siehe hierzu *Cassel&Co., Ltd. v. Broome*, [1972] A.C. 1027, 1126.

192 *Rookes v. Barnard*, [1964] A.C. 1129, 1227.

193 *Archer v. Brown* [1985] Q.B. 401, 423.

194 *AB v. South West Water Services Ltd.*, [1993] Q.B. 507, 527 f.

195 *Holden v. Chief Constable of Lancashire*, [1987] Q.B. 380, 388.

196 *Thompson v. Commissioner of Police of the Metropolis*, [1998] Q.B. 498, 517.

Die Höhe der Strafschadensersatzbeträge wird im englischen Recht durch zwei Maßnahmen wirksam begrenzt. Zum einen wird die über punitive damages entscheidende Jury genau über den Sinn und Zweck des Strafschadensersatzes aufgeklärt.[197] Das Gericht soll dabei insbesondere darauf hinweisen, dass der Schaden dem Kläger bereits ersetzt wurde, punitive damages nur zugesprochen werden sollen, wenn der sonstige Schadensersatz zum Zwecke der Bestrafung nach Ansicht der Jury nicht ausreicht und der Strafschadensersatz zudem nicht höher sein soll, als unbedingt notwendig.[198] Zum anderen hat der englische Court of Appeal das Recht erhalten, exzessiven Strafschadensersatz im Revisionsverfahren herabzusetzen.[199] Hiervon hat das Gericht in der Vergangenheit auch zunehmend Gebrauch gemacht, wenn es in der Gesamtschau aller relevanten Faktoren zu der Überzeugung gelangt war, dass ein Strafschadensersatzurteil „excessive" sei. Im Rahmen seiner Rechtsprechung hat der Court of Appeal zudem darauf hingewiesen, dass seiner Meinung nach kein punitive damages award geringer als GBP 5.000 und höher als GBP 50.000 sein könne.[200] Diese Ansicht gründet auf der Überlegung, dass Strafschadensersatz unterhalb des Minimalbetrages offensichtlich nicht notwendig und oberhalb des Maximalbetrages eindeutig unverhältnismäßig ist.

b) Australien

Australien ist den Einschränkungen, die die *Rookes*-Rechtsprechung des House of Lords für die englischen punitive damages entwickelte, nicht gefolgt.[201] Die

---

197 Dies gilt zumindest seit *Thompson v. Commissioner of Police of the Metropolis*, [1998] Q.B. 498. Vor diesem Urteil gaben Richter der Jury nur sehr allgemein gehaltene Richtlinien bezüglich der angemessenen Höhe von Schadensersatz mit auf den Weg.

198 Der Kriterienkatalog war die Reaktion des Court of Appeals auf die zunehmenden Anzahl exzessiver punitive damages awards durch Juries. Vgl. *Thompson v. Commissioner of Police of the Metropolis*, [1998] Q.B. 498, 507.

199 The Courts and Legal Services Act 1990 s 8(2).

200 *Thompson v. Commissioner of Police of the Metropolis*, [1998] Q.B. 498, 517.

201 Siehe hierzu die erstaunlich deutliche Ablehnung durch Richter *Windeyer* vom High Court of Australia: „[…] the propositions which [Lord Devlin] laid down are not in accord with the common law as it has always been understood in this country and I see no good reason why we should now place such narrow limits upon the right of a jury to award punitive damages in appropriate cases […]", *Uren v John Fairfax&Sons Pty Ltd.*, (1966) 117 C.L.R. 118, 160.

Verurteilung zu Strafschadensersatz ist daher in einer Vielzahl von Fällen deliktischer Schädigung nach wie vor möglich, auch wenn sie praktisch auf außerordentliche Sachverhalte beschränkt wird. Diese Beschränkung wird dadurch erreicht, dass punitive damages, vergleichbar mit der „if, but only if"-Einschränkung des englischen Rechts, nur dann zugestanden werden, wenn der sonstige Schadensersatz zur Bestrafung und Abschreckung des Beklagten nicht ausreicht.[202] Darüber hinaus scheidet eine Verurteilung zur Zahlung von punitive damages immer dann aus, wenn der Beklagte wegen der gleichen Handlung bereits strafrechtlich verurteilt wurde.[203] Neben diesen richterrechtlichen Beschränkungen tritt in einigen Einzelstaaten Kanadas zudem ein gesetzliches Verbot von punitive damages in bestimmten Fallgruppen. In New South Wales sind punitive damages beispielsweise in Klagen wegen Verkehrsunfällen[204] oder aufgrund ehrverletzender Äußerungen[205] verboten.

Die Höhe von punitive damages awards wird in Australien durch eine Bewertung aller relevanten Faktoren bestimmt, wobei das Hauptaugenmerk auf dem Schädiger und nicht dem Geschädigten oder der deliktischen Handlung selbst liegt.[206] Unverhältnismäßig hoher Strafschadensersatz soll durch eine umfassende Belehrung der Jury verhindert werden, ohne dass es für die durchzuführende Belehrung feste Richtlinien wie in England gibt. Punitive damages die dennoch „excessive" sind, können im Instanzenzug durch das Revisionsgericht herabgesetzt werden.[207]

Alles in allem wird die Begrenzung von punitive damages in Australien nicht in dem Maße betrieben, wie dies in England der Fall ist. Dennoch sind auch dort deutliche Bestrebungen ersichtlich, Strafschadensersatz nur in besonderen Fällen und nur in einem verhältnismäßigen Umfang zuzusprechen.

c) Neuseeland

Auch Neuseeland ist der *Rookes*-Rechtsprechung des House of Lords nicht gefolgt, sondern erlaubt punitive damages nach wie vor in einer Vielzahl von Fällen deliktischer Schädigungen.[208] Allerdings sind die dabei zugesprochenen Strafschadensersatzsummen wesentlich geringer als in anderen Ländern.

---

202 *Backwell v. AAA*, (1997) 1 V.R. 182.
203 *Gray v. Motor Accident Commission*, (1998) 196 C.L.R. 1, 14.
204 Siehe hierzu Motor Accidents Compensation Act 1999 (N.S.W.) s 144.
205 Siehe hierzu Defamation Act 1974 (N.S.W.) s 46(3).
206 *Gray v. Motor Accident Commission*, (1998) 196 C.L.R. 1, 14.
207 Siehe hierzu Supreme Court Act 1986 (Vic) s 14(1).
208 *Taylor v. Beere*, [1982] 1 N.Z.L.R. 81.

Ein Grund hierfür ist, dass punitive damages in Neuseeland durch den Richter selbst und nicht durch die Jury festgesetzt werden.[209] Zudem soll Strafschadensersatz nach dem neuseeländischen Verständnis, anders als in den bislang betrachteten Rechtsordnungen, den Beklagen nur bestrafen und nicht gleichzeitig vor weiteren Handlungen abschrecken.[210] Bei Bemessung des Strafschadensersatzes ist darüber hinaus darauf zu achten, dass punitive damages der Höhe nach maßvoll sein müssen.[211] Neben diesem Aspekt leiten das Gericht bei Festsetzung der Strafschadensersatzhöhe weitere fünf Faktoren. Aufseiten des Beklagten sind dies 1) die Schwere des Fehlverhaltens, 2) seine wirtschaftlichen Möglichkeiten sowie 3) vorherige Bestrafungen, aufseiten des Klägers 4) der erlittene Schaden sowie 5) die Tatsache, dass punitive damages bei diesem zu einem „windfall" führen.[212]

Im Vergleich zu anderen Ländern hat Neuseeland einen äußerst erfolgreich Ansatz gewählt, der punitive damages ausschließlich über Maßnahmen zur Begrenzung der Strafschadensersatzhöhe kontrolliert.

d) Kanada

Im Gegensatz zu England, Australien und Neuseeland sind in Kanada keine Bestrebungen ersichtlich, zu einer Einschränkung der Verwendung von punitive damages zu gelangen. Einen Beleg hierfür stellt nicht allein die Tatsache dar, dass die *Rookes*-Rechtsprechung des House of Lords nicht umgesetzt wurde,[213] sondern auch die vergleichsweise umfangreiche Anwendung von Strafschadensersatz in der heutigen Rechtsprechungspraxis. So können in Kanada trotz einer strafrechtlichen Verurteilung punitive damages zugestanden werden und Strafschadensersatz ist unter bestimmten Voraussetzungen sogar im Falle von Vertragsverletzungen möglich.[214]

Betrachtet man unter welchen Voraussetzungen punitive damages in Kanada grundsätzlich zugestanden werden können und wie diese zu bemessen sind, so wird man mit einem umfangreichen Katalog an Faktoren konfrontiert, der nach

---

209 *Gotanda*, 42 Columbia Journal of Transnational Law 391, 418 f. (2004).

210 *A v. Bottrill*, [2001] 3 N.Z.L.R. 622, 637.

211 *Williams v. Duvalier Investments Ltd.*, [1999] D.C.R. 897.

212 *Manning*, 22 New Zealand Law Review 143, 178 (2002); *Todd*, 18 New Zealand Law Review 145, 188 ff. (1998).

213 *Vorvis v. Insurance Corporation of British Columbia*, [1989] 1 S.C.R. 1085, 1104 f.

214 Allerdings ist dies nur möglich, wenn der durch die Vertragsverletzung erlittene Schaden isoliert betrachtet auch deliktisch einklagbar wäre; siehe *Whiten v. Pilot Insurance Corporation*, [2002] 1 S.C.R. 595, 637 ff.

der Rechtsprechung des kanadischen Supreme Court zu berücksichtigen ist. Leitender Grundsatz ist dabei, dass Strafschadensersatz die Ausnahme und nicht die Regel darstellen soll. Er ist daher nur dann zuzugestehen, wenn die durch ihn verfolgten Zwecke der Bestrafung und Abschreckung noch nicht anderweitig erreicht wurden, das vorwerfbare Verhalten ohne die punitive damages mithin nur unzureichend gesühnt wäre.[215] Zudem soll beachtet werden, dass bereits moderater Strafschadensersatz regelmäßig als ausreichend anzusehen ist.[216] Diese Faktoren haben in den letzten Jahren jedoch nicht dazu geführt, dass die Höhe der in Kanada zugesprochenen punitive damages auf einem niedrigen Niveau geblieben ist. Es zeigt sich vielmehr ein entgegengesetzter Trend, der zu einer Steigerung der Durchschnittssumme von punitive damages awards geführt und bislang nicht gekannte Höhen von kanadischem Strafschadensersatz verursacht hat.[217] Diese Entwicklung wird dabei offensichtlich durch die Gerichte mitgetragen, die im Rahmen der Überprüfung der durch eine Jury bestimmten punitive damages award nämlich das Recht hätten, unverhältnismäßig hohen Strafschadensersatz herabzusetzen.[218]

Es bleibt festzuhalten, dass Kanada neben den Vereinigten Staaten wohl am umfangreichsten die Verwendung von punitive damages und vergleichsweise hohe Strafschadensersatzsummen ermöglicht.

5. Ergebnis

Zusammenfassend lässt sich festhalten, dass punitive damages eine besondere Form von deliktischen Schadensersatz darstellen, dessen Funktion nicht in der Kompensation des Geschädigten besteht. Stattdessen nehmen die verschiedenen Formen von Strafschadensersatz bestrafende und abschreckende Aufgaben wahr. Neben diese treten je nach konkreter Ausgestaltung der punitive damages sodann weitere Ziele. Die dogmatische Entwicklung von punitive damages ist dabei noch lange nicht abgeschlossen, sondern wird durch eine in den letzten Jahren wieder lebhaftere Diskussionen rund um punitive damages weiter fortgesetzt werden.

---

215 *Hill v. Church of Scientology*, [1995] 2 S.C.R. 1130, 1208.

216 *Whiten v. Pilot Insurance Corporation*, [2002] 1 S.C.R. 595, 646.

217 So auch die Feststellung von Richter *Binnie* in *Whiten v. Pilot Insurance Corporation*, [2002] 1 S.C.R. 595, 621: „[…] the awards have multiplied an escalated in amount.".

218 *Gotanda*, 42 Columbia Journal of Transnational Law 391, 436.

III. Die Kalifornien-Entscheidung des Bundesgerichtshofs

Die Themenfelder der autonomen Urteilsanerkennung und der US-amerikanischen punitive damages wurden auf höchstrichterlicher Ebene schließlich im Jahr 1992 in der sog. Kalifornien-Entscheidung des Bundesgerichtshofs das erste Mal umfassend zusammengeführt.[219] Der BGH nahm im Rahmen dieses Urteils zu einer Vielzahl von Fragen des transatlantischen Rechtsverkehrs Stellung, darunter insbesondere auch zur Vereinbarkeit US-amerikanischen Strafschadensersatzes mit den Grundprinzipien des deutschen Rechts. Der dem Verfahren zugrunde liegende Sachverhalt sowie die wesentlichen Aussagen des BGH zu den im Verlauf des Prozesses aufgeworfenen Fragen der transatlantischen Urteilsanerkennung sollen im Folgenden dargestellt werden.

1. Sachverhalt

Der Entscheidung des Bundesgerichtshofs ging ein Zivilprozess in Kalifornien voraus, in dem ein US-amerikanischer Kläger, der als Kind sexuell durch den Beklagten belästigt wurde, diesen auf Schadensersatz, Schmerzensgeld und punitive damages verklagte. Der Beklagte hatte neben der US-amerikanischen auch die deutsche Staatsangehörigkeit, lebte zum Zeitpunkt des kalifornischen Gerichtsverfahrens bereits in Deutschland und besaß in Deutschland Grundeigentum. In Abwesenheit wurde er vom Superior Court of the State of California in and for the County of San Joaquin zur Zahlung von insgesamt USD 750.260 verurteilt. Die Urteilssumme umfasst dabei USD 260 als Ersatz für Heilaufwendungen („past medical damages"), USD 100.000 für künftige medizinische Versorgung („future medical"), USD 50.000 für die voraussichtlich erforderliche Unterbringung des Klägers („cost of placement"), USD 200.000 für erlittene Ängste, Schmerzen, Leiden und sonstige Schäden dieser Art („anxiety, pain, suffering and general damages of that nature") und schließlich USD 400.000 Strafschadensersatz („exemplary and punitive damages"). Der Superior Court ordnete zudem an, dass 40 % der gesamten Schadensersatzsumme dem Anwalt des Klägers zustünden und bestätigte damit eine zwischen dem Kläger und dessen Anwalt getroffene Vergütungsvereinbarung. Der Kläger versuchte das Urteil sodann im vollen Umfang vor deutschen Gerichten anerkennen zu lassen, um in das in Deutschland gelegene Vermögen des Beklagten vollstrecken zu können. Erstinstanzlich erkannte das LG Düsseldorf das US-amerikanische Urteil auch vollständig an,[220] das OLG Düsseldorf auf Berufung des Beklagten jedoch

219 BGHZ 118, 312 ff.
220 LG Düsseldorf, Urteil vom 12. April 1990 – Az. 13 O 456/89.

lediglich in Höhe von USD 275.325.[221] Beide Parteien gingen gegen die Entscheidung des OLG Düsseldorf in Revision zum Bundesgerichtshof. Diesem wurde hierdurch die Möglichkeit eröffnet, zu einer Reihe von Fragen im deutsch-amerikanischen Rechtsverkehr Stellung zu beziehen.

2. Problemfelder transatlantischer Urteilsanerkennung

Vor der Entscheidung des BGH waren in der juristischen Literatur bereits mehrere US-amerikanische Rechtsgrundsätze und Verfahrensregeln identifiziert worden, die einer Anerkennung von Zivilurteilen in der Bundesrepublik entgegenstehen könnten.[222] Es handelte sich dabei um verfahrens- und materiellrechtliche Einwände, die im Anerkennungsverfahren gegen Urteile US-amerikanischer Zivilgerichte vorgebracht werden konnten. Auf eine Vielzahl dieser Bedenken ging der Bundesgerichtshof in der Kalifornien-Entscheidung ein, lehnte bis auf einen jedoch sämtliche sonstigen Einwände ab.

a) Verfahrensrechtlicher ordre public

Zunächst befasste sich der BGH mit zwei Besonderheiten des US-amerikanischen Zivilverfahrens, der sog. pre-trial discovery und der american rule of costs, und deren Auswirkungen auf den verfahrensrechtlichen ordre public im Rahmen der Prüfung des § 328 Abs. 1 Nr. 4 ZPO.

(1) Pre-trial discovery

Die pre-trial discovery wurde und wird von der juristischen Literatur in Deutschland sehr misstrauisch beäugt.[223] Der Grund hierfür ist, dass die durch die discovery statuierte Offenlegungspflicht gegen das grundlegende Prinzip der Waffengleichheit der Parteien und insbesondere gegen das Verbot des Ausforschungsbeweises verstoßen könnte.[224] Keine Partei eines Zivilprozesses kann nach deutschen Grundsätzen dazu gezwungen werden, sich der anderen Partei

221 OLG Düsseldorf, Urteil vom 28. Mai 1991 – Az. 4 U 119/90.

222 *Schütze*, FS Stiefel, S. 697 ff.; *Stiefel/Stürner*, VersR 1987, 829 ff.

223 Bei der pre-trial discovery handelt es sich um ein unter Parteiherrschaft stehendes Beweisermittlungsverfahren, das vor der ersten mündlichen Verhandlung durchgeführt wird. Es soll dazu beitragen, den Streitgegenstand einzugrenzen und die streiterheblichen Tatsachen offenzulegen, wozu den Parteien sehr umfangreiche gegenseitige Auskunftspflichten auferlegt werden.

224 *Schütze*, WM 1979, 1174, 1175; *ders.*, FS Nagel, S. 392; *ders.*, FS Geimer, S. 1033; auch *Schwung*, AG 2006, 818, 820.

ohne konkreten Grund vollumfänglich zu öffnen und ihr so zu ermöglichen, an die Klage unterstützendes Material zu gelangen.[225] Diese muss vielmehr den geltend gemachten Anspruch, soweit die Beweislastverteilung dies von ihr verlangt, mit den ihr zur Verfügung stehenden Mitteln selbst nachweisen. In der Kalifornien-Entscheidung stellte der BGH diesbezüglich fest, dass eine pre-trial discovery als solche die Anerkennung eines US-amerikanischen Urteils nicht hindert.[226] Das Gericht führte dazu weiter aus, dass ein Verstoß gegen den deutschen ordre public nur dann festgestellt werden könne, wenn das Rechtsinstituts der pre-trial discovery im Vergleich zu den materiell- wie verfahrensrechtlichen Auskunfts- und Informationspflichten des deutschen Rechts vollkommen untragbar erscheinen und die Grenzen der gerichtlichen Wahrheitsfindung im Vergleich zu den deutschen Regelungen vollständig sprengen würde.[227] Dies sei jedoch nicht der Fall, da die pre-trial discovery dem Kläger Informationsrechte gewähre, die auch das deutsche Recht einem Kläger grundsätzlich zugestehe.[228]

Im Ergebnis verstößt die pre-trial discovery somit nicht gegen den ordre public.[229] Dies schließt allerdings nicht aus, dass im Einzelfall bestimmte im Rahmen einer pre-trial discovery vorgenommene Handlungen eine Anerkennungsverweigerung begründen können.

(2) American rule of costs

Kontrovers wurde vor der Kalifornien-Entscheidung auch die Frage diskutiert, ob die american rule of costs, nach der es zu keiner Kostenerstattung für die obsiegende Partei kommt, mit dem deutschen ordre public vereinbar ist.[230] Von den Kritikern einer Anerkennung ausländischer Urteile ohne Kostenerstattungsregelung wurde vorgebracht, die Kostenerstattung sei als Ausdruck der prozessualen Gerechtigkeit wichtiger Bestandteil der deutschen Rechtsordnung.[231] Sie schütze die berechtigterweise klagende Partei sowie den zu Unrecht in Anspruch

---

225 MüKoZPO-Prütting, § 284 Rn. 79; Zöller-*Greger*, Vor § 284 Rn. 8c, 8d; zur Frage der Aufklärungspflicht und deren Grenzen auch *Arens*, ZZP 96 (1983), S. 1 ff. und *Stürner*, Aufklärungspflicht, S. 106 ff.

226 BGHZ 118, 312, 323.

227 BGHZ 118, 312, 324.

228 Der BGH führt insofern aus, dass bei Beurteilung der pre-trial discovery nicht nur vergleichbare prozessuale Regelungen des deutschen Rechts, sondern auch materiellrechtliche Auskunftspflichten zu beachten seien. Siehe BGHZ 118, 312, 324.

229 Zustimmend *Bungert*, ZIP 1992, 1707, 1710.

230 *Schütze*, WM 1979, 1174, 1176; *Stiefel/Stürner*, VersR 1987, 829, 831.

231 So insbes. *Schütze*, WM 1979, 1174, 1176.

genommenen Beklagten, indem beiden das Kostenrisiko der Inanspruchnahme der Gerichte bzw. der Verteidigung vor Gericht genommen werde.[232] Diese Einwände gegen die american rule of costs teilte der BGH im Ergebnis nicht.[233] Vielmehr führte er in seiner Entscheidung aus, dass das US-amerikanische Konzept der Kostentragung mit dem deutschen ordre public vereinbar sei, da es der obsiegenden Partei den Kostenersatz nicht willkürlich vorenthalte, sondern wie auch die deutsche Regelung von wertenden und rechtspolitischen Grundsätzen getragen sei.[234] Der Ausschluss der Kostentragung diene im US-amerikanischen Recht dem leichteren Zugang zu den Gerichten und gleiche zudem das Fehlen einer Prozesskostenhilfe aus.[235] Auch ist nach Meinung des BGH die US-amerikanische Ansicht nachvollziehbar, wonach ein hinreichender Zusammenhang zwischen den vorprozessualen Standpunkten der Streitparteien und dem Prozessergebnis nicht bestehe und daher das im deutschen Recht vorherrschende Veranlassungsprinzip[236] nicht zwingend zur Anwendung kommen müsse.[237]

Darüber hinaus erklärte der BGH, dass die Nichtanerkennung eines Urteils, alleine aufgrund einer fehlenden Kostentragungsregelung im Erststaat, zudem zu einer ungerechtfertigten Besserstellung von ausländischen Beklagten führen würde.[238] Die in einem US-amerikanischen Zivilverfahren zu Schadensersatz verurteilte Partei entgeht der Kostentragung nämlich nur scheinbar. Tatsächlich finden die Kosten des Klägers regelmäßig Berücksichtigung in der Gesamtschadensersatzsumme.[239] Dieser indirekten Kostentragung würde der Beklage

---

232 *Hommelsheim*, Kostenausgleichung, S. 66; *Schütze*, WM 1979, 1174, 1176.

233 BGHZ 118, 312, 325; zustimmend *Bungert*, ZIP 1992, 1707, 1711.

234 BGHZ 118, 312, 326.

235 BGHZ 118, 312, 325 f.

236 Vgl. §§ 91 Abs. 1, 93 ZPO als Ausprägungen des Veranlassungsprinzips. Danach hat diejenige Partei die Kosten zu tragen, die den Rechtsstreit durch ihr Verhalten provoziert hat. Im Falle des Obsiegens des Klägers hat demnach der Beklagte die Kosten zu tragen, da er den Kläger durch die Weigerung, dessen berechtigten Anspruch zu erfüllen zur Klageerhebung veranlasst hat. Im Unterliegensfall des Klägers muss dieser die Kosten tragen, da der Beklagte berechtigterweise einen geltend gemachten Anspruch des Klägers verweigert hat und mithin ohne Verschulden in ein gerichtliches Verfahren gezogen wurde. So auch BGHZ 60, 337, 343; *Becker-Eberhard*, Kostenerstattung, S. 25 ff.; *Deubner*, JuS 1962, 205, 207.

237 BGHZ 118, 312, 326.

238 BGHZ 118, 312, 326.

239 Diese wird, wie unter Kapitel B. II. 2. a) (2) dargestellt, regelmäßig als „lump sum“ zugesprochen. In die Bemessung dieses einheitlichen Schadensersatzbetrages können auch die Rechtsverfolgungskosten des Klägers mit einfließen.

entgehen, wenn die Anerkennung des Schadensersatzurteils im Inland vollumfänglich scheitert. Über das Anerkennungsrecht würde dem ausländischen Beklagten somit mehr Schutz gewährt, als einer deutschen Partei in vergleichbarer Lage. Diese müsste die Kosten des Klägers in einem solchen Fall aufgrund der Geltung des Veranlassungsprinzips nämlich tragen.

(3) Zwischenergebnis

Es kann somit festgestellt werden, dass es der BGH in der Kalifornien-Entscheidung ablehnte, die Anerkennung des Urteils aufgrund bestimmter prozessualer Besonderheiten des US-amerikanischen Rechts zu verweigern. Er folgte damit konsequent seiner Auffassung, nach welcher der deutsche verfahrensrechtliche ordre public durch das Urteil eines ausländischen Gerichts nur dann betroffen sein kann, wenn dieses auf Grund eines Verfahrens ergangen ist, das von den Grundsätzen des deutschen Verfahrensrechts in einem solchen Maße abweicht, dass es nicht mehr als in einem geordneten rechtsstaatlichen Verfahren ergangen angesehen werden kann.[240] Dass diese hohe Schwelle durch das US-amerikanische Zivilverfahren regelmäßig nicht erreicht wird, kann nicht verwundern.

b) Materiellrechtlicher ordre public

Im weiteren Verlauf der Entscheidung befasste sich der BGH schließlich mit Einwänden, die den materiellrechtlichen ordre public im Rahmen des § 328 Abs. 1 Nr. 4 ZPO betreffen. Im Einzelnen ging das Gericht dabei der Frage nach, ob fiktive Heilkosten, Schadensersatz für erlittene Schmerzen und Ängste („damages for pain and suffering") sowie das in den Vereinigten Staaten weitverbreitete Erfolgshonorar („contingency fee") anerkennungsfähig sind.

(1) Fiktive Heilkosten

Im deutschen Recht ist der Ersatz fiktiver Kosten nur unter sehr engen Voraussetzungen vorgesehen. Einzig und allein im Fall von Sachschäden können die Wiederherstellungskosten gem. § 249 Abs. 2 S. 1 BGB geltend gemacht werden, auch wenn es tatsächlich zu keiner Wiederherstellung gekommen ist und auch nicht kommen soll.[241] Bei Personenschäden ist dies hingegen nicht möglich, sodass Kosten für Heilaufwendungen nur dann ersetzt verlangt werden können, wenn sie tatsächlich angefallen sind.[242] Diese Unterscheidung in der

---

240 St. Rspr.; siehe BGH NJW 1990, 2201, 2202 f.; BGH NJW 2009, 3306, 3308.
241 MüKoBGB-*Oetker*, § 249 Rn. 367; Staudinger-*Schiemann*, § 249 Rn. 219.
242 St. Rspr. seit BGHZ 97, 14, 18 ff.

Dispositionsbefugnis über die Schadensersatzsumme zwischen Sach- und Personenschäden gründet auf der Überlegung, dass im Falle eines Sachschadens die Entscheidung für oder gegen die Wiederherstellung lediglich Auswirkungen auf die konkrete Ausgestaltung der Vermögenslage des Geschädigten hat.[243] Im Fall von Personenschäden ist dies anders, da der eigene Körper nicht dem Vermögen als frei verfügbarer „Gegenstand" zugeordnet ist und man aus der eigenen Verletzung daher keinen geldwerten Vorteil ziehen darf.[244] Hierdurch wird auch kein Zwang zur Vornahme von Heilaufwendungen statuiert, der Geschädigte soll lediglich keinen Vorteil aus einer unterbliebenen Behandlung ziehen können. Insofern ist darauf hinzuweisen, dass aufgrund körperlicher Verletzungen eingetretene Einschränkungen auch nach deutschem Recht nicht vollkommen ersatzlos hinzunehmen sind, sondern vielmehr über das Schmerzensgeld ausgeglichen werden können.[245] Bis zur Kalifornien-Entscheidung des BGH war nunmehr fraglich, ob das eben beschriebene Verbot des Ersatzes fiktiver Heilkosten zu den Grundprinzipien des deutschen Rechts gehört und somit ausländische Urteile, die einen solchen Ersatz zusprechen, am anerkennungsrechtlichen ordre public scheitern müssen.

Der BGH verneinte dies, da das Ergebnis der US-amerikanischen Regelung auch nach deutschem Verständnis nicht zu missbilligen sei.[246] Der Grund, weshalb der Geschädigte fiktive Heilungskosten ersetzt bekommt, liegt nämlich nicht in einer grundsätzlich anderen Bewertung solcher Kosten als im deutschen Recht, sondern einzig und allein in einer vom deutschen Recht abweichenden Art und Weise der Schadensabwicklung. So muss nach US-amerikanischem Recht der vollständige Schadensersatz in einem einzigen Prozess und einer einzigen Schadensersatzsumme ausgeurteilt werden,[247] während im deutschen Recht die sukzessive Geltendmachung von durch fortlaufende Heilbehandlungen eingetretener Schäden möglich ist.[248] An der grundsätzlichen Entscheidung

243 Es wird daher davon ausgegangen, dass dem Geschädigte in diesen Fällen die „Dispositionsfreiheit" über den Schadensersatz zukommt; siehe *Haug*, VersR 2000, 1471, 1473 ff.; MüKoBGB-*Oetker*, § 249 Rn. 376 f.; hierzu krit. Staudinger-*Schiemann*, § 249 Rn. 222 ff.

244 MüKoBGB-*Oetker*, § 249 Rn. 380 f.; Staudinger-*Schiemann*, § 249 Rn. 237: „[...] die Gesundheit selbst [hat] keinen Vermögenswert [...]".

245 Staudinger-*Schiemann*, § 249 Rn. 226.

246 BGHZ 118, 312, 331.

247 BGHZ 118, 312, 331.

248 Die Feststellung der grundsätzlichen Ersatzpflicht des Schuldners kann jedoch bereits durch eine Feststellungsklage gem. § 256 ZPO vor der jeweiligen Heilbehandlung erfolgen.

für einen Ausgleich der im US-amerikanischen Recht unter die fiktiven Heilkosten fallenden Beträge auch nach deutschen Grundsätzen ändert dies jedoch nichts, sodass das US-amerikanische Urteil daher auch nicht gegen den ordre public verstoßen kann.

(2) Erfolgshonorar

Der BGH äußerte sich in seiner Entscheidung anschließend über das in den Vereinigten Staaten weitverbreitete Erfolgshonorar und dessen Anerkennungsfähigkeit.[249] Ein solches Erfolgshonorar ist oftmals als sog. „contingency fee" ausgestaltet. Hierunter wird eine Vergütungsvereinbarung verstanden, bei der sich das anwaltliche Honorar auf Klägerseite nicht nach einer Vergütungstabelle oder nach Stundensätzen bemisst, sondern an der durch den Anwalt im Prozess erstrittenen Schadensersatzsumme.[250] Von dieser erhält er sodann einen bestimmten Prozentsatz (sog. *quota litis*) als Vergütung, im Ausgangsfall der Kalifornien-Entscheidung waren es die bereits erwähnten 40 % der Gesamtschadensersatzsumme.

Im Anerkennungsverfahren stellte sich nun die Frage, ob der dem Anwalt zugesprochene Teil des Schadensersatzes ebenfalls anzuerkennen sei, obwohl eine vergleichbare Vergütungsvereinbarung nach damaligen deutschen Recht verboten gewesen wäre. Fraglich war damit erneut, ob das deutsche Verbot als Grundprinzip des deutschen Rechts aufgefasst werden müsse und somit Teil des ordre public sei. Der BGH verneinte dies und wies darauf hin, dass das deutsche Verbot des Erfolgshonorars für die hiesige Gerechtigkeitsvorstellung nicht so wesentlich sei, dass es in jedem Fall internationale Anerkennung beanspruche müsse.[251] Aus diesem Grund könne eine solche Vergütungsvereinbarung bzw. deren Durchsetzung auch nicht am ordre public scheitern. Dies gelte insbesondere auch deshalb, weil die in Rede stehende Vereinbarung vollständig im Ausland abzuwickeln gewesen sei.[252] Darüber hinaus stellte der BGH klar, dass auch die vereinbarte Höhe des Erfolgshonorars eine Anerkennung nicht *per se* hindert.[253] Diese hänge nämlich maßgeblich von der Komplexität und Länge

---

249 BGHZ 118, 312, 332 ff.

250 Denkbar sind dabei eine Vielzahl verschiedener Gestaltungen (z.B.: „no win, no fee": keine Vergütung bei Unterliegen; „no win, less fee": eine verminderte Vergütung im Unterliegensfall).

251 BGHZ 118, 312, 332.

252 BGHZ 118, 312, 332.

253 BGHZ 118, 312, 333.

des Falles ab und entschädige den Rechtsanwalt darüber hinaus für die von ihm geleistete Vorfinanzierung des Rechtsstreits.[254]

(3) Damages for pain and suffering

Zum Ende der Kalifornien-Entscheidung wandte sich der BGH sodann dem US-amerikanischen Institut der „damages for pain and suffering" zu.[255] Diese Schadensersatzart soll den Geschädigten umfassend für alle negativen Auswirkungen einer deliktischen Schädigung kompensieren, insbesondere auch für Beeinträchtigungen der Lebensqualität („impairement of enjoyment of life") und seelische Not („mental distress").[256] Die insoweit zuerkannten Summen können dabei durchaus beträchtlich sein, sind jedoch ausschließlich kompensatorischer und nicht pönaler Natur.[257]

Vor diesem Hintergrund verwundert es nicht, dass der BGH „damages for pain and suffering" als mit dem anerkennungsrechtlichen ordre public vereinbar ansah. Sie stellen das funktionelle Äquivalent zum deutschen Schmerzensgeld nach § 253 Abs. 2 BGB (damals noch § 847 BGB a.F.) dar, indem sie den Geschädigten für diejenigen Einbußen kompensieren, die mittels des materiellen Schadensersatzes nicht zu erfassen sind.[258] Es erstaunt jedoch, dass das Gericht in seiner Argumentation sehr stark auf den geringen Inlandsbezug des Rechtsstreits abstellt, um die Anerkennung des gesamten Betrages der „damages for pain and suffering" in Höhe von USD 200.000 zu rechtfertigen. Ein mit dem deutschen Schmerzensgeld vergleichbarer Schadensposten sollte dem Grunde nach bereits nicht gegen den ordre public verstoßen können, da das deutsche Recht den von ihm verfolgten Zweck offensichtlich ebenfalls befürwortet.[259] Daher kann das Ergebnis der ausländischen Rechtsanwendung generell nicht gegen die Grundsätze des deutschen Rechts, in diesem Fall der Kompensation des Geschädigten für immaterielle Beeinträchtigungen, verstoßen.[260]

---

254 Der Rechtsanwalt erhält bei Vereinbarung eines Erfolgshonorars bis zum Ende des Verfahrens regelmäßig keinerlei Vergütung, sodass er ein erhebliches finanzielles Risiko trägt.

255 BGHZ 118, 312, 346 ff.

256 *Fischer*, Remedies, S. 383; *Kionka*, Torts, S. 350 f.

257 So auch der BGH: „[...] soll ein von den getrennt zuerkannten „punitive damages" zu unterscheidender Ausgleich immaterieller Schäden erfolgen [...]", vgl. BGHZ 118, 312, 347.

258 BGHZ 118, 312, 347.

259 *Bungert*, ZIP 1992, 1707, 1722; *Stiefel/Stürner*, VersR 1987, 829, 832; 834; 843.

260 Nach Ansicht des BGH könnte unter Umständen jedoch die Höhe der „damages for pain and suffering" Auswirkungen auf die Anerkennungsfähigkeit haben, wenn sie

(4) Zwischenergebnis

Zusammenfassend lässt sich festhalten, dass der Bundesgerichtshof auch im Rahmen der Prüfung materiellrechtlicher ordre public-Einwände eine anerkennungsfreundliche Grundhaltung bewahrte. Er bestätigte daher eine Vielzahl von Besonderheiten des US-amerikanischen Zivilrechts, trotz teils entgegengesetzter deutscher Regelungen, als mit den Grundsätzen der deutschen Rechtsordnung vereinbar.

c) Punitive damages: Der Verhältnismäßigkeitsgrundsatz als Anerkennungshindernis

Die anerkennungsfreundliche Ausrichtung des BGH stieß jedoch an ihre Grenzen, als es schließlich um die Anerkennungsfähigkeit von „exemplary and punitive damages“ ging. Bezüglich dieser Schadensersatzkategorie erklärte das Gericht, dass die Anerkennung eines pauschal zuerkannten Strafschadensersatzes mit den „wesentlichen Grundsätzen“ des deutschen Rechts offensichtlich unvereinbar sei.[261] Um zu diesem Ergebnis zu gelangen, ging der BGH zweistufig vor. Auf der ersten Stufe identifizierte er das allgemeine Verhältnismäßigkeitsprinzip als ordre public-relevanten Grundsatz des deutschen Rechts.[262] Dieses Prinzip findet nach Ansicht des Gerichts nämlich in der gesamten deutschen Rechtsordnung Anwendung.[263] Ohne die Verhältnismäßigkeit allgemein weiter zu präzisieren, begibt sich der BGH sodann auf die zweite Stufe, auf der er die Verstöße gegen den Verhältnismäßigkeitsgrundsatz weiter konkretisiert.

In erster Linie sieht er diesen in seiner Ausprägung als im Schadensrecht wirkenden Kompensationsprinzip betroffen.[264] Das deutsche Schadensrecht habe sich für ein rein dem Schadensausgleich dienendes System entschieden, das die Verfolgung nichtkompensatorischer Ziele ausschließt.[265] Dieser Grundsatz, so der BGH, sei für die deutsche Rechtsordnung strukturgebend und müsse daher auch gegenüber ausländischen Urteilen Anwendung finden. Der Kompensationsgrundsatz stehe daher einer Anerkennung US-amerikanischer punitive damages entgegen, da diese gerade eine solche Form des

---

die Leistungsfähigkeit des Schuldners erheblich und damit wohl grundrechtsrelevant einschränkt, siehe BGHZ 118, 312, 350.

261 BGHZ 118, 312, 334.

262 BGHZ 118, 312, 343.

263 BGHZ 118, 312, 343.

264 BGHZ 118, 312, 343.

265 BGHZ 118, 312, 343 f.

nichtkompensatorischen Schadensersatzes darstellten.[266] Neben dem Verstoß gegen das Kompensationsprinzip erkennt der BGH noch einen weiteren Verstoß gegen die Verhältnismäßigkeit. Das Gericht führte nämlich weiter aus, dass auch das Fehlen von hinreichend bestimmten und nachprüfbaren Begrenzungen für Strafschadensersatz[267] einen Verstoß gegen das Verhältnismäßigkeitsprinzip darstellt und einer Anerkennung von punitive damages awards entgegensteht.[268] Im Ergebnis verlangt der BGH hier folglich konkrete inhaltliche Vorgaben für die Bemessung von Ersatzfolgen und leitet diese Notwendigkeit ebenfalls aus dem Verhältnismäßigkeitsprinzip ab. Demnach sind Ersatzfolgen immer nur dann verhältnismäßig, wenn sie hinreichend bestimmbar und zuverlässig begrenzt sind und somit eine willkürliche Festsetzung ausgeschlossen ist. Genau dies sieht der BGH bei punitive damages als nicht gegeben an und gelangt auch aus diesem Grund zu einer Anerkennungsverweigerung.

Die Anerkennung von Strafschadensersatz scheitert nach der Argumentation des BGH somit am Verstoß gegen zwei Ausprägungen des Verhältnismäßigkeitsprinzips. Dieses erlaubt weder die Anerkennung von nichtkompensatorischem Schadensersatz, noch die Anerkennung von Ersatzfolgen, deren Höhe ohne feste Bemessungsgrundlagen bestimmt wird. Selbst bei Entfallen eines Verstoßes gegen den Verhältnismäßigkeitsgrundsatz würde somit der jeweils andere Verstoß eine Anerkennung weiterhin hindern. Konkret führt dies dazu, dass selbst wenn der Kompensationsgrundsatz nicht mehr länger in der vom BGH beschriebenen Form wirken würde, eine Anerkennung von punitive damages noch immer aufgrund des Fehlens konkreter Bemessungsgrundlagen für Strafschadensersatz scheitern könnte.[269] Erst wenn auch unter diesem Gesichtspunkt keine Einwände mehr erhoben werden können, würde Strafschadensersatz als anerkennungsfähig gelten können.

3. Ergebnis

Die vorangegangenen Ausführungen haben gezeigt, dass der BGH in der Kalifornien-Entscheidung viele Besonderheiten des US-amerikanischen Zivilprozess- und Schadensersatzrechts als vereinbar mit der deutschen Rechtsordnung ansah.

266 BGHZ 118, 312, 344.

267 BGHZ 118, 312, 344 f.

268 Dies würde nämlich zu einer deutlichen Besserstellung von Gläubigern aus Rechtssystemen, die Strafschadensersatz zusprechen, im Vergleich zu inländischen Gläubigern führen, vgl. BGHZ 118, 312, 345.

269 So auch *Coester-Waltjen*, Symposium, S. 33.

Einzig und allein die Schadensersatzkategorie der punitive damages verstößt nach Ansicht des Gerichts gegen den ordre public. Dieser umfasst als „wesentlichen Grundsatz“ der deutschen Rechtsordnung auch das Verhältnismäßigkeitsprinzip. Gegen dieses verstoßen punitive damages zum einen deshalb, weil sie als nichtkompensatorischer Schadensersatz Ziele verfolgen, die dem rein auf den Ausgleich erlittener Einbußen abzielenden deutschen Schadensrecht fremd sind. Zum anderen liegt ein solcher Verstoß aber auch vor, weil es im US-amerikanischen Recht keine konkreten Bemessungsgrundlagen für punitive damages gibt, die eine unvorhersehbare und willkürliche Bemessung verhindern. Aus dieser Interpretation der Verhältnismäßigkeitswirkung im allgemeinen Schadensrecht und der Besonderheiten des US-amerikanischen Strafschadensersatzes folgte schließlich die Feststellung der grundsätzlichen Nichtanerkennungsfähigkeit von punitive damages awards.

IV. Exkurs: Punitive damages in der Rechtsprechung des Bundesverfassungsgerichts

Außer im Bereich der Urteilsanerkennung haben punitive damages in den letzten Jahren auch regelmäßig im Rahmen der Zustellung von Klageschriften nach dem HZÜ[270] eine Rolle vor deutschen Gerichten gespielt. So gingen insbesondere deutsche Unternehmen immer wieder gegen die Zustellung US-amerikanischer Zivilklagen vor, die auf die Zuerkennung von punitive damages abzielten. Die hiermit befassten Oberlandesgerichte ließen die Zustellung der Klageschriften in diesen Fällen jedoch regelmäßig zu, da sie die geltend gemachten Ansprüche als Zivil- und Handelssachen i.S.v. Art. 1 HZÜ einordneten und Ausschlussgründe nach Art. 13 HZÜ nicht erkennen konnten.[271]

Diese einheitliche Rechtsprechung sah sich im Jahr 1994 einer unerwarteten Herausforderung durch das Bundesverfassungsgericht ausgesetzt,[272] als dieses

270 Haager Übereinkommen über die Zustellung gerichtlicher und außergerichtlicher Schriftstücke im Ausland in Zivil- und Handelssachen vom 15. 11. 1965. Das Übereinkommen ist im Verhältnis zwischen der Bundesrepublik Deutschland und den Vereinigten Staaten von Amerika 1979 in Kraft getreten.

271 OLG München NJW 1989, 3102 ff.; OLG Frankfurt am Main IPRax 1992, 166; OLG Düsseldorf NJW 1992, 3110 ff.; OLG München NJW 1992, 3113; KG IPRspr. 1994 Nr. 159.

272 Erstaunlicherweise musste sich bislang hauptsächlich das BVerfG und nicht der BGH mit dieser Frage auseinandersetzen. Dies liegt insbesondere an der einheitlichen oberlandesgerichtlichen Rechtsprechung zu diesem Thema, die ein Befassen des BGH mit dieser Frage fast unmöglich macht. Der BGH kann über Fragen der Zustellung

aufgrund der Verfassungsbeschwerde einer deutschen GmbH eine einstweilige Anordnung erließ und damit die Zustellung einer auf punitive damages gerichteten Klage bis zur Entscheidung in der Hauptsache untersagte.[273] Im Rahmen des Hauptsacheverfahrens befasste sich das BVerfG sodann mit der Frage, ob die Zustellung einer solchen Klage gegen die allgemeine Handlungsfreiheit verstößt und daher gem. Art. 13 HZÜ geeignet sei, die Hoheitsrechte oder die Sicherheit der Bundesrepublik Deutschland zu gefährden.[274] In Übereinstimmung mit der h.M. zu diesem Thema verneinte das Bundesverfassungsgericht diese Frage jedoch, da Art. 13 HZÜ eng auszulegen und gerade nicht mit dem allgemeinen ordre public-Einwand gleichzusetzen sei,[275] die Zustellung der Klage nicht zwangsläufig zu einer Verurteilung zu Strafschadensersatz führe[276] und das Blockieren der Zustellung die deutsche Beklagte zudem nicht dauerhaft schütze.[277] Der Beschluss des BVerfG war aber insbesondere deshalb bemerkenswert, weil das Bundesverfassungsgericht anmerkte, dass der durch punitive damages bezweckte Ausgleich von immateriellen Schäden auch dem deutschen Schadensersatzrecht nicht fremd sei.[278] Hieraus wurde teilweise geschlossen, dass das BVerfG – anders als der BGH in der Kalifornien-Entscheidung – das Vorliegen eines ordre public Verstoßes aufgrund der Nichtbeachtung des Kompensationsprinzips durch punitive damages für nicht zwingend hält.[279] Mangels Entscheidungserheblichkeit führte das BVerfG seine Überlegungen hierzu jedoch nicht weiter aus und hat bis heute auch keine neue Möglichkeit erhalten, dazu in ausführlicher Weise Stellung zu beziehen.

Allerdings kam es im Jahr 2003 in einem weiteren Verfahren erneut zum Erlass einer einstweiligen Anordnung, die die Zustellung einer US-amerikanischen

---

nach dem HZÜ nämlich nur im Rahmen einer Divergenzvorlage gem. § 29 Abs. 1 S. 2 EGGVG entscheiden, die jedoch das Verlangen eines OLG voraussetzt, von der Entscheidung eines anderen OLG abzuweichen. Das erst Mal kam es hierzu im Jahr 2005, als das OLG Koblenz den BGH anrief. Allerdings wurde in dem dort streitgegenständlichen Verfahren die Hauptsache im Januar 2008 übereinstimmend für erledigt erklärt, sodass sich der BGH letztlich doch nicht mit der Frage befassen musste.

273 Siehe BVerfG, Beschluss vom 3.8.1994, 1 BvR 1279/94 = BVerfG NJW 1994, 3281.

274 Siehe BVerfG, Beschluss vom 7.12.1994, 1 BvR 1279/94 = BVerfG NJW 1995, 649 ff.

275 BVerfG NJW 1995, 649.

276 BVerfG NJW 1995, 649, 650.

277 BVerfG NJW 1995, 649, 651.

278 BVerfG NJW 1995, 649, 650.

279 Sowohl *Rosengarten*, NJW 1996, 1935, 1938.

Sammelklage[280] auf USD 17 Mrd. Schadensersatz verhinderte.[281] Grund hierfür war laut BVerfG die Befürchtung, dass die Klage missbräuchlich dazu eingesetzt werden könnte, den Beklagten zu einem Vergleich zu drängen.[282] Die einstweilige Anordnung wurde vom BVerfG ab Erlasszeitpunkt immer wieder verlängert, bis die Verfassungsbeschwerde schließlich aufgrund eines Vergleichs zwischen den Parteien zurückgenommen wurde und es so zu keiner Entscheidung in der Hauptsache mehr kommen konnte.[283] Allein die einstweilige Anordnung führte jedoch zu einer gewissen Verunsicherung der Instanzgerichte,[284] da nach dem Beschluss des BVerfG aus dem Jahr 1994 bereits die Möglichkeit des Bestehens eines Zustellungshindernisses bei Klagen auf punitive damages nahezu ausgeschlossen schien. An dieser Einschätzung wird allerdings trotz des Beschluss des BVerfG aus dem Jahr 2003 festgehalten werden können, da dieser wohl eher mit der besonderen Höhe des Streitwerts und dem Wesen der Sammelklage zusammenhing.[285] So lehnte das BVerfG nämlich sowohl im Jahr 2007[286] als auch im Jahr 2013[287] den Erlass von einstweiligen Anordnungen gegen die Zustellung „normaler" Klagen auf punitive damages ab und nahm die Beschwerden als solche bereits nicht zur Entscheidung in der Hauptsache an. Insofern kann nach

280 Sog. class action. Hierbei erheben ein oder mehrere Mitglieder einer Gruppe („class representatives") stellvertretend für die gesamte Gruppe („class") Klage, wobei eine „class" von all denjenigen gebildet werden kann, die ein gleichartiges Recht oder einen Anspruch aus dem gleichen Sachverhalt geltend machen. Vgl. zu den genauen Voraussetzungen Rule 23 der Federal Rules of Civil Procedure.

281 BVerfG NJW 2003, 2598 ff., sog. Napster-Verfahren. Die Klageschrift sollte einen Schadensersatzprozess gegen die Bertelsmann Gruppe als Teilhaberin der Internet-Tauschbörse Napster einleiten, den führende Musiklabels angestrengt hatten.

282 BVerfG NJW 2003, 2598, 2599.

283 Die Rücknahme der Verfassungsbeschwerde war im Jahr 2005 faktisch notwendig geworden, da die infrage stehende Klageschrift zwischenzeitlich einem Vorstandmitglied der Bertelsmann Gruppe bei einem US-Aufenthalt persönlich übergeben und somit zugestellt wurde; siehe *von Hein*, RIW 2007, 249, 250.

284 Eine Reihe von OLG setzten vor dem Hintergrund des schwebenden Napster-Verfahrens anhängige Verfahren bis zu einer Entscheidung des BVerfG in der Sache aus. Nachweise bei *von Hein*, RIW 2007, 249, 251.

285 Allerdings hatte z.B. das OLG Frankfurt am Main bereits 1991 in einem Fall entschieden, dass auch eine Sammelklage die Zustellung der Klageschrift im Wege der Rechtshilfe nicht hindert; siehe OLG Frankfurt am Main IPRax 1992, 166, 167.

286 BVerfG RIW 2007, 211 ff.; daran anschließend auch BVerfG NJW 2007, 3709 ff., in dem das BVerfG für den Fall einer Sammelklage im Normalfall keine Zustellungshindernisse sieht.

287 Siehe BVerfG, Beschluss vom 9.1.2013, 2 BvR 2805/12.

dem heutigen Rechtsprechungsstand davon ausgegangen werden, dass Art. 13 HZÜ der Zustellung einer Klage auf Strafschadensersatz im Regelfall nicht im Wege steht, sich das BVerfG für außergewöhnliche Fälle jedoch eine abweichende Beurteilung vorbehalten hat.

V. Zusammenfassung

Im Ergebnis zeigt sich, dass die Frage der Anerkennungsfähigkeit von US-amerikanischen punitive damages zwei zentrale Bereiche betrifft: Die Voraussetzungen der ZPO für die Anerkennung und Vollstreckung ausländischer Entscheidungen und die Interpretation von punitive damages als nichtkompensatorischen Schadensersatz.

Im Rahmen des Anerkennungsverfahrens nimmt der ordre public gem. § 328 Abs. 1 Nr. 4 ZPO eine herausgehobene Stellung ein. Dieser kann flexibel auf die Besonderheiten ausländischer Entscheidungen reagieren und ist daher besonders gut geeignet, um einzelfallbezogene Anerkennungsverbote zu begründen. Ein solches Verbot soll jedoch immer nur dann erfolgen, wenn „wesentliche Grundsätze" der deutschen Rechtsordnung im Falle einer positiven Anerkennungserkennungsentscheidung betroffen sind Das autonome deutsche Anerkennungs- und Vollstreckungsrecht ist nämlich dem Grundsatz der Anerkennungsfreundlichkeit verpflichtet. An dessen Grenze stößt nach Ansicht des BGH allerdings nichtkompensatorischer Schadensersatz wie die US-amerikanischen punitive damages, die pönale Ziele wie die Bestrafung und Abschreckung des Schädigers verfolgen.

Im Einzelnen verstoßen punitive damages nach Aussage des BGH sowohl gegen das aus dem Verhältnismäßigkeitsgrundsatz abgeleitete Prinzip der Kompensation als auch gegen das Erfordernis konkreter Bemessungsgrundlagen für die Höhe von Schadensersatz. Der Verhältnismäßigkeitsgrundsatz wiederum wird vom BGH als „wesentlicher Grundsatz" des deutschen Rechts und daher als Teil des ordre public verstanden. Jeder der beiden Verstöße gegen das Verhältnismäßigkeitsprinzip führte dabei nach Ansicht des BGH automatisch zu einem Verstoß gegen den ordre public gem. § 328 Abs. 1 Nr. 4 ZPO und hatte die vollständige Verweigerung der Anerkennung des Strafschadensersatzurteils zur Folge.

C. Die Grundlagen der Anerkennungsverweigerung: Zur Bemessung deutschen Schadensersatzes und US-amerikanischer punitive damages awards

Die Analyse im vorherigen Kapitel hat ergeben, dass die Verweigerung der Anerkennung US-amerikanischer punitive damages durch den BGH auf Unterschieden zwischen dem deutschen und dem US-amerikanischen Schadensersatzrecht basiert. Als zentralen Unterschied identifiziert der BGH dabei den Stellenwert und die Wirkung des Verhältnismäßigkeitsgrundsatzes im Bereich des Schadensersatzes. Dieser schließt im deutschen Recht nicht nur nichtkompensatorischen Ersatz aus, sondern beeinflusst darüber hinaus die Art und Weise der Bemessung von zivilrechtlichen Ansprüchen. Strafschadensersatz verstößt nach Ansicht des BGH vor diesem Hintergrund auch deshalb gegen den Verhältnismäßigkeitsgrundsatz, weil die Bemessung von punitive damages unvorhersehbar und willkürlich ist. Die Ausführungen des BGH zum Stellenwert des Verhältnismäßigkeitsgrundsatzes, dem deutschen Schadensersatzrecht und punitive damages werfen dabei unweigerlich mehrere Fragen auf. Zunächst, ob die Ansicht des BGH zum Ausschluss nichtkompensatorischen Ersatzes im deutschen Schadensrecht nach wie vor mit der Rechtswirklichkeit übereinstimmt. Darüber hinaus, nach welchen Kriterien die Verhältnismäßigkeit auf die verschiedenen Rechtsfolgen des deutschen Schadensersatzrechts einwirkt. Und letztlich, ob die Bemessung von punitive damages tatsächlich noch immer unvorhersehbar und unverhältnismäßig ist. Diesen Fragen soll im Folgenden nachgegangen werden.

I. Der Verhältnismäßigkeitsgrundsatz als zivilrechtliches Ordnungsprinzip

Aus der Kalifornien-Entscheidung lässt sich entnehmen, dass der BGH den Verhältnismäßigkeitsgrundsatz auch im Zivilrecht als tragendes Rechtsprinzip begreift.[288] Die Verhältnismäßigkeit als Ordnungsprinzips soll dabei regulativ

288 BGHZ 118, 312, 343.

auf das Verhältnis zwischen den einzelnen Rechtssubjekten einwirken. Im Zivilrecht wird dies insbesondere im Schadensrecht in der Ausprägung als Kompensationsgrundsatz erreicht.[289] Diese Ausführungen des BGH zur Wirkung der Verhältnismäßigkeit rufen dabei unweigerlich

mehrere Fragen hervor: Welchen Stellenwert hat das Kompensationsprinzip im Schadensrecht heute noch? In welchen Ausformungen beeinflusst das Verhältnismäßigkeitsprinzip das Schadensersatzrecht im Einzelnen? Welche Voraussetzungen stellt es an die Bemessung von Ersatzfolgen? Die Beantwortung dieser Fragen ist notwendig, um die Ausführungen des BGH zur Anerkennungsverweigerung von punitive damages aus der Kalifornien-Entscheidung mit der heutigen Rechtswirklichkeit vergleichen und Rückschlüsse auf die heutige Anerkennungsfähigkeit von Strafschadensersatzurteilen ziehen zu können.

1. Ausprägungen des Verhältnismäßigkeitsgrundsatzes im Zivilrecht

Zur Beurteilung der Wirkung des Verhältnismäßigkeitsgrundsatzes im Zivilrecht soll nachfolgend zunächst ein Überblick über die verschiedenen Ausprägungen und relevanten Unterkategorien gegeben werden.

a) Zur Wirkung der Verhältnismäßigkeit im Zivilrecht

Das Verhältnismäßigkeitsprinzip als zivilrechtlicher Ordnungsgrundsatz wird in der juristischen Literatur nur stiefmütterlich behandelt. Zur Wirkung der Verhältnismäßigkeit im Sinne einer Erforderlichkeits- und Angemessenheitskontrolle hat *Canaris* publiziert, der in der Verhältnismäßigkeitsprüfung „eines der wichtigsten Mittel zur Disziplinierung und Kontrolle der einseitigen Ausübung privater Rechtsmacht" sieht.[290] Er verallgemeinert dabei einen bereits 20 Jahre vorher von *Hubmann* formulierten Ansatz, nach dem das obsiegende Privatinteresse das unterliegende Privatinteresse nur bis zur Grenze der Unverhältnismäßigkeit in Anspruch nehmen darf.[291] Die von beiden Autoren abstrakt angesprochene zivilrechtliche Verhältnismäßigkeitswirkung lässt sich dabei konkret in verschiedenen Rechtsnormen in allen Bereichen des Zivilrechts nachweisen. Zu nennen sind hier zunächst die Vorschriften über den Notstand gem. §§ 228, 904 BGB, die die Inanspruchnahme fremder Rechtsgüter erlauben, wenn die dadurch entstehenden Kosten im Vergleich zum realisierten Nutzen

289 BGHZ 118, 312, 343.
290 *Canaris*, ZHR 1979, 113, 129.
291 *Hubmann*, AcP 1956, 85, 128 f.

nicht unverhältnismäßig hoch sind. Darüber hinaus gibt es aber auch Vorschriften, die einem Rechtssubjekt Leistungsverweigerungsrechte zugestehen, wenn die durch die Leistung verursachten Kosten im Vergleich zum Nutzen unverhältnismäßig hoch sind. Dies ist beispielsweise im Rahmen der Unmöglichkeit gem. § 275 Abs. 2 und Abs. 3 BGB oder der Nacherfüllungsverweigerung gem. §§ 439 Abs. 3, 635 Abs. 3 BGB der Fall. Ausflüsse des Verhältnismäßigkeitsgedankens lassen sich darüber hinaus auch in den Vorschriften über die Erheblichkeit der Pflichtverletzung bei Teilleistungen gem. §§ 281 Abs. 1 S. 3, 323 Abs. 5 S. 2 BGB nachweisen. Hier findet ebenfalls eine Abwägung statt, namentlich zwischen der Schwere eines vertragswidrigen Verhaltens des Schuldners und dessen Auswirkung auf den Gläubiger.[292] Der Verhältnismäßigkeitsgrundsatz hat an einer Stelle auch direkt nachweisbar Eingang in das allgemeine Schadensrecht gefunden. So erlaubt § 251 Abs. 2 BGB dem Schuldner eines Schadensersatzanspruchs den Gläubiger in Geld zu entschädigen, wenn die im Rahmen der Naturalrestitution eigentlich geschuldete Wiederherstellung nur mit unverhältnismäßig hohem Aufwand zu bewerkstelligen ist. Vor dem Hintergrund dieser vielfältig nachweisbaren normativen Ausprägungen des Verhältnismäßigkeitsgrundsatzes kann dessen Geltung im Zivilrecht als allgemein anerkannt gelten.[293]

b) Schadensrecht als relevante Unterkategorie

Die Wirkung des Verhältnismäßigkeitsgrundsatzes an verschiedenen Stellen des Zivilrechts macht es erforderlich, den für diese Arbeit relevanten Teilbereich zu definieren, in dem der Einfluss des Verhältnismäßigkeitsgrundsatzes untersucht werden soll. Auszugehen ist insofern von der Rechtsnatur der punitive damages, deren Anerkennungsfähigkeit nach deutschem Recht näher untersucht werden soll. Diese stellen, wie bereits gezeigt, eine besondere Form von Schadensersatz dar, verfolgen nichtkompensatorische Zwecke und folgen laut BGH keinen festen Bemessungsregeln. Um vor diesem Hintergrund die Vergleichbarkeit zu gewährleisten, muss die Wirkung des Verhältnismäßigkeitsgrundsatzes somit vorrangig im Bereich des Schadensrechts untersucht werden. Hierbei muss sowohl auf den Einfluss eingegangen werden, den die Verhältnismäßigkeit grundsätzlich auf die Bemessung von Ersatzfolgen hat, als auch auf die konkreten Bemessungsprozesse, deren Voraussetzungen und Folgen.

Eine konkrete Wirkung des Verhältnismäßigkeitsprinzips kann, wie bereits erwähnt, in § 251 Abs. 1 BGB nachgewiesen werden. Über diese Vorschrift

---

292 Jauernig-*Stadler*, § 281 Rn. 30; MüKoBGB-*Ernst*, § 281 Rn. 152; *ders.*, § 323 Rn. 248.

293 So auch *Bieder*, Verhältnismäßigkeitsprinzip, S. 189.

hinaus ist im Schadensrecht jedoch keine weitere unmittelbare Wirkung des Verhältnismäßigkeitsprinzips feststellbar. Diese Situation hat insbesondere *Canaris* lange Zeit erheblich kritisiert und gefordert, dem Verhältnismäßigkeitsgrundsatz über den Missbrauchseinwand Wirkung im Rahmen des Schadensrechts zu verschaffen, indem § 242 BGB als allgemeine schadensrechtliche Reduktionsklausel verstanden wird.[294] *Canaris* hat diese Forderung insbesondere damit begründet, dass es einem Schadensersatzpflichtigen aufgrund des Prinzips der Totalreparation[295] ansonsten nicht möglich ist, sich gegen exorbitant hohe, ruinöse Schadensersatzforderungen zur Wehr zu setzen.[296] Der Vorstoß *Canaris*' wurde von der juristischen Literatur kritisch aufgenommen und erfuhr insgesamt nur wenig Zuspruch. Vielmehr wurde eingewandt, die bereits bestehenden Begrenzungsmöglichkeiten böten ausreichend Schutz vor der Inanspruchnahme aus ruinösen Schadensersatzforderungen.[297] Einen darüber hinausgehenden Schutz über § 242 BGB halten die meisten Stimmen in der Literatur spätestens seit der Einführung des Verbraucherinsolvenzverfahrens im Jahr 1999 für nicht mehr notwendig, da dem privaten Schuldner hierdurch die Möglichkeit gegeben wurde, sich nach dem Durchlaufen des Verfahrens endgültig von einer Schadensersatzforderungen zu befreien.[298]

c) *Kompensation, Totalreparation und Angemessenheit*

Als im Schadensrecht wirkende Ausprägung des Verhältnismäßigkeitsgrundsatzes hat der BGH selbst das Kompensationsprinzip identifiziert.[299] Dieses wurde im Anschluss an die Kalifornien-Entscheidung auch umfangreich durch das Schrifttum analysiert und rezipiert.[300] Weitgehend vernachlässigt wurden hingegen die beiden Ausprägungen der Verhältnismäßigkeit, auf die der BGH lediglich indirekt über den Hinweis auf die begrenzende Wirkung des Verhältnismäßigkeitsgrundsatzes im Schadensrecht verwiesen hatte. Als Leitlinie der Bemessung von Schadensersatz wirkt die Verhältnismäßigkeit nämlich in zwei weiteren Ausprägungen, dem Prinzip der Totalreparation und dem Prinzip der

---

294 *Canaris*, JZ 1987, 993, 1002; *ders.*, JZ 1990, 679, 681.

295 Siehe hierzu ausführlich Kapitel C. I. 3. a).

296 *Canaris*, JZ 1987, 993, 1001 f.

297 *Ramm*, JZ 1988, 489, 492, verweist dabei insbes. auf die „Schuldnerberatung".

298 Sog. Restschuldbefreiung gem. § 286 InsO.

299 Siehe hierzu sogleich Kapitel C. I. 2.

300 *Bungert*, ZIP 1992, 1707 ff.; *Koch*, NJW 1992, 3073 ff.; *Müller*, Schadensersatzrecht; *Rosengarten*, Punitive Damages in der BRD; *ders.*, NJW 1996, 1935 ff.

Angemessenheit. Beide Konzepte greifen regulativ in die Höhe von Schadensersatz ein, indem sie die konkrete Bemessung von Ersatzfolgen mitbestimmen.

Das Konzept der Totalreparation ist gesetzlich in § 249 Abs. 1 BGB festgeschrieben und wird regelmäßig als beinahe inhaltsgleich mit dem Kompensationsprinzip verstanden.[301] Diese Gleichstellung wird den jeweiligen Kernaussagen der beiden Prinzipien jedoch nicht gerecht, da sie zwar miteinander verwoben sind, aber voneinander unabhängige Ausprägungen des Verhältnismäßigkeitsgrundsatzes mit eigenständigen Aufgabenbereichen darstellen.[302]

Die Angemessenheit, die auch als Verhältnismäßigkeit im engeren Sinne bezeichnet werden kann, steht funktional neben dem Prinzip der Totalreparation. Im Schrifttum werden diese differenzierende Betrachtung und die Bezeichnung als „Angemessenheit" allerdings weitgehend vermieden.[303] Der Grund hierfür dürfte darin zu sehen sein, dass sonst die Durchführung einer Interessensabwägung zur Bemessung von Ersatzfolgen als solche benannt werden müsste, obwohl dies im traditionellen schadensrechtlichen Konzept des BGB gerade nicht vorgesehen ist. Nichtsdestotrotz werden in der heutigen Rechtswirklichkeit in bestimmten Bereichen zur Bemessung von Schadenersatzansprüchen Interessensabwägungen vorgenommen, die letztlich zu „angemessenen" Ersatzfolgen führen.[304]

2. Die Kompensation: Alleinige Aufgabe des Schadensrechts?

In der Kalifornien-Entscheidung nimmt das Kompensationsprinzip eine zentrale Stellung in der Argumentation des BGH ein. Dies veranlasst unweigerlich zur Frage, ob die Kompensation auch heute noch diese herausgehobene Stellung einnimmt.

a) Kompensation als Aufgabenbeschreibung

Die zentrale Aufgabe des allgemeinen Schadensrechts ist es, Schäden auszugleichen – dies ist die gemeinhin akzeptierte Grundaussage des

---

301 So fällt es beispielsweise *Wagner* durchaus schwer, die beiden Prinzipien konsequent voneinander zu unterscheiden, siehe *Wagner*, AcP 206, 352, 457: „[…] erscheint das Ausgleichsprinzip bzw. das Prinzip der Totalreparation […]".

302 Siehe hierzu insbesondere Kapitel C. I. 3. b).

303 *Bieder*, Verhältnismäßigkeit, S. 189, spricht lieber von „Proportionalität", um die Verhältnismäßigkeit im engeren Sinne, d.h. die Angemessenheit, im Zivilrecht zu beschreiben.

304 Siehe hierzu Kapitel C. I. 3 b) (2) und (3).

Kompensationsprinzips.[305] Durch das Festsetzen von Schadensersatz soll die durch eine schädigende Handlung erlittene Einbuße ausgeglichen und der Geschädigte so von den negativen Folgen dieser Handlung freigestellt werden. Wie dieser Schadensausgleich konkret auszusehen hat, das heißt in welchem Umfang die Einbuße zu ersetzen ist, darüber sagt das Kompensationsprinzip selbst jedoch nichts aus. Dieser Frage nehmen sich vielmehr die Prinzipien der Totalreparation und Angemessenheit an, auf die weiter unten eingegangen werden soll.[306] Die Deutung der Kompensation als Aufgabenbeschreibung des allgemeinen Schadensrechts entspricht dabei auch der Interpretation des BGH in der Kalifornien-Entscheidung. Dieser stellte den rein auf Ausgleich gerichteten deutschen dem auf Ausgleich und Bestrafung ausgerichteten US-amerikanischen Schadensersatz gegenüber und zog aus dem Vergleich der beiden Systeme den Schluss, dass eine dem bestrafenden Teil des US-amerikanischen Rechts entspringende Ersatzfolge nicht anerkannt werden könne. Die durch den BGH damit unterstellte herausragende Stellung der Kompensation als einzig legitime Aufgabe des deutschen Schadensrechts wirft dabei die Frage auf, welchen Überlegungen diese strikte Eingrenzung des Aufgabenbereichs entspringt und ob diese in dem vom BGH angenommenen Umfang nach wie vor Geltung beanspruchen können.

b) *Das Schadensrecht im BGB von 1900*

Die Stellung des Kompensationsprinzips war keineswegs schon immer derart überragend, wie sie vom BGH in der Kalifornien-Entscheidung dargestellt wurde. Erst mit Inkrafttreten des BGB im Jahr 1900[307] wurde die Kompensation als einzig legitime Aufgabe des Schadensrechts festgeschrieben. Zuvor wurden sehr unterschiedliche Zielrichtungen diskutiert und Versuche unternommen, diese in der Praxis durchzusetzen. Der Weg zum rein kompensatorischen Schadensrecht des BGB von 1900 kann dabei durchaus als kontrovers bezeichnet werden, bescherte er der deutschen Rechtswissenschaft doch einen mit dem

---

305 *Schiemann*, Schadensrecht, S. 185, schreibt in diesem Zusammenhang, der Ausgleichsgedanken sei das „tragende Prinzip des Schadensrechts"; siehe auch *Kötz*, FS Steindorff, S. 643; *Schäfer*, AcP 202, 397, 400; *Wagner*, AcP 206, 352, 451.

306 So führt erst das Prinzip der Totalreparation und nicht der Kompensationsgedanke zu einem Schadensausgleich gemäß des „Alles-oder-Nichts"-Grundsatzes; siehe Staudinger-*Schiemann*, § 249 Rn. 1.

307 Bürgerliches Gesetzbuch vom 18. August 1896, RGBl. S. 195; in Kraft getreten am 1. Januar 1900.

US-amerikanischen „war on punitive damages"[308] durchaus vergleichbaren Streit über die Ziele von Schadensersatz.

(1) Grundsatzdiskussionen im Rahmen der Beratungen des BGB

Im Verlauf der Beratungen des BGB wurde die Frage nach den Zielen des Schadensrechts schnell zu einem der zentralen Streitpunkte. Inhaltlich war dabei vor allem umstritten, ob das Schadensrecht neben reinem Schadensausgleich noch weitere Ziele verfolgen sollte. Den Ausgangspunkt für diese Frage bildete das im 19. Jahrhundert praktizierte Zivilrecht, dessen Grundlagen durch die Pandektistik aus der Rezeption des römischen Rechts gebildet wurden.

Das alte römische Recht kannte zwei Arten von haftungsrechtlichen Ansprüchen, den Schadensersatz sowie die Privatstrafe.[309] Die altrömische Privatstrafe hatte selbst keinerlei Schadenswiedergutmachungsfunktion, sondern war vielmehr strafrechtliche Buße im zivilrechtlichen Gewand.[310] Aus diesem Grund wurde sie im 19. Jahrhundert auch nicht mehr angewandt, sondern galt gemeinhin aufgrund gewohnheitsrechtlichen Nichtgebrauchs als abgeschafft.[311] Der Schadensausgleich war im römischen Recht hingegen alleinige Aufgabe des Schadensersatzes. Er beschränkte sich im Regelfall auf das Gläubigerinteresse,[312] dessen konkrete Bemessung jedoch einer Schätzung oblag und dem Richter daher erhebliche Ermessensspielräume eröffnete.[313] Die Unsicherheiten der Interessensbestimmung wurden durch die deutschen Pandektenwissenschaftler, allen voran *Friedrich Mommsen*, allgemein als unbefriedigend empfunden. *Mommsen* entwickelte daher in seiner wegweisenden Monographie „Zur Lehre von dem

308 Siehe hierzu bereits Kapitel B. II. 3. a). Das 19. Jahrhundert war auch vom juristischen Standpunkt aus betrachtet eine äußerst streitfreudige Zeit. So ging der Diskussion über die Ziele des Schadensersatzrechts zu Beginn des 19. Jahrhunderts bereits eine Auseinandersetzung über den Sinn der Kodifikation des Zivilrechts voraus. Diese wurde durch *Thibaut* gefordert, während *v. Savingy* sie vehement ablehnte.

309 *Ebert*, Pönale Elemente, S. 34 ff.; *Klumpp*, Privatstrafe, S. 38 f.; *Möller*, Präventionsprinzip, S. 37 ff.

310 So zum Bespiel die *actio furti*; siehe hierzu und generell zur Privatstrafe *Hausmaninger/Selb*, Römisches Privatrecht, S. 355 ff.; *Honsell*, Römisches Recht, S. 166 ff.; *Klumpp*, Privatstrafe, S. 38.

311 Hierzu und zur entgegenstehenden Ansicht, wonach die Privatstrafe nach wie vor in Kraft war: *v. Savigny*, Obligationenrecht II, S. 312 ff.

312 *Möller*, Präventionsprinzip, S. 42.

313 *Möller*, Präventionsprinzip, S. 42; Staudinger-*Schiemann*, Vorbemerkung zu §§ 249 ff. Rn. 23.

Interesse“[314] eine am Ziel des Schadensausgleichs orientierte Interessenslehre. Das Interesse des Geschädigten bestimmte er als „die Differenz zwischen dem Betrage des Vermögens einer Person, wie der selbe in einem gegebenen Zeitpunkte ist, mit dem Betrage, welchen dieses Vermögen ohne die Dazwischenkunft eines bestimmten beschädigenden Ereignisses in dem zur Frage stehenden Zeitpunkt haben würde“.[315] In der Praxis führt *Mommsens* Definition des Gläubigerinteresses zu einem objektiv bestimmbaren Schaden, der durch den Schädiger auszugleichen war.

Die Interessenslehre *Mommsens* beeinflusste die Beratungen zum Schadensrecht des BGB in erheblichem Maße. Die Objektivierung des Schadensbegriffes wurde, in Verbindung mit der ausdrücklichen Abkehr von der Idee der Privatstrafe des römischen Rechts, als wichtiger Schritt hin zu einem von subjektiv-moralisierenden Einflüssen befreiten Schadensrecht begrüßt.[316] Vor diesem Hintergrund ist auch die Entscheidung der Verfasser des BGB zu sehen, eine Abstufung der Schadensersatzverpflichtung nach dem Verschuldensgrad (sog. Gradationssystem) abzulehnen[317] und dem Grunde nach einen Geldersatz bei Nichtvermögensschäden nicht zuzulassen.[318] Die Diskussionen über das Schadensrecht in den Beratungen des BGB waren somit stark von dem Gedanken geleitet, dass lediglich der Umfang des verursachten Schadens den Umfang des zu leistenden Ersatzes bestimmen sollte. Die damit einhergehende Fokussierung auf den Ausgleichsgedanken bewirkte damit automatisch, dass das Schadensrecht für die Verfolgung nichtkompensatorischer Ziele weitgehend verschlossen wurde.

(2) Entscheidung für ein rein kompensatorisches Schadensrecht

Der erste Entwurf des BGB wies im Bereich des Schadensrechts somit deutlich in eine rein dem Schadensausgleich dienende Richtung. Diese Einengung der

---

314 *Friedrich Mommsen*, Zur Lehre von dem Interesse, in: Beiträge zum Obligationenrecht, Zweite Abhandlung, Verlag C.A. Schwetschke und Sohn, Braunschweig 1855.

315 Zitat nach Staudinger-*Schiemann*, Vorbemerkung zu §§ 249 ff. Rn. 25.

316 Motive II, S. 17 f.

317 Nach dem Gradationssystem, das unter anderem im ALR von 1794 und im ABGB von 1811 zur Anwendung kam, wird die Verschuldenshaftung nach dem Verwerflichkeitsgrad abgestuft, sodass der Vorsatztäter folglich stärker haftet, als der bloß fahrlässig Handelnde; siehe zur Ablehnung dieses Konzepts im BGB Motive II, S. 17.

318 Siehe insofern die Begründung zu § 221 des Ersten Entwurfes des BGB: „Wegen eines anderen als eines Vermögensschadens kann eine Entschädigung nur in den vom Gesetz bestimmten Fällen gefordert werden.“, in: Motive II, S. 21 f.

Zwecksetzung blieb jedoch nicht ohne Widerspruch. So wurde beispielsweise vonseiten *Matajas* vorgetragen, ein rein am Ausgleichsgedanken orientiertes Schadensrecht könne keine wirksame präventive Wirkung entfalten.[319] In die gleiche Richtung wies die Kritik von *v. Listz*, für den das Schadensrecht auch der Bekämpfung des Unrechts und damit einhergehend der Sicherung des Rechtsfriedens dienen sollte.[320] Um die ihrer Meinung nach erheblichen Schwächen im Konzept des Schadensrechts zu bereinigen und dessen präventiv-erzieherische Wirkung zu erhalten, forderten die Kritiker des BGB-Entwurfs ausdrücklich die Einführung von immateriellen Schadensersatz[321] sowie die Rückkehr zum Gradationssystem.[322] Nur dadurch könne das Schadensrecht des in der Entstehung begriffenen BGB seiner sozialen und wirtschaftlichen Bedeutung im vollen Umfang gerecht werden.[323]

Im Ergebnis führten jedoch weder die grundsätzliche Kritik noch die konkreten Änderungsvorschläge zu einer signifikanten Überarbeitung des ursprünglichen Entwurfs. So wurde zwar die sittenwidrige Schädigung auf vorsätzliche Handlungen beschränkt,[324] dies sollte jedoch die einzige Ausnahme von der sonst strikt durchgehaltenen Gleichstellung zwischen Vorsatz und Fahrlässigkeit bleiben. Im Bereich der Nichtvermögensschäden wurden hingegen keinerlei Änderungen vorgenommen, es blieb hier zunächst bei der grundsätzlichen Ablehnung immateriellen Schadensersatzes.[325] Im Schadensrecht setzte sich somit die strikt an der Interessenstheorie von *Mommsen* orientierte Haltung durch, die die Aufgabe des Schadensersatzes ausschließlich im Ausgleich nachweisbarer Einbußen sah. Das BGB, wie es am 1.1.1900 in Kraft trat, war im Bereich des Schadensersatzes somit tatsächlich ausschließlich vom Kompensationsgedanken, wie er auch vom BGH in der Kalifornien-Entscheidung dargestellt wurde, getragen.

---

319 Siehe *Möller*, Präventionsprinzip, S. 47.

320 *V. Liszt*, Deliktsobligationen, S. 1: „Aufgabe des Schadensersatzes ist nicht nur die Ausgleichung der in der Rechtsphäre des Verletzten eingetretenen Störung. Seine Aufgabe als Deliktsfolge ist vielmehr auch die Bekämpfung des Unrechts und damit die Sicherung der Rechtsordnung."

321 So ausdrücklich *Mataja*, AfB 1888, 267, 276: „Die allgemeine prinzipielle Anerkennung des Instituts der Buße für alle Fälle von Schadenszufügungen an immateriellen Gütern würde uns viel zeitgemäßer und einfacher dünken."

322 *Möller*, Präventionsprinzip, S. 47 m.w.N.

323 *V. Gierke*, Entwurf, S. 261.

324 Siehe § 826 BGB; zur Änderung der Vorschrift im Vergleich zum Ersten Entwurf des BGB: Protokolle II, S. 575 f.

325 Eine Ausnahme bildete das Schmerzensgeld gem. § 847 BGB a.F.; siehe hierzu sogleich Kapitel C. I. 2. c) (1).

c) *Die sukzessive Ausdehnung des Aufgabenfeldes von Schadensersatz*

Seit der Einführung des BGB sind nunmehr über 100 Jahre vergangen, in denen das Zivilrecht im Allgemeinen und das Schadensrecht im Besonderen einer Vielzahl von Einflüssen ausgesetzt waren. Es lässt sich daher berechtigterweise die Frage stellen, ob die Stellung des Kompensationsprinzips noch immer derart überragend wie im Jahr 1900 ist. Nur wenn sich an dieser Stellung nichts geändert hat, könnte nach wie vor von einem rein auf den Schadensausgleich ausgerichteten Schadensrecht gesprochen werden. Es lässt sich insbesondere fragen, ob die Kritik bzgl. der unzureichenden Präventivwirkung von rein auf den Ausgleich abzielenden Schadensersatzes in der weiteren Entwicklung des BGB nicht doch noch Niederschlag gefunden und zur Anpassung der Ausrichtung des Schadensrechts geführt hat. Anzeichen für eine solche Entwicklung weg vom rein ausgleichsbasierten Schadensersatz finden sich reichlich, auf sie soll daher nachfolgend genauer eingegangen werden. Im Rahmen dessen ist auch zu klären, ob somit letztlich aus einem „nur-kompensatorischen" ein „auch-kompensatorisches" Schadensrecht geworden ist.

(1) Schmerzensgeld und Geldersatz bei Persönlichkeitsrechtsverletzungen

Das Postulat vom ausschließlich auf den Schadensausgleich fokussierten Schadensrecht von 1900 kann bereits unter Verweis auf die Schmerzensgeldvorschrift des § 847 BGB a.F. in Zweifel gezogen werden. Dieser im Falle einer Verletzung eines enumerativ aufgezählten Rechtsguts zu leistende Ersatz war auch im BGB von 1900 eine Ausnahme vom Prinzip der ausschließlichen Kompensation von materiellen Schäden. Allerdings sollte auch dieses Schmerzensgeld im Sinne des vorherrschenden Kompensationsgedankens vorrangig das Ziel verfolgen, dem Geschädigten einen Ausgleich für die erlittene Rechtsgutsverletzung zukommen zu lassen.[326] Die Verfolgung von pönalen Zwecken durch das Schmerzensgeld, wie anfangs noch von *Windscheid* gefordert, wurde vollständig abgelehnt, sodass sich auch das Schmerzensgeld gem. § 847 BGB a.F. nahtlos in das System des auf reinen Schadensausgleich ausgerichteten Schadensrechts einfügte.[327]

---

326 Diese Deutung ist umstritten. Vielfach wird auch angenommen, dass die Verfasser des BGB den Streit bzgl. des Zwecks bzw. der Rechtsnatur des Schmerzensgeldes offenließen; siehe hierzu *Ebert*, Pönale Elemente, S. 448 ff.; *Kern*, AcP 191, 247, 257 ff.

327 *Ebert*, Pönale Elemente, S. 450.

(a) Schmerzensgeld und das Genugtuungsprinzip

Zu einer wesentlichen Neuinterpretation des Schmerzensgeldanspruchs kam es dann in einer wegweisenden Entscheidung des Großen Senats des BGH im Jahr 1955.[328] Dem Ausgleichszweck stellte der BGH nunmehr die Genugtuung als gleichberechtigte Aufgabe zur Seite.[329] Er hob den Schmerzensgeldanspruch damit aus dem regulären System des Schadensersatzes heraus und interpretierte ihn fortan als Anspruch eigener Art mit doppelter Funktion.[330] In der Praxis hatte die Annahme einer Genugtuungsfunktion zur Folge, dass nunmehr Billigkeitsfaktoren in der Bemessung der Schmerzensgeldhöhe zu berücksichtigen waren.[331] Nur so konnte das Schmerzensgeld seine neu hinzugewonnene Aufgabe erfüllen und dem Geschädigten Genugtuung für das Leid verschaffen, das ihm der Schädiger zugefügt hatte.

(b) Geldentschädigung auf Grundlage von Art. 1, 2 GG

Die Einführung des Genugtuungsprinzips sollte jedoch nur den Anfang der Öffnung des Schadensrechts für weitere Aspekte bilden. In den der Entscheidung des Großen Senats folgenden Jahrzehnten wurde die dogmatische Verankerung und Ausgestaltung des Schmerzensgeldanspruchs bei Persönlichkeitsrechtsverletzungen durch den BGH und das BVerfG kontinuierlich weiterentwickelt. Folge dieser Entwicklung war dabei insbesondere die sukzessive Anerkennung einer pönalen Komponente des Schmerzensgeldanspruchs.

(i) BGHZ 26, 349 („Herrenreiter")

Maßgeblich zur Etablierung des Schmerzensgeldanspruchs für Persönlichkeitsrechtsverletzungen und der Verankerung des Genugtuungsprinzips beigetragen hat die sog. Herrenreiter-Entscheidung des BGH aus dem Jahr 1958.[332]

Der Entscheidung lag die Klage eines Brauereiinhabers zugrunde, der sich in seiner Freizeit als Herrenreiter auf Reitturnieren betätigte. Auf einem dieser Turniere entstand eine Fotografie des Brauereiinhabers, das diesen auf seinem sich aufbäumenden Pferd zeigte. Diese Fotografie wurde durch den Hersteller eines potenzsteigernden Mittels zu Werbezwecken verwendet, ohne dass der Brauereiinhaber hierzu sein Einverständnis gegeben hatte. Er klagte daraufhin auf Schmerzensgeld und machte geltend, dass er die Nutzung der Fotografie nicht

328 BGHZ (GS) 18, 149 ff.
329 BGHZ (GS) 18, 149, 154.
330 BGHZ (GS) 18, 149, 154; 156.
331 BGHZ (GS) 18, 149, 157 ff.
332 BGHZ 26, 349 ff.

gestattet habe und ihn dessen Verwendung zu dem konkreten Werbezweck in seinem Persönlichkeitsrecht verletze. Die Instanzgerichte sprachen dem Braueреiinhaber daraufhin, angelehnt an die Rechtsprechung zu fiktiven Lizenzgebühren, Schmerzensgeld in Höhe von DM 10.000 zu.[333]

Der BGH bestätigte in seinem Revisionsurteil das Schmerzensgeld, leitet dieses jedoch nicht über eine fiktive Lizenzgebühr her.[334] Er stellte stattdessen klar, dass in Fällen, in denen ein immaterieller Schaden aus einer Persönlichkeitsverletzung resultiere, eine Analogie zu § 847 a.F. BGB angebracht und als Anspruchsgrundlage für Schadensersatz anzuwenden sei.[335] Unter Verweis auf die Entscheidung des Großen Senats betonte der BGH, dass die Genugtuungsfunktion aus dem Schmerzensgeldanspruch nicht mehr wegzudenken sei[336] und stellte diese damit endgültig neben die Ausgleichsfunktion.

(ii) BGHZ 35, 363 („Ginsengwurzel")

Nachdem der BGH in der Herrenreiter-Entscheidung den Schmerzensgeldanspruch noch auf eine Analogie zu § 847 a.F. BGB gestützt hatte, rückte er hiervon in nachfolgenden Entscheidungen ab und leitete den Schmerzensgeldanspruch bei Persönlichkeitsverletzungen fortan unmittelbar aus Art. 1, 2 Abs. 1 GG ab.[337]

Die Verortung in den Grundrechten begründete der BGH im Ginsengwurzel-Urteil damit, dass bei Einführung des BGB noch keine Notwendigkeit für zivilrechtlichen Rechtsschutz der menschlichen Persönlichkeit gesehen wurde. Erst das Grundgesetz habe durch die Kodifizierung der Unantastbarkeit der Würde des Menschen und der freien Entfaltung der eigenen Persönlichkeit die Notwendigkeit geschaffen, diese Grundwerte auch zivilrechtlich abzusichern.[338] Die in § 253 a.F. BGB vorgesehene enumerative Aufzählung schmerzensgeldgewährender Fallgestaltungen sei daher nicht länger erschöpfend. Stattdessen müsse auch dort Schmerzensgeld gewährt werden, wo dies zur Effektivierung des zivilrechtlichen Schutzes des Persönlichkeitsrechts notwendig sei.[339] Der BGH führte

333 Das LG Köln sprach in der ersten Instanz lediglich DM 1.000 zu, das OLG Köln erhöhte diesen Betrag auf DM 10.000.

334 Der BGH stellte insoweit fest, dass eine Analogie zu fiktiven Lizenzgebühren immer dort an ihre Grenzen stößt, wo ein materieller Schaden überhaupt nicht entstanden ist und eine Lizensierung für den Geschädigten überhaupt nicht in Betracht kommt; siehe BGHZ 26, 349, 353.

335 BGHZ 26, 349, 356.

336 BGHZ 26, 349, 358.

337 BGHZ 35, 363 ff.

338 BGHZ, 35, 363, 367 f.

339 BGHZ 35, 363, 367.

zudem weiter aus, dass bei der Bemessung eines solchen Schmerzensgeldes auch die in den Vordergrund tretende Genugtuungsfunktion zu berücksichtigen sei.[340]

(iii) BVerfGE 34, 269 („Soraya")

Die Verortung des Schmerzensgeldanspruchs bei Persönlichkeitsrechtsverletzungen in Art. 1, 2 Abs. 1 GG blieb nicht ohne Kritik. Es wurde vor allem eingewandt, dass diese Form der richterrechtlichen Fortentwicklung des Schmerzensgeldes gegen den erklärten Willen des Gesetzgebers geschehe, der in § 253 a.F. BGB eine erschöpfende Regelung getroffen habe. Etwaige hierdurch entstehende Schutzlücken des Persönlichkeitsschutzes müsse daher auch der Gesetzgeber und nicht die Judikative schließen.[341]

Dieser Kritik trat das BVerfG in der sog. Soraya-Entscheidung entgegen und erklärte den aus Art. 1, 2 Abs. 1 GG abgeleiteten Schmerzensgeldanspruch für verfassungskonform.[342] In seiner Entscheidung führte das BVerfG aus, dass es durchaus Aufgabe der Rechtsprechung sei, in geschriebenen Gesetzen nur unzureichend zum Ausdruck kommende Wertvorstellungen zu voller Geltung zu verhelfen und sie in konkrete Entscheidungen einfließen zu lassen.[343] Aus diesem Grund sei es auch nicht zu beanstanden, wenn nach der ausdrücklichen Anerkennung eines allgemeinen Persönlichkeitsrechts im Zivilrecht durch die Ausdehnung des Schmerzensgeldanspruchs zu dessen Schutz beigetragen werde.[344] Ein Abwarten auf das Eingreifen des Gesetzgebers hielt das BVerfG explizit nicht für notwendig, da dieses ungewiss und unvorhersehbar sei und die Judikative auf ein erkanntes Schutzdefizit zeitnah zu reagieren habe.[345]

(iv) BGHZ 128, 1 („Caroline von Monaco I")

Nach der grundsätzlichen Anerkennung des Schmerzensgeldanspruchs bei Persönlichkeitsrechtsverletzungen durch das BVerfG änderte sich die Rechtsprechung in diesem Bereich für die nächsten 20 Jahre nicht grundlegend. Sowohl die Verortung des Schmerzensgeldanspruchs in Art. 1, 2 Abs. 1 GG als auch dessen Funktionen, der Ausgleich und die Genugtuung, blieben unangetastet. Dies änderte sich erst mit der Entscheidung des BGH im ersten Fall „Caroline

340 BGHZ 35, 363, 369.
341 BVerfGE 34, 269, 276.
342 BVerfGE 34, 269 ff.
343 BVerfGE 34, 269, 287.
344 BVerfG 34, 269, 290.
345 BVerfGE 34, 269, 291 f.

von Monaco“ im Jahr 1995, die den Schmerzensgeldanspruch endgültig zu einer pönal geprägten Entschädigung ausformte.[346]

Das Gericht sprach in seinem Urteil der Entschädigung wegen einer Persönlichkeitsrechtsverletzung neben dem Ausgleich und der Genugtuung ausdrücklich eine weitere Aufgabe zu: die Prävention.[347] Nach Ansicht des Gerichts sollte von der Geldentschädigung ein hemmender Effekt ausgehen,[348] der den Schädiger von einer erneuten Verletzung der Persönlichkeitsrechte des Geschädigten abhalte. Oder um es mit den Worten eines ehemaligen Richter am BGH zu sagen: „Das Schmerzensgeld soll den Verleger ruhig schmerzen“.[349] Dass damit vom reinen Ausgleichsgedanken des Schadensrechts von 1900 im Bereich des Schmerzensgeldes nicht mehr viel verbleibt, ist klar ersichtlich. Eine Geldentschädigung, deren Schwerpunkt im Verhältnis zwischen Ausgleich und Genugtuung auf der Genugtuung liegt[350] und darüber hinaus ausdrücklich präventive Ziele verfolgt, lässt sich mit einer den Schädiger bestrafenden Funktion sehr viel eher erklären, als mit einer den Geschädigten kompensierenden.[351]

(2) Ersatzfolgen mit pönalem Charakter

Neben dem immateriellen Schadensersatz in Form von Schmerzensgeld mit seinem durch das Genugtuungsprinzip vermittelten indirekt präventiv-pönalen Charakter lassen sich heute allerdings auch Ersatzfolgen finden, die eine direkte pönale Zielrichtung aufweisen und neben der Bestrafung des Schädigers auch präventive Zwecke verfolgen. Die konkrete Ausgestaltung dieser Ersatzfolgen wird dabei nicht durch die Vorschriften des allgemeinen Schadensrechts bestimmt, sondern ist zumeist unmittelbar in der Haftungsnorm selbst festgelegt.

(a) Ausprägungen und Ziele pönaler Ersatzfolgen

Pönale Ersatzfolgen können in zwei Ausprägungen vorliegen. Entweder in Form einer durch den Schädiger zu leistenden Entschädigung oder in Form eines den Schädiger treffenden Anspruchsausschlusses. In beiden Fällen zeichnen sich die

346 BGHZ 128, 1 ff.

347 BGHZ 128, 1, 15 f.

348 BGHZ 128, 1, 16.

349 So der Vorsitzende Richter am BGH a.D. Dr. Erich Steffen in *Rudolf*, ZRP 1996, 366.

350 BGHZ 128, 1, 15.

351 In diese Richtung weist auch die Ansicht von *Westermann*, Symposion Canaris, S. 125 ff.; siehe zudem *Behr*, FS Mehle, S. 38 f.; *Behr*, ZJS 2003, 292, 296; *Rosengarten*, NJW 1996, 1935 f.

Haftungsfolgen dadurch aus, dass sie sich in Geld bemessen lassen und daher auch in Form einer Geldleistung durchgesetzt werden können oder könnten.[352]

Pönale Ersatzfolgen wollen das Verhalten des Schädigers zudem nicht deshalb unterbinden, weil dadurch eine Einbuße beim Geschädigten entsteht. Vielmehr wird die schädigende Handlung selbst als der Rechtsordnung zuwiderlaufend angesehen und soll allein aus diesem Grund unterbunden werden. Vor diesem Hintergrund ist es auch nicht verwunderlich, dass pönale Ersatzfolgen in bestimmten Fällen auch dann angeordnet werden können, wenn es tatsächlich zu keiner Einbuße gekommen ist. Mit pönalen Ersatzfolgen werden nämlich vorrangig erzieherische Aufgaben verfolgt, die in der Prävention von vergleichbaren zukünftigen Verhalten zu sehen sind. Präventiv kann eine Haftungsfolge aber immer nur dann wirken, wenn sie durch den Schuldner als Bestrafung wahrgenommen wird. Prävention und Bestrafung sind daher untrennbar miteinander verbunden, da die Präventivwirkung einer Sanktion nicht aus der Sanktion selbst entspringt, sondern erst aus der durch sie hervorgerufenen Strafwirkung.[353]

(b) Pönale Entschädigung

Die mit Schmerzensgeld gem. § 253 Abs. 2 BGB am ehesten vergleichbaren pönalen Ersatzfolgen sind pönale Entschädigungen zugunsten des Geschädigten. In diesen Fällen wird dem Geschädigten nämlich ebenfalls ein Geldbetrag zugesprochen, der vom Schädiger gezahlt werden muss. Vorschriften dieser Art und mit einem eindeutig pönalen Charakter stellen z.B. § 15 Abs. 2 AGG, § 288 Abs. 1 BGB und § 288 Abs. 5 BGB dar, die alle auf europarechtlichen Vorgaben beruhen.

(i) Entschädigung gem. § 15 Abs. 2 AGG

Als Teil des Allgemeinen Gleichbehandlungsgesetzes[354] dient § 15 AGG der Umsetzung der Richtlinien 2000/43/EG,[355] 2000/78/EG,[356]

352 *Schäfer*, AcP 202, 397, 401.

353 Falsch daher *Wagner*, AcP 206, 352, 360 f., der Bestrafung und Prävention als voneinander isolierte Ziele ansieht.

354 Allgemeines Gleichbehandlungsgesetz vom 14. August 2006 (BGBl. I S. 1879), zuletzt geändert durch Art. 15 Abs. 66 des Gesetzes vom 5.2.2009 (BGBl. I S. 160).

355 Richtlinie 2000/43/EG des Rates vom 29. Juni 2000 zur Anwendung des Gleichbehandlungsgrundsatzes ohne Unterschied der Rasse oder der ethnischen Herkunft (Amtsblatt Nr. L 180 vom 19.7.2000, S. 22–26).

356 Richtlinie des Rates 2000/78/EG vom 27. November 2000 zur Festlegung eines allgemeinen Rahmens für die Verwirklichung der Gleichbehandlung in Beschäftigung und Beruf (Amtsblatt Nr. L 303 vom 2.12.2000, S. 16–22).

2002/73/EG[357] und 2004/113/EG,[358] die den umfassenden Schutz vor Diskriminierungen im Rechtsverkehr gewährleisten sollen. In der Vorschrift aufgegangen ist § 611a BGB a.F., dessen Entstehungsgeschichte exemplarisch die Schwierigkeiten aufzeigt, die der deutsche Gesetzgeber mit in das Schadensersatzrecht eingreifenden europarechtlichen Vorgaben hat. So konnte § 611a BGB a.F. erst 22 Jahre nach Ablauf der Umsetzungsfrist von Richtlinie 76/207/EWG[359] in richtlinienkonformer Weise verabschiedet werden. Bis dahin waren mehrere Umsetzungsversuche des deutschen Gesetzgebers durch den EuGH als europarechtswidrig abgelehnt worden.[360] Inhaltlich regelt § 15 AGG Schadensersatz- und Entschädigungsansprüche, die einem Arbeitnehmer oder Bewerber bei Verstößen gegen das Benachteiligungsverbot durch den Arbeitgeber zustehen. Während § 15 Abs. 1 AGG den Ersatz materieller Schäden[361] im Wege des Schadensersatzes vom Verschulden des Arbeitgebers abhängig macht,[362] erfolgt der Ausgleich sonstiger Nachteile gem. § 15 Abs. 2 AGG über eine verschuldensunabhängige angemessene Entschädigung.[363]

Unter Verweis auf die Gesetzesbegründung wird der Entschädigungsanspruch durch die herrschende Meinung dabei noch immer als regulärer, nicht pönaler Schadensersatzanspruch eingeordnet, der einen gegenüber § 253 BGB

---

357 Richtlinie 2002/73/EG des Europäischen Parlaments und des Rates vom 23. September 2002 zur Änderung der Richtlinie 76/207/EWG des Rates zur Verwirklichung des Grundsatzes der Gleichbehandlung von Männern und Frauen hinsichtlich des Zugangs zur Beschäftigung, zur Berufsbildung und zum beruflichen Aufstieg sowie in Bezug auf die Arbeitsbedingungen (Amtsblatt Nr. L 269 vom 5.10.2002, S. 15- 20).

358 Richtlinie 2004/113/EG des Rates vom 13. Dezember 2004 zur Verwirklichung des Grundsatzes der Gleichbehandlung von Männern und Frauen beim Zugang zu und bei der Versorgung mit Gütern und Dienstleistungen (Amtsblatt Nr. L 373 vom 21.12.2004, S. 37–43).

359 Richtlinie 76/207/EWG des Rates vom 9. Februar 1976 zur Verwirklichung des Grundsatzes der Gleichbehandlung von Männern und Frauen hinsichtlich des Zugangs zur Beschäftigung, zur Berufsbildung und zum beruflichen Aufstieg sowie in Bezug auf Arbeitsbedingungen (Amtsblatt Nr. L 039 vom 14.2.1976, S. 40–42).

360 EuGH Rs. 14/83 (v. Colson/Kamann), Slg. 1984, 1891 ff.; EuGH Rs. 79/83 (Harz), Slg. 1984, 1921 ff.; nicht zur deutschen Umsetzung, aber trotzdem auf die zur damaligen Zeit geltende Praxis anwendbar: EuGH Rs. C-177/88 (Dekker), Slg. 1990, I-3941 ff.

361 Siehe zur Definition von Vermögensschäden Kapitel C. I. 3. a) (1) (a) (i).

362 Die Frage der Europarechtskonformität des Verschuldenserfordernisses ist Gegenstand einer lebhaften Diskussion ist; siehe hierzu MüKoBGB-*Thüsing*, § 15 AGG Rn. 33.

363 Siehe zur Definition von Nichtvermögensschäden Kapitel C. I. 3. b) (1) (a).

spezielleren Ersatz für immaterielle Schäden darstellt.[364] Die kann nicht überzeugen. So weist der Anspruch nach § 15 Abs. 2 AGG bereits nicht die für Schadensersatzansprüche übliche Struktur auf. Eine verschuldensunabhängige Einstandspflicht für Einbußen ist, außer im Bereich der Gefährdungshaftung, im deutschen Recht regelmäßig nicht vorgesehen. Trotzdem versucht die herrschende Meinung unablässig, den Anspruch auf Geldentschädigung gem. § 15 Abs. 2 AGG in das bestehende Schadensersatzsystem zu pressen.[365] Dabei spricht neben dem systemwidrigen Verzicht auf das Verschuldenserfordernis auch der durch die Vorschrift verfolgte Zweck nicht für eine Einordnung von § 15 Abs. 2 AGG als regulären Schadensersatzanspruch. Die sich aus Richtlinie 2000/43/EG ergebenden Ersatzansprüchen sollen nämlich general- und spezialpräventive Wirkung entfalten, wie sich aus Erwägungsgrund 26 ergibt. Dieser besagt eindeutig, dass die Mitgliedstaaten „wirksame, verhältnismäßige und abschreckende Sanktionen" für den Fall von Diskriminierungen vorsehen sollen. Eine Entschädigung in Geld ist, dies wurde bereits gezeigt, zu einer solchen Abschreckung jedoch nur dann in der Lage, wenn sie durch den Schuldner als Bestrafung wahrgenommen wird.[366] Der Entschädigungsanspruch nach § 15 Abs. 2 AGG ist daher eindeutig pönaler Natur.[367] Er soll den Schädiger für diskriminierendes Verhalten bestrafen und ihn vor weiteren gleich gelagerten Handlungen abschrecken.[368] Damit verfolgt er jedoch ein Ziel, dass den sonstigen materiellen wie immateriellen Schadensersatzansprüchen des deutschen Rechts unbekannt ist. Der Anspruch aus § 15 Abs. 2 AGG stellt mithin keine besondere Form immateriellen Schadensersatzes dar, sondern vielmehr eine pönale Entschädigung.

(ii) Verzugszinsen gem. § 288 Abs. 1 BGB

Ein weiteres Beispiel für eine pönale Entschädigung stellt die Regelung über Verzugszinsen in § 288 Abs. 1 BGB dar. Die Vorschrift hat durch das Gesetz

364 Entwurf eines Gesetzes zur Umsetzung europäischer Richtlinien zur Verwirklichung des Grundsatzes der Gleichbehandlung, BT-Drs. 18/1780 vom 8.6.2006, S. 38.

365 Siehe insbesondere die Bemühungen von *Thüsing* in: MüKoBGB-*Thüsing*, § 15 AGG Rn. 13.

366 Siehe Kapitel B. II. 2. b) (1).

367 So sehr deutlich *Honsell*, FS Westermann, S. 330: „Bei § 15 Abs. 2 AGG handelt es sich eindeutig um Strafe."

368 Anders MüKoBGB-*Thüsing*, § 15 AGG Rn. 13, der zum Vergleich auf US-amerikanische punitive damages verweist, dabei jedoch ausschließlich veraltete Konzepte und Urteile zitiert. Eine Übersicht über eine Vielzahl gegenteiliger Ansichten findet sich bei *Lehmann*, Ausgleichshöhe, S. 147 Rn. 883.

zur Beschleunigung fälliger Zahlungen[369] eine Novellierung erfahren, die der Umsetzung der europäischen Zahlungsverzugs-Richtlinie diente.[370]

Inhaltlich ordnet § 288 Abs. 1 BGB an, dass eine Geldschuld ab Verzugseintritt pauschal mit fünf[371] bzw. acht Prozentpunkten[372] über dem Basiszinssatz zu verzinsen ist, unabhängig vom Nachweis eines in dieser Höhe tatsächlich entstandenen Zinsschadens. Hierin kommt die Abkehr vom Ausgleichsgedanken des allgemeinen Schadensrechts deutlich zum Vorschein, da vom Vorliegen einer nachweisbaren materiellen Einbuße vollständig Abstand genommen wird. Stattdessen wird der zu ersetzende Schaden pauschaliert, dem Gläubiger jedoch gleichzeitig die Möglichkeit gelassen, einen darüber hinausgehenden Zinsschaden nachzuweisen und einzufordern.[373] Die Vorschrift will den Schuldner einer Geldschuld zur pünktlichen Zahlung anhalten und ordnet zu diesem Zweck die Bestrafung des Schuldners für den Fall der Zuwiderhandlung an.[374] Der pönale Charakter ist unverkennbar, soll hier doch gleichfalls Prävention durch Bestrafung erreicht werden. Dies wird auch bei einem Blick in die zugrunde liegende Richtlinie deutlich. In Erwägungsgrund 16 heißt es, dass die Folgen des Zahlungsverzugs so gestaltet sein müssen, dass sie „von der Überschreitung der Zahlungsfristen abschrecken." § 288 Abs. 1 BGB hat folglich die eindeutig erzieherische Aufgabe, den böswilligen Schuldner einer Geldschuld zur rechtzeitigen Zahlung zu animieren.[375] Durch die Bestrafung des heute säumigen Zahlens soll er in Zukunft zu rechtzeitiger Leistung bewegt werden.

369 Gesetz zur Beschleunigung fälliger Zahlungen vom 30.3.2000, BGBl. I, S. 330.

370 Richtlinie 2000/35/EG des Europäischen Parlaments und des Rates vom 29. Juni 2000 zur Bekämpfung von Zahlungsverzug im Geschäftsverkehr (Amtsblatt Nr. L 200 vom 8.8.2000, S. 35–38).

371 Für Rechtsgeschäfte, an denen ein Verbraucher beteiligt ist; § 288 Abs. 1 BGB.

372 Für Rechtsgeschäfte unter Unternehmern; § 288 Abs. 2 BGB.

373 Dies stellt § 288 Abs. 4 BGB klar; siehe hierzu MüKoBGB-*Ernst*, § 288 Rn. 28; Staudinger-*Löwisch/Feldmann*, § 288 Rn. 1.

374 *Schäfer*, AcP 202, 397, 413 bezeichnet die Verzugszinsen daher auch treffend als „Strafzinsen"; so auch *Wagner*, AcP 206, 352, 388.

375 Es ist auch klar, dass sicher nicht alle säumigen Schuldner böswillig in Zahlungsverzug geraten. Die Richtlinie lässt indes Unterscheidung jedoch nicht zu.

(iii) Entschädigungspauschale gem. § 288 Abs. 5 BGB

Eine weitere pönalen Entschädigung stellt die Entschädigungspauschale gem. § 288 Abs. 5 BGB dar, die im Rahmen der Umsetzung der zweiten Zahlungsverzugs-Richtlinie[376] neu eingeführt wurde.

Die Entschädigungspauschale ist durch den Zahlungsschuldner, der kein Verbraucher ist, im Falle seines Zahlungsverzuges an den Gläubiger zusätzlich zu einem etwaigen Verzugsschaden zu zahlen. Inhaltlich soll sie Rechtsverfolgungs- und Verwaltungskosten des Gläubigers ausgleichen, allerdings ohne dass solche Kosten tatsächlich angefallen sein müssen. Das Entstehen der Pauschale ist somit unabhängig davon, ob der Gläubiger die Eintreibung seiner ausstehenden Forderung überhaupt betreibt oder in welcher Höhe Kosten tatsächlich angefallen sind. Auch die Höhe der ausstehenden Forderung spielt für die Pauschale keine Rolle, sodass diese auch dann anfällt, wenn die Forderung geringer als die Pauschale selbst ist. Der Sinn und Zweck der Regelung liegt mithin erneut eindeutig nicht in der Kompensation des Gläubigers für tatsächliche Schäden, die ihm aus dem Zahlungsverzug entstehen, sondern einzig und allein in der Abschreckung des Zahlungsschuldners vor dem Überziehen von Zahlungsfristen. Hierfür spricht neben der eindeutigen Aussage des europäischen Richtliniengebers[377] auch die Tatsache, dass die weitergehende Geltendmachung eines durch die Rechtsverfolgung tatsächlich angefallenen Schadens durch die Entschädigungspauschale nicht unterbunden wird. Die Entschädigungspauschale kann daher ebenfalls als pönale Entschädigung eingeordnet werden.[378]

(c) Anspruchsausschlüsse

Eine weitere Kategorie pönal wirkender Ersatzfolgen stellen gesetzlich geregelte Anspruchsausschlüsse dar. Diese gewähren zwar keinen Geldanspruch gegen den Schädiger, verfolgen aufgrund der Wirkung ihrer konkreten Ersatzfolge aber dennoch pönale Ziele. Zu nennen sind hier insbesondere der auf europarechtlichen Vorgaben basierende § 241a Abs. 1 BGB sowie die bereits seit der Fassung des BGB von 1900 existierenden § 654 BGB und § 817 S. 2 BGB. Alle drei Vorschriften sind strukturell gleich aufgebaut, da in allen Fällen auf den

---

376 Richtlinie 2011/7/EU des Europäischen Parlaments und des Rates vom 16. Februar 2011 zur Bekämpfung von Zahlungsverzug im Geschäftsverkehr (Amtsblatt Nr. L 48 vom 23.2.2011, S. 1–10).

377 Siehe Erwägungsgrund 19 der Zahlungsverzugs-Richtlinie, Amtsblatt Nr. L 48 vom 23.2.2011, S. 3.

378 MüKoBGB-*Ernst*, § 288 Rn. 29.

Verstoß gegen eine konkrete Handlungsanweisung der Ausschluss der Geltendmachung eines dem Handelnden grundsätzlich zustehenden Anspruchs folgt.

(i) Unbestellte Lieferungen und Leistungen gem. § 241a Abs. 1 BGB

Einer der umfangreichsten Anspruchsausschlüsse des deutschen Rechts ist in § 241a Abs. 1 BGB geregelt. Die Vorschrift dient der Umsetzung von Art. 9 der Richtlinie 97/7/EG[379] sowie Art. 9 der Richtlinie 2002/65/EG[380] und besagt, dass die Lieferung unbestellter Waren oder die Erbringung unbestellter Leistungen an einen Verbraucher durch einen Unternehmer keine Ansprüche begründet. Die Vorschrift ist unverkennbar Teil des europäischen Verbraucherschutzrechts, beschränkt sich ihr persönlicher Anwendungsbereich doch auf sog. B2C-Verhältnisse.[381] Die konkreten Auswirkungen des Anspruchsausschluss waren lange umstritten.[382] Mittlerweile hat sich jedoch die Ansicht durchgesetzt, dass sich dieser vor dem Hintergrund des Normzwecks umfassend auf alle in Betracht kommenden Ansprüche des Unternehmers gegen den Verbraucher erstrecken muss.[383] Es sind sowohl vertragliche und deliktische als auch eigentums- und kondiktionsrechtliche Ansprüche ausgeschlossen. Praktisch bedeutet dies, dass der Verbraucher eine unbestellt gelieferte Sache behalten und mit ihr nach Belieben verfahren kann, ohne dass sich hieraus Ansprüche des Unternehmers, gleich welcher Art, ergeben. Der Unternehmer kann weder Herausgabe verlangen noch Schadensersatz auf vertraglicher oder deliktischer Grundlage, obwohl er Eigentümer der unbestellt gelieferten Sache bleibt.[384] § 241a Abs. 1 BGB führt damit zu der dem deutschen Recht sonst unbekannten Folge des dauerhaften Auseinanderfallens von Eigentum und Besitz.

---

379 Richtlinie 97/7/EG des Europäischen Parlaments und des Rates vom 20. Mai 1997 über den Verbraucherschutz bei Vertragsabschlüssen im Fernabsatz (Amtsblatt Nr. L 144 vom 4.6.1997, S. 19–27).

380 Richtlinie 2002/65/EG des Europäischen Parlaments und des Rates vom 23. September 2002 über den Fernabsatz von Finanzdienstleistungen an Verbraucher und zur Änderung der Richtlinie 90/619/EWG des Rates, sowie der Richtlinien 97/7/EG und 98/27/EG des Rates (Amtsblatt Nr. L 271 vom 9.10.2002, S. 16–24).

381 Business to Consumer; der Empfänger einer Lieferung oder Dienstleistung muss daher die Voraussetzung des § 13 BGB erfüllen, der Lieferant oder Dienstleister diejenige von § 14 BGB.

382 Staudinger-*Olzen*, § 241a Rn. 13 ff.

383 MüKoBGB-*Finkenauer*, § 241a Rn. 24 ff.; Staudinger-*Olzen*, § 241a Rn. 30 ff.

384 MüKoBGB-*Finkenauer*, § 241a Rn. 6, 36; *Schwarz*, NJW 2001, 1449, 1450; *Sosnitza*, BB 2000, 2317, 2322.

Auch hier ist die pönale Zielsetzung der Norm somit unverkennbar. Der Unternehmer soll von der fortgesetzten Lieferung unbestellter Waren bzw. der Erbringung unbestellter Leistungen abgeschreckt werden, indem ihm jegliche Ansprüche – selbst solche aus seinem weiterhin bestehenden Eigentum – genommen werden. Die Präventionswirkung wird hier deutlich durch eine Bestrafung des Unternehmers für die Nichtbeachtung des Verbotes, unbestellte Lieferungen bzw. Leistungserbringungen an Verbraucher zu unterlassen, erreicht.

(ii) Verlust von Ansprüchen gem. §§ 654, 817 S. 2 BGB

Eine mit § 241a Abs. 1 BGB vergleichbare Wirkung entfalten auch die Anspruchsausschlüsse nach §§ 654, 817 S. 2 BGB. In beiden Fällen wird dem Anspruchsberechtigten aufgrund eines Verstoßes gegen eine Handlungsanweisung der grundsätzlich bestehende Anspruch aberkannt, um ihn zur Einhaltung des Verhaltensgebotes zu bewegen. Dabei betrifft § 654 BGB Fälle, in denen ein Makler entgegen der Bestimmungen des Maklervertrages auch für die andere Partei tätig wird. In diesem Fall versagt die Vorschrift dem Makler die Geltendmachung seines Lohn- und Aufwendungsanspruchs.[385] Im Rahmen von § 817 S. 2 BGB wird die Kondiktion durch den Leistenden ausgeschlossen, wenn durch dessen Leistung gegen die guten Sitten verstoßen wurde. Die Norm zielt darauf ab, die Durchführung sittenwidriger Rechtsgeschäfte zu unterbinden und schließt zu diesem Zweck den wissentlich sittenwidrig Handelnden von Rückforderungsansprüchen jeglicher Art aus. In beiden Fällen zeigt sich wie schon zuvor deutlich, dass eine präventive Wirkung durch die Bestrafung eines bestimmten Verhaltens erreicht werden soll.[386]

(3) Zwischenergebnis

Es lässt sich festhalten, dass sich der Aufgabenbereich des Schadensrechts seit der Einführung des BGB im Jahr 1900 erheblich ausgedehnt hat. Die Kompensation ist heute nicht mehr das einzige Ziel des Schadensrechts, sondern die durch eine Bestrafung hervorgerufene Prävention ist als weitere Aufgabe neben den Schadensausgleich getreten. Die Entwicklung hin zu einem „auch-kompensatorischen" Schadensrecht ist dabei kontinuierlich vorangeschritten und gründet sowohl in der Veränderung der wirtschaftlichen und gesellschaftlichen

385 So auch BGHZ 36, 323, 326: „Die Verwirkung des Anspruchs auf den Maklerlohn nach § 654 BGB hat offensichtlich Strafcharakter."; MüKoBGB-*Roth* § 654 Rn. 1.

386 RGZ 105, 270, 271; *Schäfer*, AcP 202, 397, 406; nicht verschwiegen werden sollen an dieser Stelle natürlich die vielen gegenteiligen Ansichten in der juristischen Literatur, siehe hierzu Staudinger-*Lorenz*, § 817 Rn. 4 f.

Umstände als auch im zunehmenden Einfluss der europäischen Rechtsvereinheitlichung.

d) Der Stellenwert des Kompensationsprinzips im „auch-kompensatorischen" Schadensrecht

Durch die sukzessive Aufgabenerweiterung von Schadensersatz hat sich auch der Stellenwert des Kompensationsprinzips grundlegend gewandelt. Bislang konnte dieses weitgehend mit dem Schadensrecht gleichgesetzt werden, war dessen einzige Aufgabe doch der Schadensausgleich. Die Ausbreitung pönal-präventiver Elemente hat nunmehr jedoch zu einer Situation geführt, in der neben die Kompensation weitere Aufgaben getreten sind. Diese stellen auch keine bloßen Nebenfolgen des Schadensausgleichs mehr dar,[387] sondern sind eigenständige und die Kompensation teilweise sogar vollständig verdrängende Ziele des Schadensrechts. Aus diesem Grund kann auch der Einfluss pönaler Zwecke auf das Schadensrecht nicht länger negiert und als systemfremd zurückgewiesen werden. Die Zurückdrängung des Kompensationsprinzips durch die Einführung pönal-präventiver Elemente in das Schadensrecht hat zu einem grundlegenden und noch immer fortschreitenden Wandel des Grundmodells des Schadensrechts aus dem Jahr 1900 geführt. Als Folge dieses Wandels entwickelt sich das Schadensrecht kontinuierlich von einem einsäuligen zu einem zweisäuligen Modell fort.[388]

Diese fortschreitende Entwicklung und der verminderte Stellenwert des Kompensationsprinzips haben auch Auswirkungen auf die Frage, inwieweit das Kompensationsprinzip noch immer als Anerkennungshindernis im Rahmen des ordre public dienen kann. So konnte sich der BGH 1992 durchaus noch auf den Standpunkt stellen, dass das deutsche Schadensrecht ausschließlich kompensatorische Ziele verfolgt und ausländischer pönaler Schadensersatz daher nicht anzuerkennen sei. Vor dem Hintergrund der sukzessiven Aufgabenerweiterung des Schadensrechts und der Einführung pönal-präventiver Elemente ist dies hingegen nicht mehr möglich. So reicht der bloße Verweis auf die kompensatorische Aufgabe von Schadensersatz heute nicht mehr aus, um eine Anerkennung von punitive damages abzulehnen. Dazu sind die heute durch das deutsche

---

387 *Larenz*, Schuldrecht I, S. 423; *Mertens*, Vermögensschaden, S. 109.

388 Siehe zur Idee eines Zwei-Säulen-Modells insbesondere *Behr*, 78 Chicago-Kent Law Review 105 ff.

Schadensrecht neben dem Schadensausgleich verfolgten pönal-präventive Ziele bereits zu stark in der deutschen Rechtsordnung verankert.[389]

3. Der Verhältnismäßigkeitsgrundsatz im Rahmen der konkreten Bemessung von Ersatzfolgen

Der Verhältnismäßigkeitsgrundsatz wirkt im Schadensrecht jedoch nicht nur als Aufgabenbestimmung in Form des Kompensationsprinzips, sondern auch als leitendes Prinzip in der Bemessung von Ersatzfolgen. Die Verhältnismäßigkeit nimmt dabei sowohl Einfluss auf die Bemessung von Schadensersatz wie auch auf die Bemessung pönaler Ersatzfolgen. Die Verhältnismäßigkeitswirkung wird in diesen Fällen jedoch auf unterschiedliche Art und Weise vermittelt. Während der materielle Schadensersatz durch das Prinzip der Totalreparation bestimmt wird, kommt bei der Bemessung von immateriellen Schadensersatz und pönalen Ersatzfolgen in Form der pönalen Entschädigung das Prinzip der Angemessenheit zur Anwendung. Auf beide Ausprägungen des Verhältnismäßigkeitsgrundsatzes soll nachfolgend näher eingegangen werden.

a) Das Prinzip der Totalreparation

Das Prinzip der Totalreparation ist eng mit dem Kompensationsgrundsatz verbunden. Es füllt den Ausgleichsgedanken aus und definiert allgemeine Vorgaben für die Bemessung von materiellem Schadensersatz, die eine einzelfallbasierte Interessensabwägung vorwegnehmen bzw. unnötig machen. Im Folgenden soll das Prinzip der Totalreparation dargestellt und seine Einordnung in das System der schadensrechtlichen Verhältnismäßigkeitswirkung näher analysiert werden.

(1) Bemessung von Schadensersatz bei Vorliegen materieller Schäden

Die Totalreparation regelt die Art und Weise der Bemessung von materiellem Schadensersatz. In diesem Zusammenhang sind zwei Fragen von Interesse: Zum einen, unter welchen Voraussetzungen materieller Schadensersatz zugesprochen werden kann, und zum anderen, nach welchen Grundsätzen der Umfang des Ersatzanspruchs konkret zu bestimmen ist.

---

389 So auch *Brockmeier*, Punitive und multiple damages, S. 206; *Ebert*, Pönale Elemente, S. 573 ff.; *Müller*, Schadensersatzrecht, S. 369.

(a) Materieller Schadensersatz

Die Aufgabe materiellen Schadensersatzes, so will es das Kompensationsprinzip, besteht im Ausgleich der durch eine schädigende Handlung entstandenen Nachteile des Geschädigten.[390] Wie diese Nachteile zu bestimmen sind und wie sie konkret ausgeglichen werden, soll nachfolgend aufgezeigt werden.

(i) Vermögenschaden

Durch materiellen Schadensersatz sind grundsätzlich ausschließlich Vermögensschäden auszugleichen. Hierunter werden allgemein solche Einbußen gefasst, die in ihrem Wert eindeutig zu bestimmen sind.[391] Die Einbuße muss dabei auch tatsächlich eingetreten sein, d.h. es muss eine negative Vermögensentwicklung durch das schädigende Ereignis stattgefunden haben. Nicht ausreichend ist hingegen die bloße Möglichkeit einer Vermögensschädigung, ohne deren konkrete Realisierung. Aus diesem Grund scheitert in der Regel auch die Geltendmachung von Nutzungsausfallschäden, wenn diese nicht durch eine tatsächliche „Nutzungsdeckung" ausgeglichen wurden.[392] Zu beachten ist zudem, dass die Bestimmung eines Vermögensschadens ausschließlich anhand objektiver Umstände erfolgt. Ausgeschlossen ist daher die Berücksichtigung von Affektionsinteressen, d.h. subjektiv als schadenserhöhend angesehener besonderer persönlicher Beziehungen zu dem beschädigten Gut.[393]

Von der Nichtberücksichtigung von Nutzungsausfallschäden bei der Bestimmung eines Vermögensschadens gibt es jedoch Ausnahmen, in denen eine solche Einbuße dennoch anzusetzen ist. So erkannte der BGH den Wegfall des bloßen Gebrauchsvorteils bei einem unfallbedingten Nutzungsausfall eines Kfz als selbstständiges Vermögensgut an, das im Rahmen der Bestimmung eines materiellen Schadens zu beachten sei.[394] Diese zunächst auf Fahrzeuge beschränkte Rechtsprechung hat zur Frage geführt, ob eine Verallgemeinerung der darin zur Geltung kommenden Grundsätze dahin gehend möglich ist, dass Gebrauchsvorteile immer dann ein selbstständiges Vermögensgut darstellen können, wenn sie kommerzialisiert sind und die Gebrauchsmöglichkeit daher

---

390 *Kötz*, FS Steindorff, S. 643; *Schäfer*, AcP 202, 397, 400; *Wagner*, AcP 206, 352, 451.

391 MüKoBGB-*Oetker*, § 249 Rn. 28; Palandt-*Grüneberg*, Vorb. § 249 Rn. 10; Staudinger-*Schiemann*, Vorbem. §§ 249 ff. Rn. 46.

392 MüKoBGB-*Oetker*, § 249 Rn. 51.

393 Palandt-*Grüneberg*, Vorb. § 249 Rn. 21; Staudinger-*Schiemann*, Vorbem. §§ 249 ff. Rn. 47.

394 St. Rspr. sei BGHZ 40, 345; Palandt-*Grüneberg*, § 249 Rn. 40.

zu einem bestimmbaren Marktpreis erworben werden kann.[395] Eine derart weite Ausdehnung der Anrechenbarkeit von Gebrauchsvorteilen wurde in der Folge jedoch überwiegend abgelehnt, da ein Marktpreis für eine Vielzahl verschiedener Gebrauchsvorteile ermittelt werden kann und daher das bestehende Regel- und Ausnahmeverhältnis ins Gegenteil verkehrt werden würde.

Um der Marktfähigkeit bestimmter Gebrauchsvorteile dennoch gerecht zu werden, entschied der Große Senat für Zivilsachen im Jahr 1986 jedoch, dass zumindest solche Vorteile mittels des Kommerzialisierungsgedankens vermögensmäßig verselbstständigt sind, auf die man im Rahmen seiner allgemeinen Lebensführung aufgrund ihrer ständigen Verfügbarkeit typischerweise angewiesen ist.[396] Diese Rechtsprechung führte in der Folge zur Anerkennung verschiedener ersatzfähiger Gebrauchsvorteile, wie beispielsweise der Wohnung,[397] des Motorrads[398] oder des Fahrrads[399] sowie des Farbfernsehers.[400] Abgestellt wurde in all diesen Fällen darauf, dass die mit dem jeweiligen Gegenstand verbundenen Gebrauchsvorteile derart wichtig für die Lebensführung und die Erhaltung des Lebensstandards des Einzelnen sind, dass ihre Entziehung einen Eingriff in die materielle Vermögenssphäre darstellt und daher die Gewährung eines Ersatzanspruchs im Fall der Nutzungsentziehung gerechtfertigt sei.

Zu den für die Lebensführung zentralen Gebrauchsvorteilen zählt seit der jüngsten Entscheidung des BGH zu diesem Themenkomplex nunmehr auch der Telefonanschluss und Internetzugang.[401] Die Liste der kommerzialisierbaren Wirtschaftsgüter hat damit nach den Beförderungsmitteln, der Unterkunft sowie grundlegender Gebrauchsmittel eine weitere Kategorie an Gebrauchsvorteilen erhalten, deren Entzug zu ersatzfähigen Vermögensschäden führen kann: die Kommunikationsmittel.[402] Der Grund hierfür dürfte darin zu sehen sein, dass

---

395 Siehe zur der Problematik MüKoBGB-*Oetker*, § 249 Rn. 60 ff. m.w.N. In diesen Fällen, so die Argumentation des BGH in den Kfz-Fällen, wird aus dem immateriellen Gebrauchsvorteil ein materieller Vermögenswert, der über § 251 Abs. 1 BGB in Geld ersetzbar ist.

396 BGHZ (GS) 92, 212, 223; MüKoBGB-*Oetker*, § 249 Rn. 51; Palandt-*Grüneberg*, § 249 Rn. 48.

397 OLG Stuttgart, VersR 2001, 1159 (Einzimmerwohnung); BGH NJW 2014, 1374 (Eigentumswohnung).

398 OLG Düsseldorf, NJW 2008, 1964.

399 KG, NJW-RR 1993, 559.

400 OLG München, NJW-RR, 1996, 559.

401 Konkret in Form eines DSL-Zugangs, siehe BGHZ 196, 101 ff.

402 *Jaeger*, NJW 2013, 1031.

der BGH die Schutzwürdigkeit der Kommunikationsfähigkeit des Einzelnen erkannt hat, die heutzutage für die effektive Teilhabe am gesellschaftlichen Leben unbedingt notwendig ist.[403]

(ii) Konkrete Ersatzform

Der zu ersetzende materielle Schaden allein trifft jedoch noch keine Aussage darüber, in welcher Art und Weise ein Ersatz zu erfolgen hat. In Betracht kommen dabei grundsätzlich zwei Möglichkeiten: die tatsächliche Behebung des Schadens im Sinne einer Wiederherstellung des beschädigten Gutes oder der Ausgleich der eingetretenen Vermögensminderung durch Leistung eines Geldbetrages.

Der Gesetzgeber hat sich diesbezüglich in §§ 249 ff. BGB klar positioniert. So hat der Ersatz materieller Schäden gem. § 249 Abs. 1 BGB grundsätzlich im Wege der Naturalrestitution zu erfolgen, d.h. durch die konkrete Wiederherstellung desjenigen Zustandes, der ohne das schadensstiftende Ereignis vorliegen würde.[404] Geschuldet ist daher beispielsweise die Reparatur einer beschädigten oder die Neubeschaffung einer untergegangenen Sache. Allerdings werden von diesem Grundsatz Ausnahmen zugelassen, in denen die Naturalrestitution durch eine Geldleistung ersetzt werden kann. Dies ist gem. § 251 Abs. 1 BGB immer dann der Fall, wenn die Naturalrestitution unmöglich oder nicht ausreichend zum Ersatz des Schadens ist. Abgesehen von diesem auf faktischen Gegebenheiten gründenden Übergang von der Naturalrestitution zu Geldersatz ist ein solcher gem. § 250 S. 2 BGB auch immer dann möglich, wenn eine zur Vornahme der Naturalrestitution gesetzte Frist erfolglos verstrichen ist. In diesem Fall wird dem Gläubiger des Schadensersatzanspruchs ermöglicht, durch Erklärung gegenüber dem Schuldner aufgrund dessen Verstoßes gegen die Leistungsfrist vom gesetzlichen Grundsatz der Naturalrestitution abzuweichen.[405] Die Legalausnahmen zu § 249 Abs. 1 BGB haben dabei dazu geführt, dass sich das gesetzlich vorgesehene Regel- und Ausnahmeverhältnis in der Rechtswirklichkeit faktisch umgekehrt hat. So stellt der Geldersatz heutzutage die vorrangige Form des Ersatzes materieller Schäden dar.[406]

---

403 *Jaeger*, NJW 2013, 1031, 1032.

404 MüKoBGB-*Oetker*, § 249 Rn. 320; Palandt-*Grüneberg*, § 249 Rn. 2; Staudinger-*Schiemann*, § 249 Rn. 178.

405 MüKoBGB-*Oetker*, § 250 Rn. 1; Palandt-*Grüneberg*, § 250 Rn. 3.

406 *Schirmer*, FS Baumann, S. 297: „[…] exorbitante Ausnahme in der Praxis, […]"; Staudinger-*Schiemann*, § 249 Rn. 178.

(b) Ersatzumfang entsprechend des „Alles-oder-Nichts"-Postulats

Die Kernaussage des Prinzips der Totalreparation betrifft jedoch nicht die Art, sondern vielmehr den Umfang des Ersatzanspruchs bei Vermögensschäden. Es besagt, dass bei Vorliegen der Voraussetzungen für materiellen Schadensersatz die eingetretene Einbuße zu ersetzen ist – und zwar vollumfänglich.[407]

Diese Rechtsfolge kann als direkter Ausfluss des Kompensationsgrundsatzes in Verbindung mit der Interessenslehre *Mommsens* gesehen werden.[408] Danach soll durch Schadensersatz die erlittene Einbuße gerade in dem Umfang ausgeglichen werden, der erforderlich ist, um den Geschädigten so zu stellen, wie er ohne die schädigende Handlung stehen würde.[409] Im Ergebnis läuft dies darauf hinaus, dass dem Geschädigten alle auf die schädigende Handlung zurückzuführenden Schäden zu ersetzen sind und zwar ohne Berücksichtigung des Verschuldensgrades des Schädigers. In der Festlegung der Unabhängigkeit des Ersatzumfangs vom konkreten Verhalten des Schädigers ist die spezifisch eigene inhaltliche Aussage der Totalreparation zu sehen.[410] Sie betrifft die konkrete Bemessung des Ausgleichs, während das Kompensationsprinzip lediglich den Ausgleich mit der erlittenen Einbuße verknüpft. Die fehlende Berücksichtigung der Interessen des Schädigers in der Bemessung des Ersatzanspruchs führt dazu, dass der Ersatzumfang einzig und allein durch den tatsächlich eingetretenen Vermögensschaden bestimmt wird.[411] Die Bejahung einer Ersatzpflicht führt daher auch automatisch zur Bemessung des Ersatzumfangs, da Ersatz nur entweder vollständig in Höhe der Vermögenseinbuße oder aber überhaupt nicht zu leisten ist. Aufgrund dieser strikten Alternativität des Ersatzumfangs wird das Prinzip der Totalreparation auch als „Alles-oder-Nichts"-Prinzip bezeichnet.[412]

Zu einem vollumfänglichen Ersatz kommt es jedoch immer dann nicht, wenn § 254 Abs. 1 BGB oder gesetzliche Haftungshöchstgrenzen[413] bzw. Selbstbehalte[414] eingreifen. So ist im Falle vorwerfbaren Mitverschuldens des Geschädigten

---

407 *Gregor*, Bereicherungsverbot, S. 2; *Steffen*, NJW 1995, 2057, 2058; *Stoll*, Haftungsfolgen, S. 179.

408 *Stoll*, Haftungsfolgen, S. 179, sieht die Kompensation und die Totalreparation daher auch als quasi einheitliches Konzept.

409 *Bartelt*, Übermaßverbot, S. 28; siehe hierzu auch Kapitel C. I. 2. b) (1).

410 *Möller*, Präventionsprinzip, S. 54 f.

411 Siehe hierzu bereits Kapitel C. I. 3. a) (1) (a).

412 *Bruns*, Haftungsbeschränkung, S. 8; *Gregor*, Bereicherungsverbot, S. 2; *Möller*, Präventionsprinzip, S. 55.

413 Z.B. § 88 AMG, § 117 Abs. 1 BBergG, § 431 Abs. 1 HGB.

414 Z.B. § 17e Abs. 1 EnWG; § 11 ProdHaftG.

dessen Ersatzanspruch zwingend zu kürzen.[415] Das Prinzip der Totalreparation wird hierdurch dahin gehend modifiziert, dass nicht der reale „Gesamtschaden", sondern nur der dem Schädiger „zuzurechnende Gesamtschaden" durch diesen zu ersetzen ist.[416] Die hierdurch vorgenommene Präzisierung des Anspruchsumfangs hält sich dabei in den Grenzen des Alles-oder-Nichts-Prinzips und stellt daher auch keine echte Ausnahme vom Grundsatz des vollständigen Ersatzes des verursachten Schadens dar. Im Falle des Eingreifens gesetzlicher Haftungshöchstgrenzen oder Selbstbehalte ist hingegen von einer echten Ausnahme auszugehen.[417] In diesen Fällen erfolgt die Reduzierung des Ersatzanspruchs nämlich über eine generelle Deckelung des Anspruchs[418] oder einen pauschal durch den Geschädigten zu tragenden Schadensanteil.[419]

(2) Totalreparation als atypische Interessensabwägung?

Auf den ersten Blick scheinen die aus dem Prinzip der Totalreparation abgeleiteten Grundsätze zur Bemessung materiellen Schadensersatzes unvereinbar mit dem Konzept einer verhältnismäßigen Interessensabwägung zu sein. Diese würde nämlich erfordern, dass zunächst die in den Abwägungsprozess einzustellenden Interessen von Schädiger und Geschädigten identifiziert werden. Eben dieser Schritt unterbleibt im Rahmen der Bemessung materiellen Schadensersatzes jedoch vollständig. Das Prinzip der Totalreparation verweigert nämlich insbesondere den Interessen des Schädigers eine Berücksichtigung im Rahmen der Bestimmung des konkreten Ersatzumfangs, da hierfür in der durch das „Alles-oder-Nichts"-Prinzip geprägten Bemessung kein Platz ist. Diese Nichtberücksichtigung der Interessen des Schädigers setzt sich zunächst auch im Rahmen der oben beschriebenen Modifizierungen der Totalreparation fort. Dies erstaunt insofern, als diese Modifizierungen ausschließlich dem Schädiger dienen und man insofern hätte erwarten können, dass dessen Interessen Eingang in den Modifizierungsumfang finden.

Die konkrete Ausgestaltung der Modifizierungen lässt jedoch den Schluss zu, dass Interessen des Schädigers mittelbar doch Eingang in die Bemessung des Modifizierungsumfangs finden. Exemplarisch lässt sich dies am Beispiel des Mitverschuldens darstellen. Ist dem Geschädigten nämlich vorzuwerfen,

415 Siehe hierzu nur *Bartelt*, Übermaßverbot, S. 48 ff.
416 *Gregor*, Bereicherungsverbot, S. 2; *Stoll*, Haftungsfolgen, S. 180.
417 *Bartelt*, Übermaßverbot, S. 53; *Stoll*, Haftungsfolgen, S. 180.
418 Siehe z.B. § 88 AMG, § 10 Abs. 1 ProdHaftG, § 12 Abs. 1 StVG
419 Siehe z.B. § 11 ProdHaftG.

sein eigenes Verhalten habe den Schadenseintritt mit verursacht, so ist dieser Umstand im Bemessungsprozess des Ersatzumfangs zu berücksichtigen. Dieser Einwand erfüllt damit den gleichen Zweck, den im Rahmen einer regulären Abwägung der Einwand des Schädigers hätte, er habe den Schadenseintritt nicht alleine bewirkt. Das Mitverschulden berücksichtigt mithin indirekt das Interesse des Schädigers, einen von ihm nicht alleine verursachten Schaden nicht vollständig ersetzen zu müssen.[420]

Auch im Falle von Haftungshöchstgrenzen und Selbstbehalten lässt sich eine indirekte Berücksichtigung der Interessen des Schädigers ausmachen, obwohl die Bemessung des konkreten Ersatzumfangs hier eindeutig nicht abwägungsgeleitet erfolgt. Vielmehr wird der Schadensersatz pauschal gedeckelt bzw. gekürzt, die Höhe der Deckelung bzw. Kürzung jedoch im Vorfeld durch eine abstrakt-generelle Interessensabwägung festgelegt. Für diese Abwägung werden Interessen herangezogen, die in Fällen, in denen eine Deckelung bzw. Kürzung des Ersatzumfangs in Betracht kommt, regelmäßig anzutreffen sind. Hierzu zählen insbesondere die Interessen des Schädigers an der Vorhersehbarkeit der Ersatzfolge und Kalkulierbarkeit seines Risikos.[421] Zusammen mit weiteren Faktoren werden diese in abstrakt-genereller Weise gegeneinander abgewogen und schließlich in einer Haftungshöchstgrenze bzw. einem Selbstbehalt ausgedrückt. Die Deckelung bzw. Kürzung von Schadensersatzansprüchen beruht mithin auf einer vom konkreten Schadensfall abstrahierten und auf typisierten Interessen beruhenden Abwägung.

Modifizierungen der Totalreparation wie die Berücksichtigung von Mitverschulden, Haftungshöchstgrenzen und Selbstbehalte öffnen somit die auf dem Prinzip der Totalreparation beruhende Bemessung von materiellem Schadensersatz für weitere Verhältnismäßigkeitserwägungen. Sie erfordern nämlich eine interessensgeleitete Abwägung, die letztlich zu einer Reduzierung des zu leistenden Ersatzes führt. Die dem Prinzip der Totalreparation innewohnende Objektivität, die zugleich als Abwägungsferne verstanden werden kann, wird durch die Modifizierungen insoweit relativiert, als abwägungsrelevante Merkmale wie das Verschulden Einfluss auf die Bemessung des Ersatzumfangs erhalten. Die Modifizierung der Totalreparation kann daher auch als atypische Interessensabwägung interpretiert werden. Bei dieser kommt es zwar nicht zu einer klassischen Abwägung zwischen den Interessen der jeweils konkret beteiligten Parteien, aber zumindest zur Berücksichtigung von abstrakt-generellen Interessen. Diese

420 *Bartelt*, Übermaßverbot, S. 50.

421 Siehe hierzu MüKoBGB-*Wagner*, § 10 ProdHaftG Rn. 1.

nehmen Einfluss auf die Bemessung der konkreten Ersatzfolge. Die modifizierte Totalreparation kann daher als Ausprägung des Verhältnismäßigkeitsgrundsatzes verstanden werden, in der die Interessensabwägung als Kernelement der klassischen Verhältnismäßigkeitswirkung indirekt Anwendung findet.

(3) Zwischenergebnis

Die obigen Ausführungen zeigen, dass der Verhältnismäßigkeitsgrundsatz im Rahmen der Bemessung materiellen Schadensersatzes durch das Prinzip der modifizierten Totalreparation wirkt. Dieses zeichnet sich dadurch aus, dass es die Interessen von Schädiger und Geschädigten durch bestimmte Modifizierungen im Ersatzumfang reflektiert. Diese Modifizierungen wiederum beruhen nicht auf den konkreten Interessen der beteiligten Parteien, sondern auf abstrakt-generellen Interessen.

b) Das Prinzip der Angemessenheit

Die Angemessenheit als Methode zur Bemessung von Ersatzfolgen erfordert eine umfassende Abwägung der Interessen der Beteiligten. In einem ersten Schritt müssen diese Interessen dabei identifiziert und gewichtet werden, bevor sie im zweiten Schritt in den Abwägungsprozess eingestellt werden können. Auf die Interessenabwägung als Bemessungsmethode wird im Schadensrecht immer dann zurückgegriffen, wenn das Prinzip der Totalreparation nicht zur Anwendung gelangt. Dies ist der Fall, wenn es um die Bemessung von immateriellem Schadensersatz und pönalen Ersatzfolgen in Form der pönalen Entschädigung geht. Wie die Angemessenheit in diesen Fällen konkret wirkt, soll nachfolgend genauer analysiert werden.

(1) Bemessung von Schadensersatz und sonstiger Ersatzfolgen bei Fehlen materieller Schäden

Das deutsche Recht gewährt auch dann Ersatz, wenn ein materieller Schaden nicht nachgewiesen werden kann und behandelt Vermögens- wie Nichtvermögensschäden mithin grundsätzlich gleich. Vor dem Hintergrund der weiter oben beschriebenen zunehmenden Ausbreitung von Ersatzfolgen, die keine kompensatorische Zwecke verfolgen, lässt sich jedoch fragen, ob die in den §§ 249 ff. BGB vorgesehene Schadenskategorien die heute existierenden Ersatzformen noch ausreichend widerspiegeln. Da die richtige Kategorisierung auch unmittelbare Auswirkungen auf die Bemessung der jeweiligen Ersatzfolgen hat, sollen die immateriellen Schäden und sonstigen ersatzfähigen Einbußen nachfolgenden genauer beschrieben werden.

(a) Nichtvermögensschaden

Im traditionellen schadensrechtlichen Konzept bilden Nichtvermögensschäden, die auch als immaterielle Schäden bezeichnet werden, das Gegenstück zu den Vermögensschäden.[422] Sie zeichnen sich dadurch aus, dass die durch sie zum Ausdruck kommenden Einbußen vermögensmäßig nicht darstellbar sind, dem „Schaden" somit kein Geldwert zugeordnet werden kann. Aus diesem Grund scheitert hier auch das materielle Schadensausgleichskonzept, dessen Anwendung die genaue Bestimmbarkeit des zu leistenden Ersatzes voraussetzt.[423] Hierfür ist jedoch eine Vergleichbarkeit zwischen der erlittenen Einbuße und dem zu leistenden Ausgleich erforderlich, die im Fall materiellen Schadensersatzes gerade über den Geldwert als gemeinsame Basis erfolgt.[424] Trotz der bei immateriellen Schäden vorliegenden Unmöglichkeit, die erlittene Einbuße entsprechend des materiellen Schadensersatzrechts geldwert auszugleichen, sollen die erlittenen Nachteile dennoch wiedergutgemacht und damit ein mit dem Ausgleich vergleichbares Ziel erreicht werden.[425] Die Art der Wiedergutmachungsleistung folgt dabei den allgemeinen Vorgaben der §§ 249 ff. BGB, sodass auch für immateriellen Schadensersatz der Vorrang der Naturalrestitution vor dem Geldersatz gilt.[426] Allerdings wird hier Ersatz durch Naturalrestitution regelmäßig nicht möglich sein, da sich ein immaterieller Nachteil nur selten in tatsächlicher Weise beseitigen lässt.[427] An die Stelle der Naturalrestitution kann in diesen Fällen unter den Voraussetzungen von § 253 Abs. 1 BGB, d.h. wenn dies durch Gesetz ausdrücklich vorgesehen ist, der Geldersatz treten. Der wichtigste Anwendungsfall dieser Ausnahme stellt dabei der Anspruch auf Schmerzensgeld gem. § 253 Abs. 2 BGB dar, durch den in den meisten Fällen einer immateriellen Schädigung dennoch die Möglichkeit zum Geldersatz eröffnet wird.

(b) Sonstige ersatzfähige Einbußen

Neben die immateriellen Schäden ist in den letzten Jahren eine weitere Kategorie ersatzfähiger Einbußen getreten. Diese zeichnen sich dadurch aus, dass weder ein in Geld zu bemessender Schaden noch überhaupt eine dem

---

422 Staudinger-*Schiemann*, Vorbem. §§ 249 ff. Rn. 46.

423 Siehe Kapitel C. I. 3. a) (1) (a) (i).

424 *Larenz*, Schuldrecht I, S. 475.

425 *Kern*, AcP 191, 247, 248; MüKoBGB-*Oetker*, § 253 Rn. 10, 11.

426 *Larenz*, Schuldrecht I, S. 474; *Wiese*, Ersatz, S. 5; *Zeytin*, Problematik Schmerzensgeld, S. 10.

427 *Larenz*, Schuldrecht I, S. 474; Palandt-*Grüneberg*, § 253 Rn. 3.

Geschädigten zugewiesene Einbuße immaterieller Art entstanden sein muss. Die ersatzfähige Einbuße wird vielmehr unterstellt und dem „Geschädigten" der Ersatzanspruch hauptsächlich deshalb zugestanden, um den „Schädiger" für ein bestimmtes Verhalten zu bestrafen und präventiv auf ihn einzuwirken.[428] Die ersatzfähige Einbuße wird daher auch nicht anhand der durch den Anspruchsgläubiger tatsächlich erlittenen Einbuße, sondern vielmehr anhand der durch den Anspruchsschuldner vorgenommenen Handlung bemessen.[429] Insbesondere aus diesem Grund unterscheidet sich diese Form von Einbußen grundlegend von den immateriellen Schäden, da diese ja gerade anhand einer tatsächlichen Einbuße bemessen werden. Während materielle wie immaterielle Schäden mithin Geschädigten-zentriert sind, sind ersatzfähige Einbußen, die durch pönale Ersatzfolgen ausgefüllt werden, Schädiger-zentriert.[430]

Die Diskrepanz zwischen immateriellen Schäden und sonstigen ersatzfähigen Einbußen zeigt sich auch bei einem Blick auf die Ausgestaltung des jeweiligen Ersatzanspruchs. Während immaterieller Schadensersatz mangels Möglichkeit der Naturalrestitution regelmäßig in Geld zu leisten ist, bestimmt sich die pönale Ersatzfolge anhand der Funktion des Anspruchs in der konkret vorliegenden Fallgestaltung. So wurde oben bereits gezeigt, dass pönale Ersatzfolgen in unterschiedlichen Ausprägungen bestehen.[431] Neben unterschiedlich zu bemessenden Entschädigungsansprüchen in Geld haben sich hier insbesondere Anspruchsausschlüsse als zweite Kategorie etabliert. Diese führen primär zu einem Wegfall von Ansprüchen aufseiten des „Schädigers" und lediglich sekundär und reflexartig zum Belassen einer bestimmten Leistung beim „Geschädigten". Gerade solche Folgen sind dem immateriellen Schadensersatz jedoch fremd. Im Ergebnis lässt sich daher festhalten, dass sich neben den immateriellen Schäden tatsächlich eine weitere Kategorie von „Einbußen" etabliert hat, die durch eine Schädiger-zentrierte Bemessung der sie ausfüllenden pönalen Ersatzfolge gekennzeichnet ist.

(2) Interessensabwägung zur Bemessung von immateriellen Schadensersatz in Form von Schmerzensgeld gem. § 253 Abs. 2 BGB

Bei Vorliegen immaterieller Schäden erfolgt die Bemessung des Schadensersatzes mangels wirtschaftlich zu bestimmender Einbußen nicht entsprechend des

428 Siehe Kapitel C. I. 2. c) (2).

429 Noch ausführlich behandelt in Kapitel C. I. 3. b) (3).

430 Siehe hierzu *Behr*, 78 Chicago-Kent Law Review 105 ff. (2003).

431 Siehe Kapitel C. I. 2. b) (2).

Prinzips der Totalreparation, sondern vielmehr über eine Abwägung der beteiligten Interessen.[432] Diese verfolgt das Ziel, einen gerechten Ausgleich zwischen dem Interesse des Geschädigten an einem möglichst umfangreichen und dem gegenläufigen Interesse des Schädigers an einem möglichst niedrigen Ersatz herbeizuführen.[433] Die praktische Ausgestaltung einer solchen Interessensabwägung zur Bemessung eines immateriellen Schadensersatzanspruchs lässt sich exemplarisch am besten am Schmerzensgeldanspruch nach § 253 Abs. 2 BGB erläutern.

(a) Inhalt des Schmerzensgeldanspruchs

Schmerzensgeld nach § 253 Abs. 2 BGB kann verlangt werden, sobald wegen der Verletzung des Körpers, der Gesundheit, der Freiheit oder der sexuellen Selbstbestimmung Schadensersatz zu leisten ist. In einem solchen Fall kann über den materiellen Schaden hinaus auch der Ersatz des Nichtvermögensschadens geltend gemacht werden. Irrelevant ist dabei der Haftungsgrund des materiellen Schadensersatzanspruchs, da das Entstehen des Schmerzensgeldanspruchs einzig und allein von der Verletzung eines der abschließend aufgezählten Rechtsgüter abhängt. Als Haftungsgrundlage kommen daher nicht nur deliktische, sondern insbesondere auch vertragliche Regelungen in Betracht.[434]

Über die tatbestandlichen Voraussetzungen von Schmerzensgeld hinaus trifft § 253 Abs. 2 BGB auch Aussagen über den Umfang des Schmerzensgeldanspruchs. Da der durch den Anspruch nach § 253 Abs. 2 BGB zu erfassende immaterielle Schaden geldwert nicht zu bestimmen ist, kann durch den Schädiger auch kein Ausgleich des Nichtvermögensschadens gefordert werden, sondern lediglich eine billige Entschädigung in Geld. Der Rechtsfolgenausspruch legt mithin zwei Dinge fest: die Art und den Bemessungsmaßstab des Schmerzensgeldes. Schmerzensgeld ist demnach immer auf eine Geldzahlung gerichtet. Den Anspruchsumfang stellt § 253 Abs. 2 BGB wiederum dem Billigkeitsgedanken anheim, seine Festsetzung bedarf somit einer Ermessensentscheidung des Gerichts.[435] Dieses hat die berechtigten Interessen der Beteiligten zu erfassen,

---

432 *Ady*, Ersatzansprüche, S. 223; Staudinger-*Schiemann*, § 253 Rn. 34; *Zeytin*, Problematik Schmerzensgeld, S. 99.

433 *Ady*, Ersatzansprüche, S. 223, spricht insofern vom Interesse des Geschädigten am Ersatz des „objektiven Nichtvermögensschadens" und den „subjektiv empfundenen Beeinträchtigungen" und dem Interesse des Schädigers, nicht „überbeansprucht" zu werden.

434 MüKoBGB-*Oetker*, § 253 Rn. 17 ff.; Palandt-*Grüneberg*, § 253 Rn. 5.

435 Palandt-*Grüneberg*, § 253 Rn. 24; Staudinger-*Schiemann*, § 253 Rn. 34.

zu gewichten und schließlich gegeneinander abzuwägen, wobei sich die Abwägungsentscheidung am Maßstab des § 287 Abs. 1 S. 1 ZPO zu orientieren hat.[436] Inhaltlich bemisst sich die Abwägung vor allem an den Funktionen des Schmerzensgeldes, dem Ausgleich und der Genugtuung. Den Einfluss beider Funktionen auf die Bemessung des Schmerzensgeldes hob der Große Senat des BGH in seiner Leitentscheidung zum Schmerzensgeld im Jahr 1957 ausdrücklich hervor,[437] wobei er auf die gesetzliche Bestimmung verwies, nach der Schmerzensgeld eine „billige" Entschädigung darstelle und daher gerade nicht ausschließlich dem Schadensausgleich zu dienen habe.[438]

(b) Berücksichtigungsfähige Faktoren im Rahmen der Abwägung

Die zur Bemessung des Anspruchsumfangs vorzunehmende Interessensabwägung bewegt sich, wie bereits erwähnt, zwischen dem Interesse des Geschädigten an einem möglichst umfangreichen und dem Interesse des Schädigers an einem möglichst niedrigen Ersatz.[439] Um in dem hierdurch entstehenden Spannungsfeld einen angemessenen Ausgleich zu finden, werden in der Praxis verschiedene Faktoren aus der Geschädigten- wie der Schädigersphäre in den Abwägungsprozess eingestellt.

(i) Schadensart und -folgen

Wichtige Faktoren in der Interessensabwägung stellten der konkret eingetretene Schaden und dessen Auswirkungen auf den Geschädigten dar.[440] Unterschieden werden muss hierbei zunächst zwischen physischen und psychischen Schäden, wobei psychische Beeinträchtigungen auf die Interessensabwägung und die Höhe des Schmerzensgeldes einen besonders großen Einfluss haben.[441] Der Grund hierfür liegt in zwei Besonderheiten psychischer Schäden: So nehmen diese zum einen regelmäßig Einfluss auf die Persönlichkeitsstruktur des Geschädigten, wirken sich also nicht nur auf einen abgrenzbaren Körperteil, sondern vielmehr auf die gesamte Lebensführung und Lebensplanung des Geschädigten aus. Zum anderen stellen psychische Beeinträchtigungen in der Regel Dauerschäden dar,

---

436 MüKoBGB-*Oetker*, § 253 Rn. 68; Palandt-*Grüneberg*, § 253 Rn. 24.
437 BGHZ (GS) 18, 149 ff.
438 BGHZ (GS) 18, 149, 156 f.; siehe hierzu auch ausführlich *Mayenburg*, Inkommensurablen, S. 27 ff.
439 Siehe erneut *Ady*, Ersatzansprüche, S. 223.
440 MüKoBGB-*Oetker*, § 253 Rn. 68; Palandt-*Grünberg*, § 253 Rn. 16; *Zeytin*, Problematik Schmerzensgeld, S. 70 f.
441 MüKoBGB-*Oetker*, § 253 Rn. 40.

die den Geschädigten auch zeitlich weit über das konkrete Schadensereignis hinaus negativ beeinflussen.[442] Die Kombination dieser umfassenden subjekt- und zeitbezogenen negativen Belastung muss sich in der Bemessung des Schmerzensgeldanspruchs widerspiegeln. Die Höhe eines Schmerzensgeldanspruchs kann in vergleichbarer Weise aber auch durch rein physische Dauerschäden beeinflusst werden, da auch solche dauerhaften Verletzungsfolgen die allgemeine Lebensführung und Lebensplanung des Geschädigten auf unabsehbare Zeit negativ beeinträchtigen können.

Der Schmerzensgeldanspruch wird durch die Schadensart und die Schadensfolgen mithin deshalb maßgeblich beeinflusst, weil sich jede Verletzungsart spezifisch auf die zukünftige Lebensführung des Geschädigten auswirkt. Diese wird insbesondere durch Dauerschäden erheblich in Mitleidenschaft gezogen, wobei vor allem psychische Dauerschäden aufgrund der ihnen innewohnenden negativen Auswirkungen für die Persönlichkeitsstruktur des Geschädigten erheblichen Einfluss auf die Schmerzensgeldhöhe haben können.

(ii) Umstände der Tat

Einfluss auf die Interessensabwägung nehmen auch die Umstände, die zur konkreten Verletzungshandlung geführt haben. Konkret kann dies darin resultieren, dass in Fällen mit gleicher Schadensart und gleichen Schadensfolgen die Höhe des Schmerzensgeldes aufgrund des Kontextes, in dem die schädigende Handlung begangen wurde, dennoch variiert. So kann beispielsweise berücksichtigt werden, ob sich die Verletzungshandlung im Rahmen eines Gefälligkeitsverhältnisses oder in einer familienrechtlichen Beziehung zugetragen hat.[443] Beide Umstände führen, nach bestrittener Ansicht,[444] zu einem geringeren Schmerzensgeldanspruch als bei Nichtvorliegen solcher Umstände. Dagegen wird von einer schmerzensgelderhöhenden Tatbegehung auszugehen sein, wenn die Handlung aus reinem Vergnügen und damit in böser Gesinnung vorgenommen wurde.[445] Durch die Berücksichtigung der Umstände der Tatbegehung im Rahmen der Interessensabwägung wird insbesondere dem Billigkeitsgedanken als Leitlinie der Schmerzensgeldbemessung Rechnung getragen, da dieser die

---

442 Zu Dauerschäden allgemein: OLG München NZV, 1997, 440, 441; Staudinger-*Schiemann*, § 253 Rn. 36; *Zeytin*, Problematik Schmerzensgeld, S. 76.

443 BGHZ 61, 101, 105 ff.; OLG Frankfurt am Main, VersR 1975, 1053, 1054; OLG Hamm, VersR 1998, 1392, 1393.

444 Für Gefälligkeitsverhältnisse: OLG Hamm, VersR 1999, 1376, 1377.

445 Siehe MüKoBGB-*Oetker*, §253 Rn. 53 m.w.N. zur Frage, ob im Falle von Provokationen ein Anspruchsausschluss in Betracht kommen kann.

Bemessung ja gerade nicht ausschließlich von den konkreten Verletzungsfolgen abhängig machen möchte.

(iii) Verschuldensgrad
Einen weiteren relevanten Umstand in der Interessensabwägung stellt der Verschuldensgrad dar. Die Vorwerfbarkeit eines bestimmten Verhaltens ist regelmäßig Voraussetzung für die Haftungsbegründung, hat auf die Bemessung der Haftungsfolge jedoch eigentlich keine Auswirkung. Dies besagen zumindest die oben dargestellten Grundsätze des allgemeinen Schadensrechts, die ja gerade zu einer Abkehr vom Gradationssystem geführt haben.[446] Allerdings unterscheidet sich die Bemessung von Schmerzensgeld aufgrund des Billigkeitsgedankens maßgeblich von der Bemessung von sonstigem Schadensersatz, sodass der Verschuldensgrad als Abwägungsfaktor durchaus herangezogen werden kann.[447] Zudem erfordert auch die Genugtuungsfunktion des Schmerzensgeldes die Berücksichtigung des Verschuldens des Schädigers, da sich das Ausmaß der notwendigen Wiedergutmachung für die erlittene Einbuße selbstverständlich auch an der Vorwerfbarkeit der Verletzungshandlung zu orientieren hat. Denn die Wiedergutmachung für ein bloß leicht fahrlässiges Handeln wird regelmäßig eines geringeren Schmerzensgeldbetrages bedürfen, als die für ein vorsätzliches Handeln. Soll das Schmerzensgeld somit auch andere als rein schadensausgleichende Aufgaben wahrnehmen, so führt kein Weg an der Berücksichtigung des Verschuldens im Rahmen der Abwägung vorbei.

Berücksichtigt man das Verschulden des Schädigers, so muss dies umgekehrt aber auch für etwaiges Mitverschulden des Geschädigten gelten. Insofern ist jedoch im Unterschied zur Herangehensweise bei materiellen Schadensersatz nicht zunächst der Schmerzensgeldanspruch zu bemessen und im Anschluss anteilig zu kürzen, sondern das Mitverschulden des Geschädigten stellt vielmehr einen eigenen berücksichtigungsfähigen Faktor der Interessensabwägung dar.[448] Im Ergebnis kann diese Herangehensweise bei einem weit überwiegenden Mitverschulden auch zu einem vollständigen Ausschluss des Schmerzensgeldanspruchs führen.[449]

---

446 Siehe hierzu Kapitel C. I. 2. b) (1).

447 MüKoBGB-*Oetker*, § 253 Rn. 48; Palandt-*Grüneberg*, § 253 Rn. 17.

448 Palandt-*Grüneberg*, § 253 Rn. 20; Staudinger-*Schiemann*, § 253 Rn. 40.

449 OLG Frankfurt am Main, NJW 2000, 1424, 1425; zur Ausnahme bei schwersten Verletzungsfolgen siehe OLG Köln, VersR 1993, 114 f.; OLG Hamm, NZV 2002, 235, 236.

(iv) Vermögensverhältnisse der Beteiligten

Ob im Rahmen der Interessensabwägung auch die Vermögensverhältnisse des Geschädigten und des Schädigers zu berücksichtigen sind, ist Gegenstand kontroverser Diskussionen. Die Aufnahme vermögensbezogener Faktoren in die Interessensabwägung ist zumindest nicht *per se* ausgeschlossen, da die Höhe des Schmerzensgeldanspruchs Billigkeitserwägungen entspringt und diese für eine Berücksichtigung von Vermögensverhältnisses grundsätzlich offen sind. Allerdings sind die Vermögensverhältnisse regelmäßig völlig unabhängig von der konkreten Verletzungshandlung und mit dieser auch nicht mittelbar verbunden. Aus diesem Grund können sie wohl nur in absoluten Ausnahmefällen auf die Interessensabwägung Einfluss nehmen und den Schmerzensgeldanspruch auch nur innerhalb seiner anderweitig zu bestimmenden Grenzen modifizieren. Unterstellt man die Möglichkeit, die Vermögensverhältnisse in die Abwägung zur Bemessung der Höhe von Schmerzensgeld einzustellen, kann aber beispielsweise die Vermögenslosigkeit eines Schädigers nicht dazu führen, dass dieser vollständig von einer Schmerzensgeldforderung freigestellt wird.[450] Ebenso wenig kann ein vermögender Schädiger nur deshalb mit einer außergewöhnlich hohen Schmerzensgeldforderung belastet werden, weil diese relativ zu seinem Vermögen gering erscheint. Auch sollte dann nicht der Ansicht gefolgt werden, nach der die Vermögenslage des Geschädigten Einfluss auf die Höhe des Schmerzensgeldanspruchs hat. Demnach soll nämlich einem Geschädigten mit geringen Vermögen bei gleicher Verletzung ein geringerer Schmerzensgeldanspruch zustehen, als einem vermögenden Geschädigten. Dies gründet auf der Überlegung, dass ein vermögender Geschädigter die gleiche Genugtuung für eine immaterielle Einbuße erst bei einem höheren Schmerzensgeld empfindet.[451] Vor dem Hintergrund der Gleichwertigkeit der Persönlichkeit würde dies jedoch zu dem nicht zu rechtfertigenden, unsozialen Ergebnis führen, dass der immateriellen Einbuße eines „armen“ Geschädigten weniger „Wert“ beizumessen ist als derjenigen eines „reichen“ Geschädigten.[452]

Unterstellt man in bestimmten Fällen jedoch zumindest die Berücksichtigungsfähigkeit der Vermögensverhältnisse des Schädigers im Rahmen der Interessensabwägung, so schließt sich hieran die Frage an, inwieweit bei der

450 OLG Köln, VersR 2002, 65, 67.

451 AG Heidenheim, Urteil vom 28.1.1994 – Az. 7 C 1554/93.

452 So auch Staudinger-*Schiemann*, § 253 Rn. 43; siehe grds. zu den Vermögensverhältnissen des Geschädigten: MüKoBGB-*Oetker*, § 253 Rn. 38; Palandt-*Grüneberg*, § 253 Rn. 16.

Bemessung des Schmerzensgeldanspruchs sodann das Vorliegen einer Haftpflichtversicherung des Schädigers zu berücksichtigen ist. Hier wird gelten müssen, dass der Umstand eines bestehenden Versicherungsschutzes als Ausgleich für ein geringes Vermögen des Schädigers dienen kann.[453] Dies kann somit in Fällen, in denen einem vermögensschwachen Schädiger gerade aufgrund seiner konkreten Vermögenssituation lediglich eine geringere als eigentlich notwendige Schmerzensgeldforderung aufgebürdet werden könnte, zur Anhebung des Schmerzensgeldes auf ein normales Niveau führen.[454]

(c) Schlussfolgerung

Die Bemessung immateriellen Schadensersatzes in Form von Schmerzensgeld gem. § 253 Abs. 2 BGB erfolgt über eine umfassende Abwägung schädiger- sowie geschädigtenbezogener Faktoren. Auf dieses Weise wird sichergestellt, dass sich das zu leistende Schmerzensgeld am von § 253 Abs. 2 BGB vorausgesetzten Billigkeitsmaßstab ausrichtet. Die im Einzelnen zu berücksichtigenden Faktoren orientieren sich dabei an den beiden Schmerzensgeldfunktionen, dem Ausgleich und der Genugtuung. Beiden wird durch die Einbeziehung verschiedener Umstände in die Abwägungsentscheidung gleichberechtigt Rechnung getragen. Für die Ausgleichsfunktion erfolgt dies durch die Berücksichtigung der Schadensart sowie der Schadensfolgen, für die Genugtuungsfunktion insbesondere durch die Berücksichtigung der Tatumstände und des Verschuldensgrades.

(3) Interessensabwägung zur Bemessung pönaler Ersatzfolgen in Form von pönaler Entschädigung gem. § 15 Abs. 2 AGG

Zur Bestimmung pönaler Ersatzfolgen scheidet ein Rückgriff auf den Grundsatz der Totalreparation ebenfalls aus. Eine Vielzahl pönaler Ersatzansprüche regeln die Art ihrer Bemessung daher detailliert selbst, wie bspw. § 288 Abs. 1, 5 BGB oder § 241a Abs. 1 BGB. Ist jedoch wie in § 15 Abs. 2 AGG eine Geldleistung als pönale Ersatzfolge vorgesehen, so hat deren Bemessung ebenfalls über eine Interessensabwägung zu erfolgen. Es lässt sich daher fragen, nach welchen Grundsätzen die pönale Entschädigung gem. § 15 Abs. 2 AGG zu bestimmen ist.

(a) Vergleichbarkeit mit der Abwägung beim Schmerzensgeld

Die Interessensabwägung zur Bemessung von Entschädigungsansprüchen nach § 15 Abs. 2 AGG weist erhebliche Gemeinsamkeiten mit derjenigen bei

---

453 MüKoBGB-*Oetker*, § 253 Rn. 51; Palandt-*Grüneberg*, § 253 Rn. 17.
454 Siehe hierzu Staudinger-*Schiemann*, § 253 Rn. 42.

§ 253 Abs. 2 BGB auf.[455] Dies ist vor allem dem Umstand geschuldet, dass beide Anspruchsgrundlagen eine vergleichbare Normstruktur besitzen. So erfolgt in beiden Fällen aufgrund eines Eingriffs in ein absolutes Rechtsgut die Zuerkennung einer Entschädigung.[456] Deren Höhe wird jeweils durch eine Interessensabwägung bemessen, in die eine Vielzahl unterschiedlicher Faktoren einfließt.[457] Beide Ersatzfolgen dienen zudem dem Ziel der Genugtuung des Geschädigten.[458] Dass dies auch im Fall des § 15 Abs. 2 AGG gilt, ergibt sich nach Ansicht der herrschenden Meinung bereits aus dessen Stellung als Spezialregelung zu § 253 Abs. 2 BGB.[459] Die vorliegend vertretene Ansicht, die den Anspruch aus § 15 Abs. 2 AGG als primär pönalen Anspruch begreift, steht der Annahme, dass der Entschädigungsanspruch auch der Genugtuung dient, ebenfalls nicht entgegen. Denn die Genugtuung bildet aufseiten des Geschädigten das Gegenstück zur Bestrafung aufseiten des Schädigers, ist mithin die notwendige Folge des Strafzwecks. Aufgrund der vergleichbaren Struktur ist es daher naheliegend, im Rahmen der Abwägung bei § 15 Abs. 2 AGG weitgehend die gleichen Faktoren wie in § 253 Abs. 2 BGB zu berücksichtigen.[460] Dies bedeutet, dass insbesondere die Umstände, die zu der den Anspruch auslösenden Diskriminierung geführt haben,[461] sowie der Verschuldensgrad des Anspruchsschuldners regelmäßig in die Bemessung der Höhe der pönalen Entschädigung einfließen.[462]

Die Normstruktur von § 15 Abs. 2 AGG weist jedoch zwei relevante Unterschiede zu derjenigen von § 253 Abs. 2 BGB auf, die ihre Grundlagen im Strafzweck des § 15 Abs. 2 AGG haben. Zum einen ist der Entschädigungsanspruch auf Tatbestandsseite verschuldensunabhängig ausgestaltet.[463] Anders als im Rahmen von § 253 Abs. 2 BGB ist ein Verschulden der Verletzungshandlung

---

455 *Bauer/Krieger/Günther*, § 15 Rn. 35; MüKoBGB-*Thüsing*, § 15 AGG Rn. 10.

456 Im Rahmen des § 15 Abs. 2 AGG wird von einem Eingriff in das Persönlichkeitsrecht aufgrund der Verletzung des Benachteiligungsverbotes ausgegangen, siehe AGGKom-*Bücker*, § 15 Rn. 32. Allerdings ist eine erhebliche Verletzung des Persönlichkeitsrechts keine Voraussetzung, so *Bauer/Krieger/Günther*, § 15 Rn. 34.

457 Eine Auflistung ist zu finden bei *Bauer/Krieger/Günther*, § 15 Rn. 36.

458 *Lehmann*, Ausgleichshöhe, S. 137; siehe zur Genugtuung beim Schmerzensgeld Kapitel C. I. 2. c) (1) (a).

459 Siehe hierzu die Nachweise unter Kapitel C. I. 2. c) (2) (b) (i).

460 So auch *Lehmann*, Ausgleichshöhe, S. 126.

461 *Lehmann*, Ausgleichshöhe, S. 130 f.; AGGKom-*Bücker*, § 15 Rn. 35.

462 *Bauer/Krieger/Günther*, § 15 Rn. 36; *Kandler*, Sanktionsregelungen; S. 200; *Lehmann*, Ausgleichshöhe, S. 139.

463 *Kandler*, Sanktionsregelungen; S. 200; *Lehmann*, Ausgleichshöhe, S. 88.

mithin keine Voraussetzung für das Bestehen des Entschädigungsanspruchs.[464] Zum anderen kann die Entschädigung nach § 15 Abs. 2 AGG auch dann geltend gemacht werden, wenn kein Anspruch auf Ersatz materiellen Schadens besteht. Im Gegensatz hierzu setzt die Geltendmachung von Schmerzensgeld zwingend das Bestehen eines materiellen Schadensersatzanspruchs voraus.[465] Insbesondere diese zweite strukturelle Besonderheit der Norm ist auch der Grund dafür, weshalb der Entschädigungsanspruch gem. § 15 Abs. 2 AGG vorrangig auf den Anspruchsschuldner und dessen Verhalten und nicht auf den Anspruchsinhaber und dessen Einbuße abstellt.[466] Eine tatsächliche Einbuße ist für die Entstehung des Anspruchs nämlich schlicht nicht notwendig.

(b) Berücksichtigung des Strafzwecks im Abwägungsergebnis

Die Straffunktion sowie die aus ihr abgeleitete Präventivfunktion des § 15 Abs. 2 AGG müssen jedoch im Abwägungsergebnis widergespiegelt werden. Die Möglichkeit hierzu wird strukturell dadurch geschaffen, dass der Abwägungsmaßstab der Interessensabwägung bei § 15 Abs. 2 AGG im Vergleich zu § 253 Abs. 2 BGB von der Billigkeit zur Angemessenheit hin verschoben wird.[467]

Die angemessene Entschädigung des § 15 Abs. 2 AGG unterscheidet sich dabei nicht nur sprachlich, sondern auch inhaltlich von der billigen Entschädigung des § 253 Abs. 2 BGB, da sie die Interessensabwägung für weitere berücksichtigungsfähige Umstände öffnet. Als solche kommt dabei nicht nur abstrakt die Straffunktion als solche, sondern insbesondere auch weitere Einzelfaktoren neben den Schadensfolgen, den Tatumständen und dem Verschuldensgrad in Betracht.[468] So sind im Rahmen des § 15 Abs. 2 AGG grundsätzlich auch die Vermögensverhältnisse bzw. die Leistungsfähigkeit des Anspruchsschuldners als Faktoren in die Abwägung mit einzubeziehen. Während deren Einbeziehung beim Schmerzensgeld umstritten ist und nur in bestimmten Ausnahmefällen zur

---

464 Zwar kann Schmerzensgeld kann auch dann geltend gemacht werden, wenn der zur Begründung des Anspruchs notwendige materielle Schadensersatzanspruch auf einer verschuldensunabhängigen Haftungsgrundlage basiert. Dies kann jedoch lediglich eine mittelbare Verschuldensunabhängigkeit des Schmerzensgeldes begründen.

465 § 253 Abs. 2 BGB selbst stellt nämlich keine Anspruchsgrundlage dar, sondern modifiziert lediglich die Haftungsausfüllung; siehe *Lehmann*, Ausgleichshöhe, S. 90.

466 Sie sind mithin Schädiger-zentriert; siehe Kapitel C. I. 3. b) (1) (b).

467 Dass dies Auswirkungen auf die Bemessung haben muss, sieht auch *Lehmann*, Ausgleichshöhe, S. 126.

468 Siehe zu diesen Einzelfaktoren die Ausführungen unter Kapitel C. I. 3. b) (2) (b) (i)–(iii).

Anwendung kommen sollte,[469] finden diese zur Bemessung der Entschädigung nach § 15 Abs. 2 AGG regelmäßig Berücksichtigung.[470] Dies ist als Ausdruck der Straffunktion des Entschädigungsanspruchs zu sehen, dessen angestrebte Präventivwirkung nur dann erreicht werden kann, wenn der Anspruchsschuldner durch die zu leistende Entschädigung spürbar getroffen wird.[471] Um den Entschädigungsanspruch vor dem Hintergrund dieses Ziels richtig bemessen zu können, ist die Berücksichtigung der Vermögensverhältnisse daher unbedingt notwendig, da sie einen Bezugspunkt für die Bemessung der Spürbarkeit der Entschädigungsleistung schafft.[472]

Die Öffnung des Abwägungsprozesses für weitere Faktoren muss jedoch nicht *per se* zu einer Erhöhung der „angemessenen" Entschädigung im Vergleich zu einer „billigen" Entschädigung führen. Insbesondere die Einbeziehung der Vermögensverhältnisse des Anspruchsschuldners könnte auch eine umgekehrte Entwicklung zur Folge haben. Dies würde jedoch zu dem sonderbaren Ergebnis führen, dass ein „armer" Schuldner weniger Entschädigung zu zahlen hätte, als bei Anwendung der Maßstäbe der Billigkeit. Ihm würde die Öffnung der Abwägung plötzlich zugutekommen, obgleich diese einzig und allein auf die Berücksichtigung des Straf- und Präventivzwecks im Abwägungsergebnis abzielt. Diese zusätzlichen Funktionen der pönalen Entschädigung erfordern jedoch regelmäßig eine höhere Entschädigung, als sie unter reinen Billigkeitsgesichtspunkten zu bemessen gewesen wäre. Daher darf die Berücksichtigung der Vermögensverhältnisse auch nur zu einer Erhöhung der Entschädigung führen, nicht jedoch zu ihrer Absenkung. Für einen vermögensschwachen Anspruchsschuldner bedeutet dies, dass die durch ihn zu leistende Entschädigung lediglich bis zur Höhe des nach reinen Billigkeitsgesichtspunkten zu bemessenden Ersatzes abgesenkt werden kann.[473]

(c) Schlussfolgerung

Festzuhalten bleibt, dass sich die Interessensabwägung zur Bemessung pönaler Entschädigung gem. § 15 Abs. 2 AGG an der Abwägung bei § 253 Abs. 2 BGB orientiert. In beiden Fällen sind aufgrund der teilidentischen Zielrichtung

---

469 Siehe hierzu bereits Kapitel C. I. 3. b) (2) (b) (iv).

470 *Kandler*, Sanktionsregelungen, S. 200; *Lehmann*, Ausgleichshöhe, S. 145.

471 *Lehmann*, Ausgleichshöhe, S. 144.

472 *Lehmann*, Ausgleichhöhe, S. 127, schreibt insofern, „die abschreckende Wirkung wird umso höher, je höher die drohende Entschädigungszahlung liegt."

473 So wohl auch *Lehmann*, Ausgleichshöhe, S. 128, der die „billige" Entschädigung als Untergrenze sieht.

der Ersatzfolgen inhaltlich vergleichbare Faktoren in die Interessensabwägung einzubeziehen. Dem über die Zwecke des § 253 Abs. 2 BGB hinausgehenden Strafzweck des § 15 Abs. 2 AGG wird durch die Öffnung des Abwägungsprozesses für weitere Umstände Rechnung getragen. Strukturell kommt dies durch die Ausrichtung des Abwägungsmaßstabs an der „Angemessenheit" anstelle der „Billigkeit", inhaltlich vor allem durch die Berücksichtigung der Vermögensverhältnisse und der Leistungsfähigkeit des Anspruchsschuldners zum Ausdruck.

(4) Zwischenergebnis

Die Untersuchung zur Wirkung des Prinzips der Angemessenheit hat gezeigt, dass dieses im Rahmen der Bemessung von immateriellen Schadensersatz und pönaler Entschädigung zum Einsatz kommt. Ein Rückgriff auf das Prinzip der Totalreparation scheidet in diesen beiden Fällen mangels eines konkret bestimmbaren wirtschaftlichen Schadens aus. Aus diesem Grund muss die Bemessung der Ersatzansprüche im Wege einer Interessensabwägung erfolgen, die eine umfassende Berücksichtigung der Interessen der durch den jeweiligen Ersatzanspruch Betroffenen erfordert. Darüber hinaus sind im Abwägungsprozess auch die Funktionen des jeweiligen Ersatzanspruchs zu berücksichtigen, da diese durch das Abwägungsergebnis ebenfalls widergespiegelt werden müssen.

c) Fazit

Im Rahmen der konkreten Bemessung von Ersatzfolgen wirkt die Verhältnismäßigkeit sowohl in Form der Totalreparation als auch in Form der Angemessenheit. Das Prinzip der Totalreparation dient dabei als Grundlage für die Bemessung materiellen Schadensersatzes. Es entspringt dem Verhältnismäßigkeitsgrundsatz und kann als modifizierte Form einer Interessensabwägung gesehen werden. Die Bemessung von immateriellen Schadensersatz und pönaler Entschädigung folgt nicht dem Prinzip der Totalreparation, sondern wird durch das Prinzip der Angemessenheit bestimmt. Dies führt dazu, dass beispielsweise für die Bemessung von Schmerzengels und pönaler Entschädigung eine echte Interessensabwägung notwendig ist. Zu deren Durchführung ist zunächst die Identifikation und Gewichtung der jeweiligen Interessen von Schädiger und Geschädigten notwendig, um diese sodann abschließend gegeneinander abwiegen zu können.

4. Ergebnis

Der Verhältnismäßigkeitsgrundsatz wirkt als Ordnungsprinzip in verschiedenen Bereichen des Zivilrechts, unter anderem auch im Bereich des Schadensrechts.

Hier tritt er in Form der Kompensation, der Totalreparation und der Angemessenheit in Erscheinung. Das Kompensationsprinzip beschreibt dabei vorrangig das Ziel des allgemeinen Schadensrechts, das auf den Ausgleich erlittener Nachteile ausgerichtet ist. Die Kompensation stellt jedoch nicht mehr länger das ausschließliche Ziel dar, da sich das Schadensrecht seit der Einführung des BGB kontinuierlich für über den reinen Schadensausgleich hinausgehende Ziele geöffnet hat. Die Prinzipien der Totalreparation und der Angemessenheit wirken wiederum auf der Ebene der konkreten Bemessung von Ersatzfolgen. Das materielle Schadensersatzrecht folgt dabei dem Gedanken der Totalreparation, das immaterielle Schadensersatzrecht und das Recht der pönalen Entschädigung hingegen dem Angemessenheitsprinzip. Die Angemessenheit erfordert dabei eine Abwägung aller beteiligten Interessen unter gleichzeitiger Berücksichtigung der durch den konkreten Ersatzanspruch verfolgten Zwecke.

II. Die Voraussetzungen due process-konformer punitive damages awards

Punitive damages sind als stark einzelstaatlich geprägte Schadensersatzform uneinheitlich ausgestaltet.[474] Insbesondere die Voraussetzungen für die Zuerkennung von Strafschadensersatz weichen von Einzelstaat zu Einzelstaat teils erheblich voneinander ab.[475] Nichtsdestotrotz hat der U.S. Supreme Court, der lange Zeit weder die Notwendigkeit noch die Möglichkeit sah, Strafschadensersatz wirksam zu begrenzen, in letzter Zeit erhebliche Anstrengungen unternommen, allgemeingültige und verfassungsrechtliche Vorgaben für die Zuerkennung von punitive damages zu entwickeln. Der Gerichtshof scheint dabei vor allem stark daran interessiert zu sein, die Höhe von Strafschadensersatz wirksam zu begrenzen. Die Rechtsprechungsentwicklung seit Beginn der 1990er Jahre, die damit einhergehende Entwicklung verfassungsrechtlicher Vorgaben und deren praktische Auswirkungen sollen nachfolgend dargestellt werden.

1. Die Stellung des U.S. Supreme Court und ihre Auswirkung auf die Rechtsprechung zu punitive damages

Bevor auf die Rechtsprechung des U.S. Supreme Court zu punitive damages awards eingegangen wird, soll zunächst kurz die Stellung des Gerichtshofs im US-amerikanischen Rechtsystem betrachtet werden. Diese hat nämlich

474 Deliktsrecht als „state law"; siehe *Hay*, US Law, Rz. 353.
475 Siehe hierzu bereits B. II. 2. a) (1).

erhebliche Auswirkungen auf die Möglichkeiten des Gerichtshofs, Fälle mit Bezug zu punitive damages zu entscheiden.

a) Die Doppelfunktion des U.S. Supreme Court

Das Gerichtssystem der Vereinigten Staaten ist dual aufgebaut. Neben der Bundesgerichtsbarkeit, die in vertikaler Abfolge aus den U.S. District Courts, den U.S. Courts of Appeal und dem U.S. Supreme Court besteht,[476] gibt es eine gleich gegliederte einzelstaatliche Gerichtsorganisation, an deren Spitze sich das oberste Gericht des jeweiligen Einzelstaates befindet.[477] Die Hauptaufgabe des U.S. Supreme Court in diesem System ist die Wahrung der Einheit der Rechtsprechung auf bundesstaatlicher Ebene.

Historisch betrachtet stellt der U.S. Supreme Court daher auch das Revisionsgericht letzter Instanz auf Bundesebene dar, das durch die Überprüfung der Urteile der untergeordneten Instanzen im Bereich des bundesstaatlichen Rechts Rechtsprechungskohärenz schaffen soll.[478] Von dieser ursprünglichen Aufgabe als oberstes Revisionsgericht hat sich der U.S. Supreme Court im Lauf der Zeit jedoch kontinuierlich entfernt und stattdessen eine prominente Stellung als Verfassungsgericht eingenommen, dem die Auslegung der US-Verfassung und deren Anwendung auf konkrete Sachverhalte obliegt.[479] Diese Verschiebung im Aufgabenspektrum des Gerichtshofs basiert hauptsächlich auf zwei Entwicklungen. Zum einen wurde 1891 mit den U.S. Courts of Appeal eine dem U.S. Supreme Court vorgeschaltete Ebene im Instanzenzug eingeführt, um diesen in seinen revisionsrechtlichen Aufgaben zu entlasten. Seit Gründung des U.S. Supreme Court hatte die Anzahl an Revisionsverfahren nämlich kontinuierlich zugenommen und zu einem beträchtlichen Verfahrensstau geführt, den die neu geschaffenen Bundesappellationsgerichte in Zukunft verhindern sollten.[480] Zum anderen wurden im Laufe der Zeit die Möglichkeiten des Zugangs zum U.S. Supreme Court durch die Einführung neuer Voraussetzungen immer weiter beschränkt. So besitzt der Gerichtshof beispielsweise nur in wenigen Ausnahmefällen eine erstinstanzliche Zuständigkeit.[481] Überwiegend wird er über

476 *Böhm*, US-Zivilprozessrecht, Rz. 147; *von Hoff*, Verfassungsänderungen, S. 295.

477 *Böhm*, US-Zivilprozessrecht, Rz. 163, 172.

478 *Stoevesandt*, Aktivismus und Zurückhaltung, S. 21.

479 *von Hoff*, Verfassungsänderungen, S. 296.

480 Judiciary Act of 1891. Siehe zur Entwicklung der Revisionsrechtsprechung und -gerichtsbarkeit in den USA insbes. *Rehnquist*, 14 Florida State University Law Review 1 ff. (1988).

481 Siehe 28 U. S. C. § 1251 – Original Jurisdiction.

den „appeal“[482] oder die „petition for certiorari“ angerufen, wobei das certiorari-Verfahren knapp 90 % aller Verfahren vor dem Gerichtshof ausmacht.[483] Gerade dieses Verfahren, bei dem es sich streng genommen um eine Antragsart handelt, erlaubt es dem Gerichtshof, Verfahren willkürlich abzulehnen.[484] Die „petition for certiorari“ stellt nämlich die bloße Bitte an den Gerichtshof dar, sich mit einem bestimmten Fall zu beschäftigen. Einen Rechtsanspruch auf ein certiorari-Verfahren vor dem U.S. Supreme Court hat der Antragsteller hingegen nicht.[485] Die Auswahl der Fälle, denen eine sog. „writ of certiorari“ gewährt wird, orientiert sich hauptsächlich danach, ob der zugrunde liegende Fall bedeutende rechtsfortbildende Fragen zum Inhalt hat,[486] die eine Behandlung durch den U.S. Supreme Court notwendig machen. Dies ist insbesondere dann der Fall, wenn die Rechtsprechung nachgeordneter Gerichte zur gleichen Rechtsfrage inhaltlich voneinander abweicht[487] oder eine Rechtsfrage von besonderer Bedeutung zu klären ist.[488] Im Ergebnis führt dies seit vielen Jahren dazu, dass ganz überwiegend Fälle mit Verfassungsbezug vom Gerichtshof zur Entscheidung angenommen werden. Reine Revisionsangelegenheiten ohne verfassungsrechtlichen Bezug, die nach einem Verfahren vor einem der U.S. Courts of Appeal an den U.S. Supreme Court herangetragen werden, haben regelmäßig keine Chance auf Zulassung.[489]

---

482 Siehe 28 U. S. C. § 1253 – Direct appeals from decisions of three-judge courts. Nach *Stoevesandt*, Aktivismus und Zurückhaltung, S. 22, machten „appeals“ bis ins Jahr 1988 nur ca. 10 % aller Eingänge beim U.S. Supreme Court aus.

483 Siehe 28 U. S. C. § 1254 – Courts of appeals; certiorari; certified questions (für „petition of certiorari“ nach Verfahren vor Bundesgerichten) bzw. 28 U. S. C § 1257 – State court; certiorari (für „petition of certiorari“ nach Verfahren vor Staatsgerichten).

484 Siehe hierzu Rule 10 der Rules of the Supreme Court of the United States: „Review on a writ of certiorari is not a matter of right, but of judicial discretion. A petition for a writ of certiorari will be granted only for compelling reasons. […]“.

485 Siehe *Loewenstein*, Verfassungsrecht und Verfassungspraxis, S. 450: „[…] kein Recht, sondern ein vom Gericht gewährtes Privileg […]“; entspricht der Gerichtshof dem Antrag, so fordert er über eine „writ of certiorari“ die Akten zu dem Fall bei dem zuletzt befassten Gericht an.

486 *Böhm*, US-Zivilprozessrecht, Rz. 741; *Brugger*, Grundrechte und Verfassungsgerichtsbarkeit, S. 12; *Stoevesandt*, Aktivismus und Zurückhaltung, S. 23.

487 Rule 10 lit. a) und lit. b) der Rules of the Supreme Court of the United States.

488 Rule 10 lit. c) der Rules of the Supreme Court of the United States.

489 Siehe zur Rechtfertigung dieser Tendenz ein Zitat des ehemaligen Chief Justice *William H. Taft*: „Insofar as justice between individual litigants is concerned, two courts is enough.“, zitiert nach: *Rehnquist*, 14 Florida State University Law Review 1, 9 f.

Aus den dargestellten Gründen, d.h. der Verlagerung der revisionsrichterlichen Tätigkeit auf die U.S. Courts of Appeal und die Fokussierung der certiorari-Verfahren auf verfassungsrechtliche Streitigkeiten, präsentiert sich der U.S. Supreme Court heute hauptsächlich als Verfassungsgericht, das wesentlich mehr Zeit auf die Interpretation der US-Verfassung denn auf revisionsrechtliche Fragestellungen verwendet.

b) Punitive damages im Spannungsfeld zwischen Revisions- und Verfassungsgerichtsbarkeit

Die Doppelstellung des U.S. Supreme Court als Revisions- und Verfassungsgericht hat direkte Auswirkungen auf die Art und Weise, in der sich der Gerichtshof mit punitive damages befassen kann. Im Rahmen seiner Tätigkeit als Revisionsgericht kann der Gerichtshof Fälle hören, in denen punitive damages durch originäres Bundesrecht oder bundesstaatliches common law zugesprochen wurden. Vor dem Hintergrund der starken Zurückhaltung, die sich der U.S. Supreme Court hinsichtlich seiner revisionsrechtlichen Möglichkeiten auferlegt hat, sind solche Fälle jedoch eher selten. Somit überwiegen auch in diesem Bereich Verfahren mit verfassungsrechtlichem Bezug. Diese haben zumeist einzelstaatliche Strafschadensersatzurteile zum Gegenstand, die in Höhe oder Umfang die durch die US-Verfassung gesetzten Grenzen überschreiten oder zu überschreiten drohen. Die starke Präsenz verfassungsrechtlicher Fragestellung ist neben der revisionsrechtlichen Zurückhaltung des Gerichtshofs auch der Tatsache geschuldet, dass die vielfältigen einzelstaatliche Deliktsrechte als gemeinsamen Maßstab einzig und allein die US-Verfassung haben und deren einheitliche Auslegung wiederum Aufgabe des U.S. Supreme Court ist.

Die unterschiedliche Herangehensweise des U.S. Supreme Court an punitive damages, d.h. entweder als Revisions- oder als Verfassungsgericht, hat in der Folge auch Auswirkungen auf die Übertragbarkeit von Entscheidungsgründen. So können Argumentationslinien, die der U.S. Supreme Court als Verfassungsgericht entwickelt hat, nicht automatisch auf Revisionsfälle übertragen werden. Dies heißt jedoch nicht, dass auf die jeweils andere Konstellation und dort entwickelte Argumente in keinem Fall zurückgegriffen werden kann. Einzig und allein eine automatische Bindung des einen Komplexes an den anderen im Sinne einer präjudiziellen Wirkung scheidet aus.[490]

---

490 *Böhm*, US-Zivilprozessrecht, Rz. 191 schreibt zur Bindungswirkung von Entscheidungen, dass diese lediglich „im Rahmen des jeweiligen Gerichtssystems" gelten. Auch wenn sie sich ausschließlich auf die einzelstaatliche Ebene bezieht, gilt dies auch für die die bundesstaatliche Ebene. Mithin sind Entscheidungen des U.S. Supreme Court

2. Punitive damages awards in der Rechtsprechung des U.S. Supreme Court

Der Strafschadensersatz ist ein vergleichsweise junger Verfahrensgegenstand in der Rechtsprechung des U.S. Supreme Court. Über viele Jahrzehnte des 20. Jahrhunderts hinweg musste sich der Gerichtshof mit dieser Schadensersatzkategorie nicht befassen, da punitive damages bis Mitte der 1980er Jahre nur sehr moderat eingesetzt wurden.[491] Erst die Zunahme außergewöhnlich hoher punitive damages awards erforderte schließlich das Eingreifen des Gerichtshofs, um diesen Bereich des Schadensersatzrechts innerhalb der vorgegebenen verfassungsrechtlichen Grenzen zu halten. Anhand der von ihm in den letzten Jahren angenommenen Fälle hat der U.S. Supreme Court sukzessive einen Katalog von Voraussetzungen und Grenzen geschaffen, denen Strafschadensersatzurteile genügen müssen. Die Entwicklung dieser Vorgaben anhand der jeweils wegweisenden Fälle soll nachfolgend in historischer Abfolge nachgezeichnet werden.

a) Der Beginn der modernen punitive damages-Rechtsprechung: Pacific Life v. Haslip

Den Ausgangspunkt der modernen punitive damages-Rechtsprechung des U.S. Supreme Court stellt das Verfahren *Pacific Mutual Life Insurance Co. v. Haslip*[492] dar. Nachdem das Gericht in vorangegangen Entscheidungen die inhaltliche Überprüfung von Strafschadensersatzurteilen noch beinahe rundweg abgelehnt hatte, befasste es sich in *Haslip* zumindest indirekt mit der Frage, wie die Bemessung von punitive damages ausgestaltet sein muss, um verfassungsrechtlichen Vorgaben gerecht zu werden.

(1) Sachverhalt

Ein in Alabama zugelassener Versicherungsvertreter, Ruffin, der sowohl für die Pacific Mutual Life Insurance Company als auch für die von dieser vollkommen unabhängigen Union Fidelity Life Insurance Company tätig war, schloss mit der Stadtverwaltung von Roosevelt City kombinierte Lebens- und Krankenversicherungsverträge für deren städtische Angestellte ab, wobei er sich jedoch

---

als Revisionsgericht nur bindend für die untergeordneten Bundesgerichte. Siehe zur Bindungswirkung von Entscheidungen des U.S. Supreme Court und dem Prinzip des „precedent“: *Hay*, US Law, Rz. 20 f.

491 Siehe Kapitel B. II. 3. c).

492 Pacific Mutual Life Insurance Co. v. Haslip, 499 U.S. 1 (1991).

ausschließlich als Vertreter der Pacific Life ausgab. Im Rahmen der Kombinationsversicherung wurde die Lebensversicherung von der Pacific Life zur Verfügung gestellt, die Krankenversicherung jedoch von Union Fidelity, da die Pacific Life keine Krankenversicherungen für städtische Angestellte anbot. Die Kombination der Versicherungsleistungen zweier unterschiedlicher Versicherungsunternehmen war den Beteiligten auch bewusst. Weiterhin wurde bzgl. der monatlichen Krankenversicherungsbeiträge vereinbart, dass diese direkt vom Arbeitsentgelt der Angestellten abgezogen und über Ruffin an die Union Fidelity übermittelt werden sollten. Dieser Verpflichtung kam Ruffin jedoch nicht nach, sondern unterschlug im großen Umfang Beiträge, was den Entzug des Krankenversicherungsschutzes für einen Großteil der städtischen Angestellten, unter ihnen Haslip, zur Folge hatte. Über den Entzug unterrichtete die Union Fidelity die Betroffenen schriftlich, allerdings wurden diese Benachrichtigungen durch Ruffin ebenfalls nicht weitergeleitet. Als Haslip stationär behandelt werden musste, wurde der fehlende Versicherungsschutz durch das Krankenhaus aufgedeckt und Haslip musste bei ihrer Entlassung für die Kosten der Behandlung selbst aufkommen. Daraufhin verklagte sie zusammen mit anderen städtischen Angestellten, deren Versicherungsschutz ebenfalls aufgehoben worden war, die Pacific Life auf Schadensersatz, nicht jedoch Union Fidelity. Erstinstanzlich wurde den Klägern USD 200.000 Schadensersatz sowie USD 840.000 punitive damages zugesprochen. Nach Ansicht des Gerichts war Pacific Life nach dem Grundsatz des *respondeat superior* haftbar, nach dem ein Dienstherr („master") für die deliktischen Handlungen seines Verrichtungsgehilfen („servant") einzustehen habe. Nachdem das Urteil auf Revision der Pacific Life vom Supreme Court of Alabama in voller Höhe bestätigt wurde, zog das Versicherungsunternehmen vor den U.S. Supreme Court und rügte dort den Verstoß gegen die due process clause des 14. Zusatzartikels der US-Verfassung.

(2) Entscheidungsinhalt

Der U.S. Supreme Court hatte sich in seiner Entscheidung inhaltlich hauptsächlich mit zwei Fragen zu befassen. Zum einen, ob die Rechtsfigur des *respondeat superior* durch die Gerichte Alabamas auf den in Rede stehenden Sachverhalt korrekt angewendet wurde, und zum anderen, ob der punitive damages award verfassungsgemäß war. Insbesondere die Ausführungen des Gerichts zur Frage der Verfassungsmäßigkeit geben dem Urteil seine besondere Relevanz, da zum ersten Mal die Vereinbarkeit von punitive damages awards mit der due process clause des 14. Zusatzartikels der US-Verfassung durch eine Verfahrenspartei in Zweifel gezogen wurde.[493]

(a) Die due process clause

Um sowohl die Entscheidung des U.S. Supreme Court als auch die diesem Urteil nachfolgende Rechtsprechung richtig einordnen zu können, soll zunächst kurz auf Inhalt und Wirkung der due process clause eingegangen werden. Diese ist Ausfluss des 14. Zusatzartikels der US-Verfassung (*Amendment XIV*), dessen Section 1 wie folgt lautet:

> *All persons born or naturalized in the United States, and subject to the jurisdiction thereof, are citizens of the United States and of the State wherein they reside. No State shall make or enforce any law which shall abridge the privileges or immunities of citizens of the United States;* ***nor shall any State deprive any person of life, liberty, or property, without due process of law****; nor deny to any person within its jurisdiction the equal protection of the laws.*[494]

Die hervorgehobene Passage wird als due process clause bezeichnet. Sie wurde seit Verabschiedung des 14. Zusatzartikels der US-Verfassung im Jahr 1868 vonseiten des U.S. Supreme Court immer wieder zur Fortentwicklung verschiedener Schutzrechte gegenüber Eingriffen des Staates genutzt und bildet eines der wesentlichen Fundamente des grundrechtlichen Individualschutzes in den Vereinigten Staaten. Dabei werden der due process clause vom Gerichtshof sowohl prozessuale als auch materielle Elemente entnommen. Die sprachlich und historisch vorrangige Stoßrichtung des 14. Zusatzartikels im Allgemeinen und der due process clause im Besonderen stellt jedoch die verfahrensrechtliche Ausprägung dar. Die Norm soll den Einzelnen durch verfahrensrechtliche Vorgaben vor staatlichem Handeln auf allen Ebenen, insbesondere aber vor der Strafgerichtsbarkeit, schützen und somit eine Art „Grundrechtsschutz durch Verfahren“ sicherstellen. Um dies zu gewährleisten, stellt die due process clause in ihrer verfahrensrechtlichen Ausprägung zwei Voraussetzungen für staatliche Eingriffe in das Leben, die Freiheit oder das Eigentum auf. Zum einen darf ein solcher Eingriff nur im Rahmen eines vorher festgelegten Verfahrens erfolgen,[495]

---

493 In einem vorangegangenen Verfahren hatte der U.S. Supreme Court bereits entschieden, dass punitive damages nicht am Maßstab des 8. Zusatzartikels, der „excessive fines clause“, zu messen seien; siehe Browning-Ferris Industries of Vt., Inc. v. Kelco Disposal, Inc., 492 U.S. 257, 262 ff. (1989).

494 Hervorhebungen durch den Autor.

495 *Harrison*, 83 Virginia Law Review 493, 497.

zum anderen muss dieses Verfahren selbst den Grundsätzen eines fairen Verfahrens entsprechen.[496] Der „procedural due process“ stellt sowohl formale als auch inhaltliche Anforderungen an ein in Individualrechte eingreifendes staatliches Verfahren.[497]

Neben die prozessrechtliche Ausgestaltung des due process ist im Laufe der Zeit eine materielle Ausgestaltung getreten, die gemeinhin als „substantive due process“ bezeichnet wird.[498] Dass der due process auch materielle Vorgaben an staatliches Handeln stellt, darf durch die Rechtsprechung des U.S. Supreme Court als gesichert gelten. Inhaltlich kann die Wirkung der materiellen Ausprägung des due process in drei Phasen eingeteilt werden. Zunächst diente sie ausschließlich der Sicherung erworbener Eigentumspositionen und setzte so enteignenden Eingriffen des Staates Grenzen.[499] Gegen Ende des 19. Jahrhunderts entwickelte sich vor dem Hintergrund zunehmender staatlicher Eingriffe in das wirtschaftliche Leben sodann eine Auslegung der due process clause, die dieser Regulierung entgegentreten sollte. Sie sah regulatorische Gesetzgebung nur dann als zulässig an, wenn diese einen legitimen öffentlichen Zweck verfolgte. Hiergegen verstießen regelmäßig in die Privatautonomie und Vertragsfreiheit eingreifende Gesetze, die ausschließlich eine wirtschaftliche Umverteilung – und damit oft den Schutz der Arbeitnehmer – zum Ziel hatten.[500] Die Zeit dieser Rechtsprechung, die regulatorischen Eingriffen des Staates in die Wirtschaft kritisch gegenüberstand, wird treffend auch als Zeit des „economic due process“ bezeichnet und fand ihr Ende während der weltweiten Rezession und des „New Deal“ unter Präsident Roosevelt Mitte der 1930er Jahre. Im Anschluss hieran etablierte sich schließlich ein dritter Aufgabenbereich des „substantive due process“, der auf die Absicherung individueller Freiheitsrechte abzielte und durch zwei Maßnahmen verwirklicht wurde. Zum einen durch die Erstreckung der *Bill of Rights*[501] und insbesondere der in den Zusatzartikeln 4, 5, 6 und 8 der

---

496 Siehe hierzu Murray's Lessee v. Hoboken Land and Improvement Co., 59 U.S. 272 (1856); *Harrison*, 83 Virginia Law Review 493, 497.

497 Eine inhaltliche verfahrensrechtliche Voraussetzung stellt z.B. der Beweismaßstab „beyond a reasonable doubt“ für den Strafprozess dar, der durch das Urteil des U.S. Supreme Court in *In re Winship*, 397 U.S. 358 (1970) etabliert wurde.

498 *Brugger*, Einführung, S. 104 f.; *Harrison*, 83 Virginia Law Review 493, 498.

499 Chicago, Burlington & Quincy Railroad Co. v. City of Chicago, 166 U.S. 226 (1897).

500 Siehe hierzu die Leitentscheidung des U.S. Supreme Court in Lochner v. New York, 198 U.S. 45 (1905); *Harrison*, 83 Virginia Law Review 493, 499.

501 Die *Bill of Rights* bezeichnen die ersten zehn Zusatzartikel zur US-Verfassung (*Amendment I-X*), die allerdings direkt nur den Bundesstaat verpflichten. Die Ausdehnung der darin festgeschriebenen Rechte auf die Einzelstaaten und die Kontrolle ihrer

US-Verfassung enthaltenen strafprozessualen Rechte auf die Einzelstaaten.[502] Zum anderen durch die Etablierung eigenständiger und nicht ausdrücklich in der Verfassung aufgezählter grundlegender Freiheitsrechte.[503] So entwickelte der U.S. Supreme Court auf Grundlage der due process clause ein allgemeines Recht auf Privatsphäre und eine damit korrespondierende Schutzverpflichtung des Staates.[504] Spezielle Ausprägung dessen stellen zum Beispiel das Recht auf Abtreibung dar, das der Gerichtshof in seinem wegweisenden Urteil in *Roe v. Wade* etablierte,[505] oder aber das zuletzt hinzugekommene Recht auf allgemeine Persönlichkeitsentfaltung.[506]

Der Anwendungsbereich der due process clause des 14. Zusatzartikels ist folglich nicht zu unterschätzen und geht weit über die sprachlichen Grenzen der Norm hinaus. Die due process clause dient nach heutigem Verständnis sowohl der Erweiterung des prozessualen und materiell-substantiellen Schutzes vor staatlichem Handeln als auch als Basis für die Schaffung und Erweiterung individueller Freiheitsrechte. Sie ist daher ein elementarer Bestandteil des grundrechtlichen Schutzes in den Vereinigten Staaten.

(b) Judgment affirmed – Kein Verstoß gegen den due process

Der U.S. Supreme Court bestätigte in seinem Urteil zunächst die Ansicht der vorangegangenen Instanzen, dass Pacific Life für das Verhalten von Ruffin haftbar gemacht werden könne.[507] Es sei im Rechte Alabamas anerkannt, dass ein Versicherer für vorsätzlich betrügerische Handlungen seines Vertreters, die dieser im Rahmen seiner Anstellung begeht, entsprechend der Doktrin des *respondeat superior* auf Schadensersatz sowie punitive damages hafte.[508] Die Haftung, so das Gericht weiter, sei durch das legitime Interesse des Staates gerechtfertigt,

---

Einhaltung durch den U.S. Supreme Court wurde erst durch den 14. Zusatzartikel möglich.

502 *Amendment XIV* ist wortgleich mit *Amendment V*, der allerdings nur die bundesstaatliche Ebene bindet, jedoch nicht die Einzelstaaten.

503 *Harrison*, 83 Virginia Law Review 493, 500 f.

504 Griswold v. Connecticut, 381 U.S. 479 (1965).

505 Roe v. Wade, 410 U.S. 113 (1973).

506 Fälle in diesem Bereich betreffen insbesondere den Schutz von Ehe und Familie; siehe Moore v. City of East Cleveland, 431 U.S. 494 (1977); zur Frage der sexuellen Selbstentfaltung und deren Schutz durch den due process siehe die mit 5:4 ablehnende Entscheidung in Bowers v. Hardwick, 478 U.S. 186 (1986).

507 Pacific Mutual Life Insurance Co. v. Haslip, 499 U.S. 1, 15.

508 Pacific Mutual Life Insurance Co. v. Haslip, 499 U.S. 1, 14.

betrügerische Handlungen einzudämmen, und stelle zudem ein geeignetes Mittel dar, um den Dienstherren zu einer wirksamen Überwachung seiner Vertreter zu animieren.[509] Aus diesen Gründen verstoße das in Rede stehende Urteil, indem es Pacific Life für das Verhalten von Ruffin haftbar mache, auch nicht gegen die due process clause.[510]

Nachdem der Gerichtshof die grundsätzliche Haftung von Pacific Life im vorliegenden Fall bestätigt hatte bzw. keine Rechtsfehler in der Feststellung der Haftung durch die Instanzgerichte feststellen konnten, widmete er sich der Frage nach der Vereinbarkeit des punitive damages award mit den Voraussetzungen des due process. Diesbezüglich hatte das der U.S. Supreme Court in einer vorherigen Entscheidung bereits angemerkt, dass Strafschadensersatz unter Umständen am 14. Zusatzartikel der US-Verfassung zu messen sei.[511] Damals konnte er mangels Rüge eines solchen Verstoßes im bisherigen Instanzenzug zu dieser Frage inhaltlich jedoch keine Stellung nehmen. Zunächst beschäftigt sich der Gerichtshof mit der Frage, ob die Art der Bemessung des punitive damages award und dessen nachträgliche Kontrolle durch die Revisionsgerichte mit dem due process vereinbar war. Diesbezüglich führt der U.S. Supreme Court aus, dass im common law traditionell die Jury über das Zugestehen von Strafschadensersatz sowie dessen Höhe befinde[512] und dabei sowohl die Schwere der begangenen Rechtsverletzung als auch die Notwendigkeit, vor gleich gelagertem Verhalten abzuschrecken, in Betracht zu ziehen habe.[513] Diese Vorgehensweise, so das Gericht weiter, sei auch nicht von Natur aus unfair und begründe daher keinen grundsätzlichen Verstoß gegen den due process. Die Art und Weise der Urteilsfindung und Urteilsüberprüfung im Bereich der punitive damages sei schon lange Zeit vor Erlass des 14. Zusatzartikels gängige Praxis gewesen und könne bereits aus diesem Grund nicht gegen den due process verstoßen.[514] Nachdem damit die grundsätzliche Verfassungsmäßigkeit des Verfahrens zur Bemessung und zur Kontrolle von punitive damages awards bestätigt wurde, widmete sich der U.S. Supreme Court im Anschluss der Frage, ob sich der Strafschadensersatz auch im konkreten Fall in den Grenzen des due process hält. Diesbezüglich stellte er fest, dass das zu überprüfende Strafschadensersatzurteil den vom Gericht aufgestellten Anforderungen an die Bemessung und Überprüfung der Anspruchshöhe

509 Pacific Mutual Life Insurance Co. v. Haslip, 499 U.S. 1, 14.
510 Pacific Mutual Life Insurance Co. v. Haslip, 499 U.S. 1, 15.
511 Browning-Ferris Industries of Vt., Inc. v. Kelco Disposal, Inc., 492 U.S. 257, 277.
512 Pacific Mutual Life Insurance Co. v. Haslip, 499 U.S. 1, 15.
513 Pacific Mutual Life Insurance Co. v. Haslip, 499 U.S. 1, 15.
514 Pacific Mutual Life Insurance Co. v. Haslip, 499 U.S. 1, 17.

genüge und daher mit Blick auf die due process clause nicht als verfassungswidrig einzustufen sei. Auf keiner Ebene konnte der Gerichtshof einen Verstoß gegen den due process feststellen: Die Jury wurde ausreichend unterrichtet und das von ihr gefällte Urteil hielt sich in den durch die Verhältnismäßigkeit vorgegebenen Grenzen.[515] Zudem überprüfte das Tatsachengericht den durch die Jury ausgesprochenen punitive damages award[516] und die Beklagte konnte das Urteil im Revisionsverfahren durch den Supreme Court of Alabama überprüfen lassen.[517] Auch der in Alabama geltende Beweismaßstab für die Zuerkennung von punitive damages des „reasonably satisfied from the evidence" erfülle nach Ansicht des Gerichtshofs die Voraussetzungen des due process.[518] Er biete dem Beklagten im Vergleich zu anderen Standards[519] zwar einen geringeren Schutz, stellt im Verbund mit den sonstigen verfahrensrechtlichen Schutzmechanismen jedoch einen ausreichenden, d.h. dem due process entsprechenden, Beklagtenschutz sicher.[520]

Betrachtet man vor dem Hintergrund der diesem Urteil nachfolgenden Entscheidungen den Prüfungsinhalt des U.S. Supreme Court im vorliegenden Fall, so stellt man fest, dass der punitive damages award hier nicht anhand autonom vom Gerichtshof festgelegter Kriterien überprüft wurde. Das Gericht beschränkte sich vielmehr auf die Untersuchung des Beklagtenschutzes im Verfahrensrecht Alabamas und fragte diesbezüglich, ob dieser den Anforderungen der due process clause entspricht. Dennoch ist die Entscheidung für die Entwicklung der Vorgaben des U.S. Supreme Court zur Bemessung von punitive damages relevant. Das Gericht bestätigte in *Haslip* nämlich insbesondere, dass der *Hammond test* des Supreme Court of Alabama, d.h. die Anforderungen, die das Gericht an die Verhältnismäßigkeit von Strafschadensersatz stellt, mit dem 14. Zusatzartikel zu vereinbaren ist.[521] Der *Hammond test* nimmt dabei bereits einige derjenigen Prüfungspunkte vorweg, die in späteren Entscheidungen die Grundlagen für die Vorgaben des U.S. Supreme Court bilden sollten. Hierzu gehört insbesondere, dass punitive damages nicht völlig außer Verhältnis zur Schwere des begangenen

515 Pacific Mutual Life Insurance Co. v. Haslip, 499 U.S. 1, 19 f.
516 Pacific Mutual Life Insurance Co. v. Haslip, 499 U.S. 1, 23.
517 Pacific Mutual Life Insurance Co. v. Haslip, 499 U.S. 1, 20 f.; 23.
518 Pacific Mutual Life Insurance Co. v. Haslip, 499 U.S. 1, 23.
519 Z.B. „clear and convincing evidence" oder auch, angelehnt an das Strafverfahren, „beyond a reasonable doubt"; Pacific Mutual Life Insurance Co. v. Haslip, 499 U.S. 1, 23.
520 Pacific Mutual Life Insurance Co. v. Haslip, 499 U.S. 1, 23.
521 Pacific Mutual Life Insurance Co. v. Haslip, 499 U.S. 1, 22.

Unrechts stehen dürfen,[522] die Jury bei ihrer Entscheidungsfindung die Verwerflichkeit des Schädigerverhaltens zu berücksichtigen hat[523] und die punitive damages in einem nachvollziehbaren Verhältnis zum kompensatorischen Schadensersatz stehen müssen.[524] Die Vorgaben des Staates Alabama zur inhaltlichen Kontrolle von punitive damages awards können daher als Grundlage derjenigen Vorgaben angesehen werden, die der U.S. Supreme Court in den nachfolgenden Jahren entwickelte. In *Haslip* setzte sich das Gericht dabei erstmals mit der Frage auseinander, inwieweit feste Vorgaben zur Überprüfung von Strafschadensersatz dem Schutz der aus dem due process abgeleiteten Rechte des Beklagten dienen können.

b) Die Zwischenentscheidungen

Nach der Entscheidung in *Haslip* befasste sich der U.S. Supreme Court regelmäßig mit Problemen der Verfassungsmäßigkeit von punitive damages awards. So stellte der Gerichtshof im Verfahren *TXO v. Alliance* fest,[525] dass die in diesem Fall gewährten USD 10 Mio. Strafschadensersatz im Verhältnis zum festgestellten Schaden in Höhe von USD 19.000 zwar außergewöhnlich hoch lagen (nämlich bei einem Verhältnis der punitive damages zu den compensatory damages von 526:1), vor dem Hintergrund des streitgegenständlichen Sachverhalts jedoch nicht als „grossly excessive" zu bewerten seien. Die zum Schadensersatz verurteilte TXO hatte nämlich versucht, sich planvoll, unrechtmäßig und betrügerisch finanzielle Vorteile zu verschaffen und dies in vergleichbarer Weise schon zuvor wiederholte Male getan.[526] Das Gericht führte in seiner Begründung weiter aus, dass sich ein weitaus größerer Schaden nur zufällig nicht realisiert hatte und der relativ moderate compensatory award mithin ein Glücksfall für TXO war. Vor diesem Hintergrund sei es gerechtfertigt, so der U.S. Supreme Court, im Rahmen des Vergleichs mit dem gewährten compensatory award nicht nur den tatsächlich festgestellten Schaden zu berücksichtigen, sondern auch die nicht realisierten Schadenspositionen.[527] Setze man den so ermittelten potentiellen Schaden mit dem letztlich gewährten punitive damages ins Verhältnis, so

522 Pacific Mutual Life Insurance Co. v. Haslip, 499 U.S. 1, 21.

523 Pacific Mutual Life Insurance Co. v. Haslip, 499 U.S. 1, 22

524 Pacific Mutual Life Insurance Co. v. Haslip, 499 U.S. 1, 22; siehe hierzu auch Lenenbach, WM 2003, 2398, 2403.

525 TXO Production Corp. v. Alliance Resources Corp., 509 U.S. 443 (1993).

526 TXO Production Corp. v. Alliance Resources Corp., 509 U.S. 443, 450 f.

527 TXO Production Corp. v. Alliance Resources Corp., 509 U.S. 443, 459 ff.

sinke dieses auf unter 10:1 ab und es könne nicht von einem unverhältnismäßig hohen Strafschadensersatz gesprochen werden.[528] Das Urteil in TXO stellt eine der frühen Entscheidungen des Gerichtshofs zur Frage der Verfassungsmäßigkeit von punitive damages awards dar, die noch von einer starken Zurückhaltung des Gerichtshofs bezüglich der Aufhebung von Strafschadensersatzurteilen geprägt ist. Der U.S. Supreme Court behalf sich in dieser Zeit vorwiegend mit der Konstruktion von Ausnahme- und Sonderkonstellationen, um einen punitive damages award aufrechterhalten zu können und nicht als verfassungswidrig aufheben zu müssen.

In eine andere Kategorie von Fällen im Bereich der punitive damages fällt das Verfahren *Honda v. Oberg*.[529] Hier hatte sich der Gerichtshof nicht mit der Höhe des Strafschadensersatzes, sondern mit den Voraussetzungen für ein ordnungsgemäßes Revisionsverfahren zu beschäftigen. Diesbezüglich erkannte der U.S. Supreme Court, dass jeder Einzelstaat verfahrensrechtliche Instrumente zu schaffen habe, die die Überprüfung von punitive damages awards auf ihre verfassungsrechtliche Verhältnismäßigkeit ermöglichen.[530] Die Abschaffung jeder richterlichen Überprüfungsmöglichkeit von Strafschadensersatzurteilen, wie streitgegenständlich im Staat Oregon geschehen, verletzte demnach den due process des 14. Zusatzartikels.[531] Der in *Oberg* behandelte Problemkreis der verfahrensrechtlichen Vorgaben und Sicherungen bei Verurteilungen zu punitive damages sollte sich in den folgenden Jahren zum zweiten Schwerpunkt in der Rechtsprechung des U.S. Supreme Court zu Strafschadensersatz entwickeln.

c) Das „constitutional excessiveness trio"

Der anfänglich noch eher als moderat zu beurteilende Umgang des Gerichtshofs mit Strafschadensersatzurteilen änderte sich schließlich im Rahmen dreier Entscheidungen, die unter dem Begriff „constitutional excessiveness trio" zusammengefasst werden können. Dieser von *Sharkey*[532] geprägte Ausdruck illustriert dabei zum einen die enge Verflechtung der drei Urteile miteinander und grenzt

528 TXO Production Corp. v. Alliance Resources Corp., 509 U.S. 443, 462.

529 Honda Motor Co., Ltd. v. Oberg, 512 U.S. 415 (1994).

530 Die insofern erforderliche Überprüfung der Höhe des Strafschadensersatzes war in Oregon gerade nicht vorgesehen; siehe Honda Motor Co., Ltd. v. Oberg, 512 U.S. 415, 428 f.

531 Honda Motor Co., Ltd. v. Oberg, 512 U.S. 415, 434 f.

532 Siehe hierzu *Sharkey*, 7 University of St. Thomas Law Journal 25, 27 (2009).

sie zum anderen gleichzeitig von der bislang letzten Entscheidung des Gerichtshofs zu punitive damages in *Exxon Shipping Co. v. Baker*[533] ab.

(1) BMW v. Gore

Zur erstmaligen Aufhebung eines Strafschadensersatzurteils durch den U.S. Supreme Court aus due process-Gründen und Zurückweisung an das zuständige oberste einzelstaatliche Gericht[534] kam es im Verfahren *BMW v. Gore.*[535]

(a) Sachverhalt

Im Jahr 1990 kaufte Gore im Bundestaat Alabama von einem dort ansässigen BMW-Händler einen Neuwagen. Neun Monate nach Übergabe des Fahrzeugs wurde Gore durch eine Kfz-Werkstatt darauf aufmerksam gemacht, dass der Wagen vor der Auslieferung an einer Stelle nachlackiert worden war. Über die Nachlackierung war Gore nicht informiert worden, da diese auf einer landesweiten Firmenpolitik der US-amerikanische BMW-Vertriebsgesellschaft, BMW of North America, basierte. Nach dieser sollten während der Produktion oder Überführung beschädigte Fahrzeuge repariert und als neu verkauft werden, wenn die Reparaturkosten 3 % des Verkaufspreises nicht überstiegen. In Gores Fall hatten die Kosten der Nachlackierung lediglich USD 601,37 und damit weniger als 1,5 % des Neuverkaufspreises in Höhe von USD 40.750,88 betragen. Gore verklagte nach Kenntniserlangung von der Nachlackierung BMW of North America vor den Gerichten Alabamas und machte geltend, dass die Nichtoffenlegung der Nachlackierung einer Unterdrückung wesentlicher Tatsachen gleichkomme. Konkret forderte Gore USD 4.000 Schadensersatz für den durch die Nachlackierung entstandenen Wertverlust, den er mit 10 % des Kaufpreises ansetzte, und punitive damages in Höhe von USD 4 Mio. Den Strafschadensersatz bemaß er dabei anhand des geltend gemachten materiellen Schadensersatzes, der mit der Anzahl der seit Einführung der landeweiten Nachlackierungspolitik als neu verkauften Fahrzeuge, bei denen die Reparaturkosten USD 300 überschritten (seit 1983 gab es 983 solcher Fälle, 14 davon in Alabama),[536] multipliziert wurde. Das Tatsachengericht übernahm die Ansicht von Gore und verurteilte BMW of North America zur Zahlung des von Gore eingeklagten Schadensersatzes in Höhe von USD 4.000 sowie zur Zahlung von punitive damages in Höhe von

533 Exxon Shipping Co. v. Baker, 554 U.S. 471 (2008); siehe Kapitel C. II. 2. d).

534 In diesem Fall an den Supreme Court of Alabama.

535 BMW of North America, Inc. v. Gore, 517 U.S. 559 (1996).

536 Die Grenze von USD 300 wurde von Gore nicht weiter begründet.

USD 4 Mio., da es die Nichtoffenlegung der Nachlackierung als heimtückischen Betrug im Sinne der Gesetze Alabamas ansah. BMW of North America änderte daraufhin seine Nachlackierungspolitik, ging aber gleichzeitig gegen das Urteil in Berufung. Der Supreme Court of Alabama entschied daraufhin, dass die Jury zur Bestimmung des punitive damages award keinen Multiplikator verwenden dürfe, der gleich gelagertes Verhalten des Beklagten außerhalb des eigenen Staates umfasst und senkte den Strafschadensersatz deshalb auf USD 2 Mio. Gegen dieses Urteil legte BMW of North America schließlich Einspruch vor dem U.S. Supreme Court ein und machte geltend, der punitive damages award sei „grossly excessive" und verstoße daher gegen die due process clause des 14. Zusatzartikels der US-Verfassung.

(b) Entscheidungsinhalt

Das Verfahren gegen BMW of North America wurde nicht nur in den Vereinigten Staaten, sondern insbesondere auch in Deutschland aufmerksam verfolgt und in der juristischen Literatur diskutiert.[537] Hauptgrund hierfür war sicherlich, dass auch die Konzernmutter der Vertriebsgesellschaft, die deutsche BMW AG, Beklagte des Ausgangsverfahrens war und das erste Schadensersatzurteil gemeinschaftlich gegen BMW of North America und die BMW Aktiengesellschaft erging.[538] Die vom U.S. Supreme Court getroffene Entscheidung behandelt schließlich zwei grundlegende Themenkomplexe. Zum einen äußert sich das Gericht zur Frage, in welchen Grenzen die Einzelstaaten punitive damages anwenden dürfen, und zum anderen benannte es zum ersten Mal konkrete verfassungsrechtliche Schranken für die Höhe einzelner punitive damages awards.

(i) Legitimität des Einsatzes von punitive damages

Das Gericht beginnt seine Entscheidung mit Ausführungen dazu, in welchen Grenzen die Einzelstaaten punitive damages zur Verfolgung legitimer Interessen einsetzen dürfen. Das Urteil stellt insofern fest, dass jeder Staat zur Bestrafung von gesetzeswidrigem Verhalten und zur Abschreckung vor der erneuten Begehung Strafschadensersatz verhängen darf.[539] Dies liege im Rahmen des berechtigten Interesses eines jeden Einzelstaates, seine Bürger vor schädigendem Verhalten zu schützen, und diene insbesondere auch dem Schutz vor betrügerischen

537 Siehe u.a. *Baumbach/Henkel*, RIW 1997, 727 ff.; *Ebbing*, RIW 1996, 993 ff.; *Griessbach/Cordero*, RIW 1998, 592 ff.

538 BMW of North America, Inc. v. Gore, 517 U.S. 559, 563 Fn. 2.

539 BMW of North America, Inc. v. Gore, 517 U.S. 559, 568.

Handelspraktiken.[540] Den Einzelstaaten stehe dabei auch ein beträchtlicher Spielraum bei der Bemessung von punitive damages awards offen, dessen Grenzen erst durch die due process clause des 14. Zusatzartikels gezogen werde.[541] Allerdings unterliegt die Möglichkeit eines Einzelstaates, punitive damages zuzusprechen, auch inhaltlichen Grenzen, die durch das mit ihnen verfolgte Interesse vorgegeben werden. So kann das einzelstaatliche Interesse, einen Schädiger vor weiteren Schädigungshandlungen abzuhalten, nur dann als legitim gelten, wenn es eine solche abschreckende Wirkung ausschließlich im Bereich des jeweiligen Einzelstaates erreichen möchte. Dies führt gleichzeitig dazu, dass bei der Bemessung der Höhe von Strafschadensersatz auch nur solches Verhalten in Betracht gezogen werden kann, das sich im jeweiligen Einzelstaat zugetragen hat. Eine Einbeziehung von außerstaatlichem Verhalten darf hingegen nicht erfolgen.[542] Hierfür spreche insbesondere die Tatsache, dass bestimmte Verhaltensweisen in verschiedenen Jurisdiktionen sehr unterschiedlich bewertet werden können. Das Gericht verglich in diesem Zusammenhang umfangreich die Ausgestaltung einzelstaatlicher Regelungen zur Frage der streitgegenständlichen Nichtoffenlegung von Reparaturen an fabrikneuen Gegenständen und stellte dabei fest, dass die Einzelstaaten ganz unterschiedliche Veröffentlichungspflichten vorsehen.[543] Vor diesem Hintergrund erklärte der Gerichtshof, dass die Entscheidung des Supreme Court of Alabama, der die Einbeziehung von außerstaatlichen Fällen zur Bemessung der Höhe des punitive damages awards als fehlerhaft bewertet hatte, richtig war und der Strafschadensersatz insofern korrekterweise herabgesetzt wurde.[544]

(ii) Judgment reversed – Verstoß gegen den due process

Nach den Ausführungen zur allgemeinen Handhabung von punitive damages durch die Gerichte der Einzelstaaten kommt das Urteil schließlich auf die Frage zu sprechen, ob der zugesprochene Strafschadensersatz gegen die due process clause verstößt.[545] Diesbezüglich erklärte der Gerichtshof zunächst, dass aus dem due process der Grundsatz der Fairness folge. Aus diesem wiederum ergebe sich, dass jede Person vorab Kenntnis von der Gesetzeswidrigkeit eines bestimmten Verhaltens und der zu erwartenden Bestrafung bei Missachtung des

540 BMW of North America, Inc. v. Gore, 517 U.S. 559, 568 f.
541 BMW of North America, Inc. v. Gore, 517 U.S. 559, 568.
542 BMW of North America, Inc. v. Gore, 517 U.S. 559, 572 f.
543 BMW of North America, Inc. v. Gore, 517 U.S. 559, 570.
544 BMW of North America, Inc. v. Gore, 517 U.S. 559, 573 f.
545 BMW of North America, Inc. v. Gore, 517 U.S. 559, 574 ff.

jeweiligen gesetzlichen Verbots haben müsse.[546] Gegen diese Informationspflicht werde jedoch verstoßen, wenn ein Beklagter mit einem als „grossly excessive" zu beurteilenden punitive damages award konfrontiert werde.[547] Daher sei vorliegend entscheidungserheblich, ob der streitgegenständliche Strafschadensersatz unverhältnismäßig sei und somit einen Verstoß gegen den due process darstelle. Um dies beurteilen zu können, formuliert der U.S. Supreme Court zum ersten Mal drei Vorgaben, im Folgenden guideposts genannt, mithilfe derer die Unverhältnismäßigkeit eines punitive damages awards festgestellt werden kann. Zunächst ist demnach der Grad der Verwerflichkeit des Schädigerverhaltens (sog. „degree of reprehensibility") zu betrachten.[548] Im Rahmen dieser Bewertung soll gefragt werden, ob ein physischer oder lediglich ein wirtschaftlicher Schaden entstanden ist, ob dieser auf einer besonders rücksichtslosen oder gleichgültigen Entscheidung des Schädigers beruht und ob das schädigende Verhalten vorsätzlich oder lediglich fahrlässig begangen wurde.[549] Als zweiten guidepost benannte der Gerichtshof das Verhältnis zwischen punitive damages und kompensatorischen Schadensersatz (sog. „punitive-to-compensatory-ratio"),[550] ohne jedoch eine feste mathematische Grenze zu benennen, ab der pauschal von einer Unverhältnismäßigkeit auszugehen sei. Drittes und letztes Kriterium stellte schließlich der Vergleich zwischen dem Strafschadensersatz und den im jeweiligen Einzelstaat für das Schädigerverhalten vorgesehenen Bußgeldern dar (sog. „punitive-to-fines-ratio").[551]

Angewandt auf das Strafschadensersatzurteil gegen BMW of North America kam der U.S. Supreme Court zu dem Ergebnis, dass dieses gegen alle drei guideposts verstößt und folglich keinen Bestand haben könne. So sah das Gericht das Verhalten der BMW-Vertriebsgesellschaft nicht als bösgläubig an, da das Unternehmen aufgrund von Bestimmungen in bestimmten Einzelstaaten (z.B. Kalifornien), die eine Offenbarungspflicht erst ab einem höheren Schadenswert im Verhältnis zum Neuverkaufspreis vorsahen, davon ausgehen konnte, dass sich ihre Unternehmenspolitik im Rahmen akzeptierter Standards bewege.[552] Zudem bemängelte das Gericht das auffällige Missverhältnis zwischen dem

546 BMW of North America, Inc. v. Gore, 517 U.S. 559, 574.
547 BMW of North America, Inc. v. Gore, 517 U.S. 559, 574 f.
548 BMW of North America, Inc. v. Gore, 517 U.S. 559, 575.
549 BMW of North America, Inc. v. Gore, 517 U.S. 559, 576 f.; *Lenenbach*, WM 2003, 2398, 2405.
550 BMW of North America, Inc. v. Gore, 517 U.S. 559, 582 f.
551 BMW of North America, Inc. v. Gore, 517 U.S. 559, 583.
552 BMW of North America, Inc. v. Gore, 517 U.S. 559, 578 f.

Strafschadensersatz und dem tatsächlich eingetretenen Vermögensschaden,[553] welches als geradezu „breathtaking“ bezeichnet wurde.[554] Zuletzt wies der U.S. Supreme Court noch darauf hin, dass der Strafschadensersatz im Vergleich zu den in Alabama für das Verhalten von BMW vorgesehenen Bußgeldern überdurchschnittlich hoch sei.[555] So komme als Sanktion höchstens ein Bußgeld in Höhe von USD 2.000 wegen Verstoßes gegen den „Alabama Deceptive Trade Practices Act“ in Betracht,[556] d.h. gerade einmal 1 ‰ des punitive damages award. Der kombinierte Verstoß gegen die vom Gerichtshof benannten Vorgaben führte zwangsläufig zur Aufhebung des Urteils und Zurückverweisung.

Vor dem Hintergrund der bis zu diesem Zeitpunkt vorherrschenden Behandlung von verfassungsrechtlich bedenklichen punitive damages awards durch den U.S. Supreme Court, stellte die Entscheidung in *Gore* eine erhebliche Zäsur in der Rechtsprechung des Gerichtshofs zu Strafschadensersatz dar. Während bis zum Jahr 1995 galt, dass punitive damages, solange sie im Rahmen eines rechtstaatlichen Verfahrens erlassen wurden, der Höhe nach regelmäßig nicht zu beanstanden sind, änderte sich dies mit dieser Entscheidung grundlegend. Durch die Einführung der guideposts formulierte der U.S. Supreme Court zum ersten Mal bindende Vorgaben für die Instanzgerichte und lenkte seine eigene Rechtsprechung im Bereich der Überprüfung von Strafschadensersatzurteilen zugleich in eine neue Richtung.[557]

(2) State Farm v. Campbell

Die in *Gore* formulierten guideposts erfuhren ihre erste signifikante Weiterentwicklung und Präzisierung im Verfahren *State Farm Auto Insurance Co. v. Campbell*,[558] in dem ein Strafschadensersatzurteil des Utah Supreme Court aufgehoben wurde. Der Gerichtshof ging im Rahmen der Fortentwicklung seiner Vorgaben

553 BMW of North America, Inc. v. Gore, 517 U.S. 559, 582 f.

554 BMW of North America, Inc. v. Gore, 517 U.S. 559, 583.

555 BMW of North America, Inc. v. Gore, 517 U.S. 559, 583 f.

556 BMW of North America, Inc. v. Gore, 517 U.S. 559, 584.

557 Nach der Zurückverweisung durch den U.S. Supreme Court beantragte BMW die Durchführung eines neuen Verfahrens. Dies wurde durch den Supreme Court of Alabama unter der Bedingung abgelehnt, dass sich Gore mit der Herabsetzung des gesamten Schadensersatzes auf USD 50.000 einverstanden erklärt. Dies ist scheinbar auch geschehen, da sich in dieser in dieser Sache keine weiteren Verfahren mehr finden lassen. Siehe zur Entscheidung des Supreme Court of Alabama: BMW of North America, Inc. v. Gore, 701 So. 2d 507, 515 (1997).

558 State Farm Mutual Automobile Insurance Co. v. Campbell, 538 U.S. 408 (2003).

vor allem auch auf kritische Anmerkungen ein, die im Nachklang der Entscheidung in *Gore* an den guideposts aufkamen.

(a) Sachverhalt

Ausgangspunkt des Verfahrens bildete erneut ein Streit zwischen einem großen Versicherungsunternehmen und einem Versicherungsnehmer. Campbell hatte bei der State Farm Mutual Automobile Insurance Company eine Kfz-Haftpflichtversicherung mit einer Deckungssumme von USD 50.000 abgeschlossen. Im Jahr 1981 verursachte er einen Unfall, als er auf einer zweispurigen Landstraße einen vor ihm fahrenden Wagen überholen wollte und dazu auf die Gegenfahrbahn lenkte. Während des Überholvorgangs kam ihm ein von Ospitel gesteuerter Kleinwagen entgegen, der eine Kollision wiederum nur durch ein Ausweichmanöver verhindern konnte. Durch dieses Manöver kollidierte Ospitel mit dem von Slusher gesteuerten Wagen. Die Kollision tötete Ospitel und verletzte Slusher so schwer, dass dieser in der Folge eine bleibende Lähmung davontrug. Campbell und seine auf dem Beifahrersitz sitzende Ehefrau überstanden den Unfall hingegen unverletzt. Sowohl Slusher als auch die Erben von Ospitel verklagten Campbell daraufhin auf Schadensersatz. Obwohl bereits zu Beginn des Verfahrens die Alleinschuld von Campbell sehr schnell deutlich wurde, boten Slusher und die Erben von Ospitel an, ihre Klagen gegen Zahlung der Versicherungshöchstsumme von USD 50.000 fallen zu lassen. Dieses Angebot lehnt State Farm als Versicherer von Campbell jedoch ab, obwohl eigene Ermittler von State Farm ebenfalls zu dem Ergebnis kamen, dass der Unfall allein auf das Verschulden von Campbell zurückzuführen sei. Zudem versicherte State Farm dem Ehepaar Campbell, dass sich dieses bezüglich des Schadensersatzprozesses keine Sorgen machen müsse und die Versicherung ihre Interessen, auch anwaltlich, wahrnehmen werde. Zudem verwies State Farm darauf, dass das Privatvermögen der Campbells sicher sei, da sie für den Unfall nicht haften müssten. Nach Ablehnung des Angebots auf eine außergerichtliche Einigung ging der Prozess weiter und Campbell wurde schließlich zur Zahlung von insgesamt USD 185.849 verurteilt, da die Jury die volle Schuld für den Unfall bei ihm sah. State Farm weigerte sich zunächst, die über die Deckungssumme hinausgehenden USD 135.849 zu zahlen und riet den Campbells stattdessen, „doch schon einmal ein Sale-Schild auf ihrem Grundstück aufzustellen, um die Sache zu einem Ende zu bringen“.[559] Zudem weigerte sich State Farm im Namen von Campbell Berufung gegen das Urteil einzulegen, sodass Campbell dies selbst tun musste.

559 „You may want to put sale signs on your property to get things moving“.

Während der Berufungsverhandlung einigten sich die Parteien in einer Nebenabrede sodann darauf, dass Slusher und die Erben von Ospitel auf die Vollstreckung des Schadensersatzanspruchs gegen Campbell verzichten würden, wenn Campbell dafür im Gegenzug Klage gegen State Farm erhebe, Slusher und die Erben von Ospitel in alle streitgegenständlichen Entscheidungen einbinde und ihnen darüber hinaus 90 % der endgültig gegen State Farm erlangten Urteilssumme zugestehe. Entsprechend dieser Nebenabrede verklagte Campbell schließlich State Farm auf Schadensersatz wegen „bad faith, fraud and intentional infliction of emotional distress".[560] State Farm wurde daraufhin von einer Jury zu Schadensersatz in Höhe von USD 2,6 Mio. sowie USD 145 Mio. punitive damages verurteilt, die das Gericht auf USD 1 Mio. bzw. USD 25 Mio. reduzierte. Beide Parteien gingen gegen dieses Urteil vor dem Utah Supreme Court in Berufung. Dieser setzte den punitive damages award in Höhe von USD 145 Mio. wieder in Kraft, beließ den Schadensersatz jedoch bei USD 1 Mio. Gegen dieses Urteil legte State Farm schließlich Einspruch vor dem U.S. Supreme Court ein und machte einen Verstoß gegen den due process geltend.

(b) Entscheidungsinhalt

Die Entscheidung des U.S. Supreme Court zur Frage der Verfassungsmäßigkeit des punitive damages award fiel kurz und eindeutig aus.[561] Der Gerichtshof arbeitete zielstrebig die in *Gore* etablierten guideposts ab und erkannte Verstöße gegen alle drei Vorgaben durch den zuerkannten Strafschadensersatz.

Zunächst geht der Gerichtshof ausführlich auf das Kriterium der reprehensibility ein und betont dabei erneut den besonderen Charakter dieser Vorgabe.[562] Er verweist zunächst auf diejenigen Kriterien, die die Verwerflichkeit des Schädigerverhaltens bestimmen und die der Gerichtshof den Instanzgerichten bereits in *Gore* an die Hand gegeben hatte.[563] Bezugnehmend auf diesen Faktoren kommt der Gerichtshof zu dem Schluss, dass das Verhalten von State Farm gegenüber Campbell zwar keineswegs gutzuheißen sei, ein geringerer punitive damages award jedoch durchaus ausreichend gewesen wäre, um die legitimen Interessen der Allgemeinheit im Staate Utah an der Bestrafung und Abschreckung von

---

560 Arglist, Betrug und vorsätzlicher Zufügung seelischen Leids.

561 Siehe hierzu State Farm Mutual Automobile Insurance Co. v. Campbell, 538 U.S. 408, 418: „Under the principles outlined in *BMW of North America v. Gore*, this case is neither close nor difficult."

562 State Farm Mutual Automobile Insurance Co. v. Campbell, 538 U.S. 408, 419.

563 BMW of North America, Inc. v. Gore, 517 U.S. 559, 576 f.

State Farm zu befriedigen. Weiter führte er aus, dass das Urteil vielmehr dazu genutzt wurde, um die landesweite Unternehmenspolitik der Versicherung zu verurteilen, obwohl dies, wie vom Gerichtshof bereits zuvor entschieden, nicht mehr im Interesse des betroffenen Einzelstaates liege.[564] Solche außerhalb des jeweiligen Einzelstaates begangene Verhaltensweisen können unter bestimmten Voraussetzungen nur zur Beurteilung der Frage herangezogen werden, ob Strafschadensersatz überhaupt zu gewähren sei. Eine solche Einbeziehung soll immer dann möglich sein, wenn das außerstaatliche mit dem streitgegenständlichen Verhalten verwandt ist[565] und die außerstaatlichen Fälle schließlich keine Auswirkungen auf die Bemessung der konkreten Höhe des punitive damages award hat.[566] In *Campbell*, so der Gerichtshof, verstießen die Gerichte von Utah gegen beide Einschränkungen, da das Verhalten von State Farm gegenüber unterschiedlichen Versicherungsnehmern und in ganz unterschiedlichen Versicherungsfällen betrachtet wurde.[567] Diese Fälle hatten zudem eindeutig auch Auswirkung auf die Höhe des gewährten Strafschadensersatzes, da State Farm aufgrund der in Betracht gezogenen sonstigen Verfehlungen als Wiederholungstäter eingestuft[568] und aus diesem Grund mit einem besonders hohen punitive damages award belegt wurde. Der Gerichtshof kam daher zu dem Schluss, dass das Verhalten von State Farm gegenüber Campbell nicht in Übereinstimmung mit dem ersten guidepost gewürdigt worden sei.[569]

Im Anschluss an die Ausführungen zur Verwerflichkeit des Verhaltens von State Farm geht das Urteil zum zweiten guidepost über, dem Verhältnis des punitive damages award zum kompensatorischen Schadensersatz. Hier erneuert der Gerichtshof zunächst seine Aussage, dass er keine feste mathematische Grenze festschreiben möchte,[570] trifft dann jedoch eine bemerkenswerte Feststellung: Strafschadensersatz, der ein Verhältnis von 9:1 zum kompensatorischen Schadensersatz übersteigt, soll in den seltensten Fällen den Anforderungen des due process gerecht werden.[571] Einzig und allein in Fällen, in denen ein besonders

564 State Farm Mutual Automobile Insurance Co. v. Campbell, 538 U.S. 408, 420.
565 State Farm Mutual Automobile Insurance Co. v. Campbell, 538 U.S. 408, 422 f.
566 State Farm Mutual Automobile Insurance Co. v. Campbell, 538 U.S. 408, 422.
567 State Farm Mutual Automobile Insurance Co. v. Campbell, 538 U.S. 408, 423 f.
568 Sog. „recidivist", der nach der Rechtsprechung des U.S. Supreme Court tatsächlich mit höheren punitive damages belegt werden, da seine wiederholten Verfehlungen als besonders verwerflich einzustufen sind. Siehe hierzu BMW of North America, Inc. v. Gore, 517 U.S. 559, 577.
569 State Farm Mutual Automobile Insurance Co. v. Campbell, 538 U.S. 408, 424.
570 State Farm Mutual Automobile Insurance Co. v. Campbell, 538 U.S. 408, 424 f.
571 State Farm Mutual Automobile Insurance Co. v. Campbell, 538 U.S. 408, 425.

verwerfliches Verhalten nur zu einem geringen tatsächlichen Schaden geführt hat, könne ein größeres Verhältnis noch verfassungskonform sein.[572] Im Gegenzug müsse ein punitive damages award jedoch umso geringer ausfallen, je höher der kompensatorische Schadensersatz sei.[573] Insbesondere auf Grundlage dieser zweiten Einschränkung kommt der Gerichtshof schließlich zum Ergebnis, dass der Strafschadensersatz gegen den zweiten guidepost verstößt, da der Campbell gewährte Schadensersatz in Höhe von USD 1 Mio. vor dem Hintergrund seines tatsächlich erlittenen Schadens bereits außergewöhnlich großzügig und der punitive damages award daher unverhältnismäßig sei.[574]

Den dritten guidepost, das Verhältnis des Strafschadensersatzes zu Bußgeldern, spricht der Gerichtshof nur kurz an, präzisiert diese Vorgabe jedoch in einem Punkt. So sollen in den Vergleich mit dem Strafschadensersatz ausschließlich solche Bußgelder eingestellt werden, die ihren Ursprung nicht in originär strafrechtlichen Vorschriften haben.[575] Solche Bußgelder standen in Utah für das in Rede stehende Verhalten von State Farm lediglich in einer Höhe bis USD 10.000 zur Verfügung, sodass hier ein besonders krasses Missverhältnis zu den USD 145 Mio. Strafschadensersatz festzustellen war.[576]

Der U.S. Supreme Court kommt so zu dem eindeutigen Ergebnis, dass der punitive damages award, der Campbell zugestanden wurde, gegen alle drei in *Gore* aufgestellten Vorgaben verstößt und daher mit dem due process unvereinbar sei. Am Ende der Urteilsbegründung weißt der Gerichtshof zudem noch darauf hin, dass aufgrund des großzügigen Schadensersatzes ein punitive damages award in etwa der Höhe des Schadensersatzes als angemessen erscheine.[577] Diese sehr präzise Festlegung der in Betracht kommenden Höhe des Strafschadensersatzes sowie der Vorschlag eines Verhältnisses von lediglich 1:1 zwischen punitive und compensatory damages stellten ein absolutes Novum in der Rechtsprechung des Gerichtshofs dar.

Insgesamt festigte die Entscheidung in *Campbell* die Rechtsprechung des U.S. Supreme Court zur Verfassungsmäßigkeit von punitive damages awards.[578] Das

---

572 State Farm Mutual Automobile Insurance Co. v. Campbell, 538 U.S. 408, 425.

573 State Farm Mutual Automobile Insurance Co. v. Campbell, 538 U.S. 408, 425.

574 State Farm Mutual Automobile Insurance Co. v. Campbell, 538 U.S. 408, 426.

575 State Farm Mutual Automobile Insurance Co. v. Campbell, 538 U.S. 408, 428.

576 Für einen Fall von *grand fraud*; siehe State Farm Mutual Automobile Insurance Co. v. Campbell, 538 U.S. 408, 428.

577 State Farm Mutual Automobile Insurance Co. v. Campbell, 538 U.S. 408, 429.

578 Nach der Zurückverweisung an den Supreme Court of Utah reduzierte dieser den punitive damages award auf USD 9 Mio. und damit genau auf ein Verhältnis von 9:1

Verfahren wurde durch den Gerichtshof insbesondere dazu genutzt, die in *Gore* definierten Vorgaben weiter auszubauen und zu präzisieren. Zudem nutzte der U.S. Supreme Court die Möglichkeit, einen Verstoß gegen den due process durch einen punitive damages award sehr bestimmt und klar zu rügen. Dadurch zeigte er insbesondere den Kritikern seiner Rechtsprechung deutlich, dass er weiterhin gewillt war, den Auswüchsen im System der punitive damages energisch entgegenzutreten.[579]

(3) Philip Morris USA v. Williams

Die letzte zum „constitutional excessiveness trio" gehörende Entscheidung des U.S. Supreme Court erging im Verfahren *Philip Morris USA v. Williams.*[580] Im Rahmen dieses Urteils beschäftigte sich der Gerichtshof jedoch nicht unmittelbar mit der Frage nach der Verhältnismäßigkeit eines punitive damages award, sondern mit dem vorgelagerten Problem der Einbeziehung von nicht streitgegenständlichen Schädigerverhalten.

(a) Sachverhalt

Der Entscheidung des U.S. Supreme Court lag ein Verfahren vor den Gerichten Oregons zugrunde, das die Witwe von Jesse Williams durch Einreichung einer Schadensersatzklage gegen Philip Morris eingeleitet hatte. Sie machte den Tabakkonzern für den Lungenkrebstod ihres Ehemannes verantwortlich, der sein gesamtes Erwachsenenleben lang Zigaretten des Unternehmens geraucht hatte. Der fortgesetzte Zigarettenkonsum ihres Ehemanns sei nämlich darauf zurückzuführen, dass er auf die gesundheitsgefährdende Wirkung des Zigarettenkonsums wider besseres Wissen des Konzerns nicht aufmerksam gemacht wurde. Von einer Jury wurde Philip Morris daraufhin wegen arglistiger Täuschung zur Zahlung von USD 821.000 Schadensersatz und USD 79,5 Mio. punitive damages verurteilt. Die noch durch das Tatsachengericht erfolgte Herabsetzung der beiden Schadensersatzpositionen wurde durch das Berufungsgericht wieder aufgehoben und auch die darauffolgenden Revisionsverfahren, angeordnet unter anderem aufgrund eines ersten Beschlusses des U.S. Supreme Court in diesem Fall,[581] führten zu keiner erneuten Reduzierung der Schadensersatzsummen.

---

zum kompensatorischen Schadensersatz, siehe Campbell v. State Farm Mutual Automobile Insurance Co. v. Campbell, 98 P. 3d 409, 420 (2004).

579 So auch *Chanenson/Gotonda*, 37 University of Michigan Law Reform 441, 465.

580 Philip Morris USA v. Williams, 549 U.S 346 (2007).

581 Philip Morris USA v. Williams, 540 U.S. 801 (2003).

Nachdem alle einzelstaatlichen Möglichkeiten ausgeschöpft waren, legte Philip Morris erneut Einspruch vor dem U.S. Supreme Court ein und machte dort einen doppelten Verstoß gegen den due process geltend. Zum einen, weil die Jury nicht darauf hingewiesen wurde, dass das Schädigerverhalten gegenüber nicht am Verfahren beteiligten Geschädigten bei der Bemessung des punitive damages award unbeachtet bleiben müsse. Und zum anderen bemängelte Philip Morris, dass die Höhe des Strafschadensersatzes die vom U.S. Supreme Court propagierte „one digit"-Grenze klar überschreite.[582]

(b) Entscheidungsinhalt

Die von Philip Morris gegen den Strafschadensersatz vorgebrachten Einwände waren grundsätzlich dazu geeignet, eine Aufhebung des Urteils herbeizuführen. Insbesondere das Verhältnis des punitive damages award zum kompensatorischen Schadensersatz, das bei beinahe 100:1 lag, konnte vor dem Hintergrund der vorangegangenen Verfahren, die zu Aufhebungsentscheidungen geführt hatten,[583] kaum ein anderes Ergebnis hinsichtlich der Vereinbarkeit mit dem due process erwarten lassen. Allerdings ging der Gerichtshof auf diesen Einwand und die Frage der Unverhältnismäßigkeit des Strafschadensersatzes überhaupt nicht ein, sondern beschäftigte sich ausschließlich mit dem ersten von Philip Morris vorgebrachten Einwand. Nach Auffassung des Gerichtshofs spielte bei der Bemessung des Strafschadensersatzes durch die Jury nämlich eindeutig auch das Verhalten des Schädigers gegenüber nicht am Verfahren beteiligten Geschädigten eine Rolle und beeinflusste maßgeblich die Höhe des punitive damages award.[584] Das Tatsachengericht hatte es nämlich abgelehnt, die Jury davon zu unterrichten, dass diese den Beklagten für Verhalten gegenüber sonstigen Geschädigten nicht bestrafen dürfe.[585] Zudem forderte der Klägervertreter die Mitglieder der Jury ausdrücklich auf, an alle anderen rauchenden Bürger Oregons und die zahlreichen weiteren, auf Zigarettenkonsum basierenden Todesfälle in diesem Einzelstaat zu denken.[586] Zusammen mit der außergewöhnlichen Höhe des punitive damages award ließ dies den Schluss zu, dass die Jury Philip Morris durch den Strafschadensersatz nicht nur für die schädigende Handlung

---

582 Diese beiden Einwände wurden von Philip Morris bereits vor dem Supreme Court of Oregon angebracht, drangen dort jedoch nicht durch; siehe Williams v. Philip Morris USA, 340 Oregon 35 (2006).

583 Das Verhältnis in *Gore* belief sich auf 500:1, in *Campbell* auf 145:1.

584 Philip Morris USA v. Williams, 549 U.S 346, 357 f.

585 Philip Morris USA v. Williams, 549 U.S 346, 350.

586 Philip Morris USA v. Williams, 549 U.S 346, 350 f.

gegenüber Jesse Williams, sondern auch für entsprechende Schädigungen gegenüber anderen Rauchern aus Oregon bestrafen wollte.

Mit der Frage nach der Einbeziehung von nicht streitgegenständlichen Verhalten des Beklagten beschäftigte sich der Gerichtshof bereits in *Campbell*, als er das Verhalten von State Farm gegenüber Versicherten mit anders gelagerten Schadensfällen als nicht relevant für die Beurteilung des Verhaltens der Beklagten gegenüber dem Kläger einstufte. Allerdings hatte sich der U.S. Supreme Court zur hier maßgeblichen Frage der Einbeziehung von gleichem Schädigungsverhalten gegenüber sonstigen innerstaatlichen Geschädigten nicht geäußert,[587] sodass die Einschätzung der Instanzgerichte, dieses Verhalten könne Berücksichtigung finden, zumindest nicht gegen die bisher ergangenen Entscheidungen des U.S. Supreme Court verstieß. Der Gerichtshof nutze die sich ihm bietende Gelegenheit daher, um die Anforderungen an die Einbeziehung von nicht streitgegenständlichen Verhalten des Beklagten weiter zu präzisieren und zu verschärfen. So stellte er klar, dass sonstiges Verhalten des Beklagten herangezogen werden könne, um die Verwerflichkeit des Schädigerverhaltens und somit die Notwendigkeit von Strafschadensersatz zu beurteilen. Der Grund hierfür sei darin zu sehen, dass gleichgeartetes Verhalten gegenüber einer Vielzahl Betroffener als verwerflicher zu beurteilen sei, als ein lediglich einmaliger Verstoß. Diese Feststellung dürfe jedoch keine Auswirkungen auf die sich anschließende Bemessung der Höhe des Strafschadensersatzes haben.[588]

Dem U.S. Supreme Court war dabei durchaus bewusst, dass diese Differenzierung zu erheblichen praktischen Schwierigkeiten führen würde.[589] Sie erfordert nämlich, dass die Jury für die Frage nach dem „ob" von Strafschadensersatz im Rahmen der reprehensibility ein Verhalten des Beklagten zu beurteilen hat, das sie im Anschluss bei der Frage nach dem „wie" des Strafschadensersatzes wieder aus ihren Erwägungen streichen muss. Die Ausarbeitung handhabbarer prozessualer Sicherungen, um die geforderte Differenzierung zu verwirklichen, überlässt der Gerichtshof in der Folge jedoch den Einzelstaaten und begnügt sich mit der Feststellung, dass diese hierfür Sorge zu tragen hätten.[590] Bezogen auf das Verfahren gegen Philip Morris in Oregon kam der U.S. Supreme Court folgerichtig zum Schluss, dass dieses den Anforderungen des Gerichtshofs nicht gerecht wurde und das Urteil daher gegen den due process verstoße. Es wurde

587 Philip Morris USA v. Williams, 549 U.S 346, 356 f.
588 Philip Morris USA v. Williams, 549 U.S 346, 355.
589 Philip Morris USA v. Williams, 549 U.S 346, 357.
590 Philip Morris USA v. Williams, 549 U.S 346, 357.

daher aufgehoben und das Verfahren zurückverwiesen, damit erneut über die Höhe des Strafschadensersatzes entschieden werden konnte.[591]

Da im Rahmen des neuen Verfahrens und unter Berücksichtigung des vom Gerichtshof vorgegebenen Bemessungsmaßstabs mit einem erheblich geringeren punitive damages award zu rechnen war, ging der U.S. Supreme Court auf die Frage, ob die Schadensposition zusätzlich als „grossly excessive" zu bewerten sei, nicht weiter ein.[592] Einige Literaturstimmen sahen darin eine Abkehr des Gerichtshofs vom zweiten guidepost,[593] was vor dem Hintergrund der Verfahrensgeschichte[594] und der fehlenden Entscheidungsrelevanz der Verhältnismäßigkeitsfrage jedoch wenig wahrscheinlich ist. Im Gegenteil muss vielmehr davon ausgegangen werden, dass der Gerichtshof den Fall zum Anlass nahm, die Verurteilung zu Strafschadensersatz weiter zu erschweren und seine Rechtsprechung zu punitive damages insgesamt breiter in das allgemeine Prozessrecht zu integrieren.[595]

---

591 Nach der Zurückverweisung an den Supreme Court of Oregon hielt dieser entgegen der Vorgaben des U.S. Supreme Court an der Höhe des punitive damages awards fest, siehe Williams v. Philip Morris Inc., 176 P. 3d 1255 (2008). Dies begründete er damit, dass die Höhe des Strafschadensersatzes auf einer unabhängigen und angemessenen, einzelstaatlichen Grundlage basiere. Der hiergegen erneut eingelegte Einspruch von Philip Morris vor dem U.S. Supreme Court wurde durch diesen nicht angenommen, sodass die Entscheidung des Supreme Court of Utah letztlich bestandskräftig wurde.

592 Philip Morris USA v. Williams, 549 U.S 346, 358.

593 *Sebok*, 2 Charleston Law Review 287, 291 f.

594 Der U.S. Supreme Court hatte das Urteil schon einmal aufgrund des hohen Strafschadensersatzes zurückverwiesen; siehe Philip Morris USA v. Williams, 540 U.S. 801 ff.

595 Hintergrund des Problems der Einbeziehung von Handlungen des Beklagten gegenüber verfahrensfremden Personen ist, dass das US-amerikanische Recht für solche Fälle mit der „class action" eine eigene Verfahrensart bereitstellt, die es mehreren gleich Geschädigten erlaubt, gemeinsam gegen den Schädiger vorzugehen, diesem im Gegenzug jedoch Schutz vor mehrmaliger Verurteilung bietet. Bei Einbeziehung von Schädigerverhalten gegenüber am Prozess nicht beteiligten Personen im Rahmen der Urteilsfindung kann genau dies jedoch geschehen, da der Schädiger nach Verurteilung zu punitive damages nicht davor geschützt ist, bei Klage eines weiteren Geschädigten in einem neuen Verhalten erneut zu Strafschadensersatz verurteilt zu werden. Wenn bei Bestimmung der Höhe von punitive damages dabei beide Male das Verhalten des Schädigers gegenüber dem jeweils verfahrensfremden Geschädigten einbezogen wird, so führt dies zu einer doppelten Verurteilung zu Strafschadensersatz des Beklagten für dasselbe Verhalten. Um dies zu verhindern und sich wiederholendes Verletzungsverhalten trotzdem in die Beurteilung einzubeziehen, entwickelte der U.S. Supreme Court die eben dargestellte Trennungslösung.

d) Das Ende der multiple-digit punitive damages awards? – Die Entscheidung in Exxon Shipping Co. v. Baker

Das Verfahren in Sachen *Williams* bildete den bisherigen Schlusspunkt in der Rechtsprechung des U.S. Supreme Court zu Strafschadensersatzurteilen, die auf einzelstaatlichen Recht basieren. Dem Gerichtshof bot sich im Bereich des Bundesrechts jedoch noch einmal die Möglichkeit, seine Ausführungen zum Strafschadensersatz weiter fortzuentwickeln.[596]

(1) Sachverhalt

Den Ausgangspunkt für die Entscheidung des U.S. Supreme Court bildete eine Schadensersatzklage von Bewohnern von Alaska gegen die ehemalige Schifffahrtstochter des Ölkonzerns Exxon (heute Exxon Mobil), die Exxon Shipping Company. Grund für die Klage war die Havarie des Öltankers „Exxon Valdez" am 24. März 1989, der auf ein Riff im Prinz-William-Sund vor Süd-Alaska lief. Durch den Aufprall wurde die Tankerhülle aufgerissen, woraufhin sich schätzungsweise 37.000 t Rohöl in die Küstengewässer Alaskas ergossen und das Ökosystem nachhaltig schädigten. Eine Untersuchung der Havarie kam zu dem Schluss, dass das Unglück auf menschliches Versagen zurückzuführen war. Es wurde festgestellt, dass sich der alkoholkranke Kapitän der Exxon Valdez, Hazelwood, zum Zeitpunkt der Kollision in seiner Kabine befand, um nach eigener Aussage Schreibarbeiten zu erledigen. Tatsächlich war Hazelwood zu diesem Zeitpunkt wohl stark alkoholisiert, da er vor dem Auslaufen des Tankers nachweislich Alkohol konsumiert hatte. Ein Blutalkoholtest elf Stunden nach der Havarie ergab sodann auch, dass Hazelwood zum Zeitpunkt des Unfalls eine Blutalkoholkonzentration von 2,4 ‰ gehabt haben musste. Aufgrund der Abwesenheit des Kapitäns musste der auf der Brücke verbliebene wachhabende Offizier eine notwendige Kurskorrektur alleine einleiten und überwachen, obwohl er hierfür nicht ausreichend qualifiziert war. Aus nicht mehr nachzuvollziehenden Gründen verpasste der wachhabende Offizier den Zeitpunkt zur Kurskorrektur und konnte die Havarie des Tankers auch nicht mehr durch ein eingeleitetes Notmanöver verhindern. Exxon kam in Nachgang für die Reinigungskosten in Höhe von USD 2,1 Mrd. auf, leistete Strafzahlungen in Höhe von insgesamt USD 125 Mio. für den Verstoß gegen zahlreiche Ordnungswidrigkeiten und zahlte weitere USD 900 Mio. zum Wiederaufbau der Natur. Zudem entschädigte Exxon freiwillig die von den Folgen der Havarie betroffenen Fischer,

596 Exxon Shipping Co. v. Baker, 554 U.S. 471 ff.

Grundstückseigentümer und sonstigen Parteien, die im Gegenzug ihre Zivilklagen fallen ließen.[597] Die Kläger, die ihre Schadensersatzklagen nicht durch eine außergerichtliche Entschädigungszahlung beilegen wollten, wurden schließlich in vier „class action classes" zusammengefasst: Drei Gruppen für Kläger, die weiterhin kompensatorischen Schadensersatz geltend machten (jeweils eine Gruppe für kommerzielle Fischer, Ureinwohner Alaskas sowie Grundstückseigentümer) und eine Gruppe für alle Kläger, die punitive damages forderten.[598] Im Rahmen der „punitive damages class action" kam die Jury zu dem Schluss, dass vor dem Hintergrund der Verwerflichkeit des Verhaltens von Exxon, der Finanzkraft des Unternehmens und des Ausmaßes des Schadens ein punitive damages award in Höhe von USD 5 Mrd. angemessen sei. Der Strafschadensersatz wurde durch die sich anschließende Revision schließlich auf USD 2,5 Mrd. halbiert. Gegen dieses Revisionsurteil legten sowohl Exxon als auch die Kläger Einspruch vor dem U.S. Supreme Court ein.

(2) Entscheidungsinhalt

Der Gerichtshof musste sich in seinem Urteil maßgeblich mit zwei Fragen beschäftigen. Zunächst, ob Exxon überhaupt zur Zahlung von Strafschadensersatz verurteilt werden konnte oder ob diese Schadensersatzkategorie im Bereich des anwendbaren Seerechts nicht durch vorrangige gesetzliche Regelungen gesperrt war. Und schließlich, eine Bejahung von Strafschadensersatz im Seerecht vorausgesetzt, ob die konkret gegen Exxon verhängten punitive damages verhältnismäßig waren.

Die Frage nach der Verfügbarkeit von punitive damages im Bereich des Seerechts beantwortet der U.S. Supreme Court inhaltlich sehr zügig. Er kam dabei zu dem Schluss, dass der Bereich des maritimen Haftungsrechts zwar größtenteils spezialgesetzlich geregelt sei und die einschlägigen Schadensersatzregelungen punitive damages nicht vorsähen,[599] das Eingreifen des Gesetzgebers jedoch nicht zu einem kompletten Ausschluss von punitive damages des maritimen common law führe. Der Gerichtshof erkannte in der Verabschiedung spezialgesetzlicher Regelungen zwar grundsätzlich die Verkörperung eines vorrangigen gesetzgeberischen Willens. Dieser umfasste nach Ansicht des Gerichts allerdings nicht die generelle Abschaffung von punitive damages im Seerecht.[600] Hierfür

597 Hierfür wurden insgesamt USD 303 Mio. gezahlt.

598 Diese wurde als „mandatory class" ausgestaltet, d.h. alle punitive damages-Kläger mussten der „class" beitreten.

599 Exxon Shipping Co. v. Baker 554 U.S. 471, 488.

600 Exxon Shipping Co. v. Baker 554 U.S. 471, 489.

spreche, dass ein Verzicht auf die hergebrachten seerechtlichen Grundsätze des common law sonst gleichzeitig zur Folge habe, dass der sich in diesem Bereich herausgebildete Pflichtenkanon für am Seeverkehr Beteiligte keine Gültigkeit mehr beanspruchen könne, wodurch Lücken im Schutzniveau entstünden.[601] Dies könne vor dem Hintergrund der potentiellen Schadenshöhen im Seeverkehr jedoch nicht gewollt sein, sodass das gesetzgeberische Eingreifen die Anforderungen des common law nicht ersetzt habe, sondern vielmehr punktuell ergänze und präzisiere. Bezogen auf den vorliegenden Fall habe dies zur Folge, dass Exxon grundsätzlich zur Zahlung von Strafschadensersatz verurteilt werden könne.

Nachdem der Gerichtshof die grundsätzliche Verfügbarkeit von punitive damages im Seerecht somit bejaht hatte, musste er sich in der Folge mit der Frage befassen, ob die konkret gegen Exxon verhängte Strafschadensersatzsumme in Höhe von USD 2,5 Mrd. verhältnismäßig war. Nach einem kurzen Abriss über die historische Entwicklung der punitive damages[602] kommt der Gerichtshof schließlich auf die seiner Meinung nach zentrale Problematik im Bereich der punitive damages zu sprechen: die Unvorhersehbarkeit der Höhe von Strafschadensersatz.[603] Der U.S. Supreme Court bemerkt diesbezüglich, dass selbst scheinbar gleichartige Fallkonstellationen zu erheblich unterschiedlichen Strafschadensersatzurteilen führen können.[604] Dies sei vor dem Hintergrund des verfassungsrechtlichen Gebotes, dass ein Beklagter im Vorfeld wissen müsse, wie er für ein bestimmtes Verhalten haftbar gemacht werden könne, höchst problematisch.[605] Der Gerichtshof präsentiert und diskutiert schließlich drei Lösungswege zum Abbau dieser Unvorhersehbarkeit. Zunächst befasst er sich mit einem Ansatz, der zu diesem Zeitpunkt bereits in einigen Einzelstaaten Anwendung fand.[606] Dieser setzt darauf, dass eine Steigerung der Vorhersehbarkeit der Höhe von punitive damages allein durch eine bessere Beschreibung sowohl der Verhaltensweisen, die eine Verurteilung zu Strafschadensersatz nach sich ziehen können,[607] als auch der konkreten Bemessungsvorgaben erreicht

601 Exxon Shipping Co. v. Baker 554 U.S. 471, 489.
602 Exxon Shipping Co. v. Baker 554 U.S. 471, 490 ff.
603 Exxon Shipping Co. v. Baker 554 U.S. 471, 499.
604 Exxon Shipping Co. v. Baker 554 U.S. 471, 500 f.
605 Exxon Shipping Co. v. Baker 554 U.S. 471, 502.
606 Exxon Shipping Co. v. Baker 554 U.S. 471, 503, mit Verweis auf Maryland und Alabama.
607 Exxon Shipping Co. v. Baker 554 U.S. 471, 503 f.

werden kann.[608] Der U.S. Supreme Court zeigte sich bei der Beurteilung dieser deskriptiven Methode jedoch skeptisch, ob diese die Vorhersehbarkeit von Strafschadensersatz tatsächlich erhöhen könne. So verweist der Gerichtshof darauf, dass präziser formulierte Vorgaben regelmäßig nicht dazu geeignet seien, für Kontinuität und Konsistenz in der Bemessung von Ersatzfolgen zu sorgen.[609] Dies zeige bereits ein Blick auf eine gleich gelagerte Problematik in der Strafzumessung in Strafverfahren, die erst durch die Einführung eines quantitativen Ansatzes überwunden werden konnte.[610]

Diesen Verweis auf das Strafverfahren nimmt der Gerichtshof sodann zum Anlass, um nach der Ablehnung der deskriptiven Methode zwei quantitative Modelle zu diskutieren. Zunächst wendet er sich dem aus dem Strafverfahren bekannten Ansatz einer „cap" zu, d.h. einer festen Obergrenze.[611] Hierzu bemerkt der Gerichtshof jedoch zügig, dass die Einführung starrer Strafschadensersatzobergrenzen keine wirkliche Alternative darstelle. Deliktische Handlungen seien zu unterschiedlich, um durch einen festen Maximalbetrag alle Fallgestaltungen sinnvoll erfassen zu können.[612] Aus diesem Grund sieht der Gerichtshof den erfolgversprechendsten Ansatz auch in dem aus seiner bisherigen Rechtsprechung bereits bekannten quantitativen Modell, der punitive-to-compensatory-ratio.[613] Diese verbindet den Strafschadensersatz durch den Einsatz eines Multiplikators mit dem kompensatorischen Schadensersatz und steigert auf diesem Weg die Vorhersehbarkeit. Eine positive Begründung, warum gerade diese Methode die Unsicherheiten im Bereich der punitive damages effektiv beseitigen kann, gibt der Gerichtshof allerdings nicht. Er wählt sie vielmehr deshalb, weil die beiden anderen angesprochenen Modelle nach seiner Ansicht eindeutige Schwächen aufweisen. Die deskriptive Methode belässt den Gerichten einen zu großen Spielraum in der Bemessung der konkreten Strafschadensersatzhöhe und die Lösung über eine feste Obergrenze kann den Unrechtscharakter unterschiedlicher deliktischer Handlungen nur unzureichend abbilden. Für den Rückgriff auf die Verknüpfung des Strafschadensersatzes mit dem kompensatorischen Schadensersatz sprach zudem, dass der U.S. Supreme Court hiermit

608 Exxon Shipping Co. v. Baker 554 U.S. 471, 504.
609 Exxon Shipping Co. v. Baker 554 U.S. 471, 504.
610 Exxon Shipping Co. v. Baker 554 U.S. 471, 505.
611 Exxon Shipping Co. v. Baker 554 U.S. 471, 506.
612 Exxon Shipping Co. v. Baker 554 U.S. 471, 506.
613 Exxon Shipping Co. v. Baker 554 U.S. 471, 506.

bereits Erfahrungen in seiner bisherigen Rechtsprechung zu punitive damages gemacht hatte.[614]

Auf seine bisherigen Erfahrungen greift der Gerichtshof in der Urteilsbegründung sodann auch zurück, als er sich mit der Frage befasst, welches Verhältnis zwischen Strafschadensersatz und kompensatorischen Schadensersatz konkret zugrunde gelegt werden soll. Zunächst diskutiert der U.S. Supreme Court ein Verhältnis von 3:1, wie es in bestimmten Einzelstaaten[615] und sog. „treble damages statutes"[616] für punitive damages awards vorgesehen ist. Diesbezüglich stellt der Gerichtshof, der in seiner Funktion als Verfassungsgericht in den vorangegangenen Entscheidungen ein Verhältnis von maximal 9:1 propagiert hatte,[617] fest, dass ein solches Verhältnis zwar grundsätzlich vernünftig erscheine, jedoch verschiedene Schwachstellen aufweise. So gehen die einzelstaatlichen Regelungen, die ein Verhältnis von 3:1 vorsehen, ausnahmslos von einem böswillig handelnden Schädiger aus, wenden das Verhältnis jedoch auch in Fällen einer geringeren Vorwerfbarkeit an.[618] Ihnen fehle daher grundsätzlich die notwendige Ausgewogenheit und konkret würden sie auch nicht zu den Umständen des vorliegenden Falles passen, in dem das Verhalten von Exxon gerade nicht böswillig war.[619] Auch eine Analogie zu den „treble damages statutes" lehnt der U.S. Supreme Court mangels Vergleichbarkeit der Interessenslagen ab.[620] Seine Ausführungen zum Verhältnis von 3:1 schließt der Gerichtshof schließlich mit der zusätzlichen Bemerkung, dass dieses Verhältnis im Falle von gesetzlich geregeltem Strafschadensersatz zwar häufig, aber keineswegs ausschließlich zur Anwendung gelange und daher auch nicht zwingend gewählt werden müsse.[621]

Der U.S. Supreme Court wandte sich sodann einem eigenen Ansatz zu, der auf statistischen Untersuchungen von Strafschadensersatzurteilen der vorangegangenen Jahre basierte.[622] Diese stellten fest, dass das gemittelte Verhältnis

---

614 Exxon Shipping Co. v. Baker 554 U.S. 471, 507.
615 Exxon Shipping Co. v. Baker 554 U.S. 471, 510.
616 Exxon Shipping Co. v. Baker 554 U.S. 471, 511.
617 State Farm Mutual Automobile Insurance Co. v. Campbell, 538 U.S. 408, 425. Die Aussage in *Campbell*, ein Verhältnis von 1:1 könne unter Umständen bereits ausreichend sein, war vor allem dem Umstand geschuldet, dass dem Kläger in diesem Einzelfall bereits ein sehr hoher kompensatorischer Schadensersatz zugesprochen wurde, siehe State Farm Mutual Automobile Insurance Co. v. Campbell, 538 U.S. 408, 429.
618 Exxon Shipping Co. v. Baker 554 U.S. 471, 510.
619 Exxon Shipping Co. v. Baker 554 U.S. 471, 511.
620 Exxon Shipping Co. v. Baker 554 U.S. 471, 511.
621 Exxon Shipping Co. v. Baker 554 U.S. 471, 512.
622 Exxon Shipping Co. v. Baker 554 U.S. 471, 512.

zwischen punitive damages und kompensatorischen Schadensersatz bei etwa 0,65:1 lag und somit der kompensatorische Schadensersatz den Strafschadensersatz regelmäßig überstieg.[623] Von diesem Ergebnis ausgehend schlug der Gerichtshof daher ein Verhältnis zwischen punitive damages zu compensatory damages von 1:1 vor. Die leichte Heraufsetzung des Strafschadensersatzumfangs im Vergleich zum statistischen Mittelwert begründet er damit, dass auf diese Weise auch außergewöhnliche Fallgestaltungen abgebildet werden könnten.[624] Das vorgeschlagene Verhältnis wird durch den Gerichtshof sodann noch mit einer weiteren Überlegung untermauert.[625] So sei in der Rechtsprechung des U.S. Supreme Court zu punitive damages bereits anerkannt, dass Strafschadensersatz rein bestrafenden und abschreckenden Charakter habe und nicht zur Kompensation des Geschädigten heranzuziehen sei. Daher sei es auch nicht notwendig, den Strafschadensersatz im Verhältnis zum kompensatorischen Schadensersatz aus Kompensationszwecken weiter zu erhöhen.[626] Aufgrund seiner Ausführungen kommt der U.S. Supreme Court so zu dem Urteil, dass der gegen Exxon verhängte Strafschadensersatz auf die Höhe des kompensatorischen Schadensersatzes zu reduzieren sei, der bei USD 507,5 Mio. lag.[627]

Über die Entscheidung in der konkreten Rechtssache hinaus lieferte der Gerichtshof in seiner Urteilsbegründung gute allgemeine Argumente für das von ihm propagierte Verhältnis zwischen punitive damages und compensatory damages von 1:1. Die sehr umfangreiche Begründung dieses Verhältnisses lässt zudem den Schluss zu, dass es zukünftig in Form eines modifizierten zweiten guidepost auch Eingang in verfassungsrechtliche Fallgestaltungen finden könnte.[628] Hierfür spricht zum einen, dass der Gerichtshof in seinem Urteil an einer Stelle andeutet, dass der vorliegende Fall und die bisherigen Entscheidungen zu punitive damages einheitlich zu verstehen sind.[629] Zum anderen kann so auch erklärt werden, warum der Gerichtshof eine großzügigere Haltung hinsichtlich der

623 Exxon Shipping Co. v. Baker 554 U.S. 471, 512 a.E.

624 Exxon Shipping Co. v. Baker 554 U.S. 471, 513.

625 Der U.S. Supreme Court verweist zudem noch darauf, dass selbst für vorsätzliche Verschmutzungen der Meere maximal ein Bußgeld in Höhe von USD 50.000 pro Tag verhängt werden könne und der punitive damages award auch vor diesem Hintergrund als ausreichend zu beurteilen sei; siehe *Exxon Shipping Co. v. Baker* 554 U.S. 471, 514.

626 Exxon Shipping Co. v. Baker 554 U.S. 471, 513 Fn. 27.

627 Exxon Shipping Co. v. Baker 554 U.S. 471, 513, 515.

628 So auch *Sharkey*, 7 University of St. Thomas Law Journal 25, 32 ff.

629 Siehe hierzu die Erläuterungen bei *Sharkey*, 7 University of St. Thomas Law Journal 25, 32 f.

Funktion des Strafschadensersatzes im Seerecht ablehnt.[630] Und zuletzt spricht hierfür, dass so der Unvorhersehbarkeit von punitive damages als dem zentralen Problem des Strafschadensersatzes[631] noch wirksamer begegnet werden könnte. Es bleibt daher abzuwarten, ob das Verhältnis von 1:1 in Zukunft tatsächlich auch auf die einzelstaatlichen Fallgestaltungen ausgedehnt werden wird.

3. Die Vorgaben des U.S. Supreme Court und ihre praktische Umsetzung

Die bisherigen Ausführungen haben gezeigt, dass die Rechtsprechung des U.S. Supreme Court zu punitive damages im Verlauf der letzten 20 Jahre zu erheblichen Veränderungen des Strafschadensersatzrechts geführt hat. Ausschlaggebend hierfür war vor allem die Bereitschaft des Gerichtshofs, in erheblichem Umfang regulierend in diesen Bereich einzugreifen. Der U.S. Supreme Court hat dazu, ausgehend von einer Interpretation der due process clause als Schranke des Strafschadensersatzes, Voraussetzungen entwickelt, die punitive damages im Rahmen der verfassungsrechtlichen Vorgaben halten sollen. Diese guideposts wurden durch die verschiedenen Urteile des U.S. Supreme Court zu punitive damages kontinuierlich weiterentwickelt. Entstanden ist hierdurch jedoch ein Rechtsprechungsflickenteppich, da nicht in jeder Entscheidung des Gerichtshofs alle guidepost adressiert wurden, sondern sich jeweils auf Einzelaspekte der Strafschadensersatzdogmatik oder einzelne Vorgaben konzentrieren wurde. Daher soll nachfolgend der *status quo* der strafschadensersatzrechtlichen Dogmatik des U.S. Supreme Court und deren praktische Auswirkungen zusammenfassend dargestellt werden.

a) Form und Inhalt der guideposts heute

Das zentrale Element der Strafschadensersatzdogmatik des U.S. Supreme Court bilden die durch den Gerichthof entwickelten verfassungsrechtlichen Vorgaben, die gemeinhin als guideposts bezeichnet werden. Diese sind als Richtlinien für die nachgeordneten Gerichte gedacht und sollen diesen bei der Bemessung von Strafschadensersatz behilflich sein. Seit ihrer Einführung im Jahr 1996 wurden

---

630 Siehe Exxon Shipping Co. v. Baker 554 U.S. 471, 513 Fn. 27: „Indeed, any argument for more generous punitive damages in maritime cases would call into question the maritime applicability of the constitutional limit on punitive damages as now understood, for we have tied that limit to a conception of punitive damages awarded entirely for a punitive, not quasi-compensatory, purpose.“

631 Exxon Shipping Co. v. Baker 554 U.S. 471, 499.

die guideposts durch den U.S. Supreme Court in vielfältiger Weise ergänzt, umgedeutet und neu gewichtet.

(1) Reprehensibility

In der richtungsweisenden *Gore*-Entscheidung hob der U.S. Supreme Court einen guidepost besonders hervor: die sog. reprehensibility, d.h. den Grad der Verwerflichkeit des Schädigerverhaltens.[632] In der weiteren Rechtsprechungsentwicklung hat diese Vorgabe dann jedoch einen zunehmenden Bedeutungsverlust erfahren, obwohl ihr herausgehobener Stellenwert vor dem Hintergrund der ursprünglichen Konzeption der guideposts mehr als gerechtfertigt war. Die reprehensibility betrifft nämlich sowohl das „ob" als auch das „wie" von Strafschadensersatz und damit beide Ebenen der Bemessung eines punitive damages award.

Beim „ob" von Strafschadensersatz handelt es sich um die vorgelagerte, in der strafschadensersatzrechtlichen Diskussion eher stiefmütterlich behandelte Frage, in welchen Fällen Strafschadensersatz überhaupt zugesprochen werden kann. Sie stellt sich insbesondere immer dann, wenn es an einer gesetzlichen Entscheidung diesbezüglich fehlt oder zusätzlich zu gesetzlich definierten Fallgruppen die Anwendung des deliktischen common law möglich geblieben ist. Entscheidend für die Beantwortung dieser Frage ist dann in erster Linie die Verwerflichkeit des Schädigerverhaltens, da die Hauptaufgaben von punitive damages, „punishment" und „deterrence",[633] eng mit der subjektiven Einstellung des Schädigers zu seiner Tat verbunden sind. Eine Bestrafung für ein bestimmtes Fehlverhalten und die Abschreckung vor einer erneuten Begehung machen nur dann Sinn, wenn eine Verhaltensänderung beim Schädiger erreicht werden kann. Dies ist wiederum nur möglich, wenn das fragliche Verhalten auf eine bestrafenswerte, aber gleichzeitig änderbare Gesinnung schließen lässt. Aus diesem Grund ist die Verurteilung zu punitive damages in vielen Einzelstaaten auch nur dann möglich, wenn dem Schädiger grob fährlässiges, bösgläubiges, vorsätzliches oder rücksichtsloses Verhalten nachgewiesen werden kann.[634]

Um die innere Einstellung zu dem begangenen Delikt zu bewerten, hat der Gerichtshof einen Indizienkatalog entwickelt, mit dessen Hilfe das erkennende Gericht die Verwerflichkeit beurteilen soll. Als Kriterien dienen dabei, 1.) ob durch das Verhalten des Schädigers ein physischer oder lediglich ein

---

632 BMW of North America, Inc. v. Gore, 517 U.S. 559, 575.

633 Siehe Kapitel B. II. 2. b) (1).

634 *Klass*, 92 Minnesota Law Review 83, 91.

wirtschaftlicher Schaden entstanden ist, 2.) ob sich aus dem Verhalten eine rücksichtslose oder gleichgültige Einstellung gegenüber der Gesundheit oder Sicherheit anderer erkennen lässt, 3.) ob das Ziel der Verhaltensweise finanziell in besonderem Maße verwundbar war, 4.) ob es sich um eine einzelne Tat oder sich wiederholende Schädigungen handelte[635] und 5.) ob der Schädiger vorsätzlich oder bloß fahrlässig handelte.[636] Betrachtet man diese Kriterien, so zeigt sich ein Verwerflichkeitsspektrum, an dessen einem Ende ein Schädiger steht, der ein einziges Mal fahrlässig und ohne besonders rücksichtslose Einstellung einen rein wirtschaftlichen Schaden bei einem einzigen Geschädigten hervorgerufen hat, den dieser leicht kompensieren konnte. Am anderen Ende steht hingegen ein Schädiger, der vorsätzlich und rücksichtslos neben wirtschaftlichen auch physische Schäden bei einer Vielzahl von Geschädigten hervorgerufen hat, die in besonderem Maße finanziell verwundbar waren.[637] Durch die Vielzahl verschiedener Bezugspunkte soll dabei eine einzelfallgerechte Entscheidung hinsichtlich der Verwerflichkeit des in Rede stehenden Verhaltens ermöglicht und die gesamte Bandbreite des Verwerflichkeitsspektrums abgedeckt werden.

Relevant wird das Kriterium der reprehensibility schließlich auch bei der Frage nach dem „wie" von Strafschadensersatz, d.h. der konkreten Höhe eines punitive damages award. Der soeben dargestellte Kriterienkatalog wird auch hier zur Beurteilung der Verwerflichkeit herangezogen und bietet aufgrund seines differenzierenden Charakters die Möglichkeit, Strafschadensersatzhöhen für verschiedene Fallgestaltungen sehr fein voneinander abzustufen. Allerdings kann dem auf der Stufe des „ob" getroffenen Verwerflichkeitsurteil dabei nur in begrenztem Umfang eine Indizwirkung für das „wie" zukommen. Es sind zwar in beiden Fällen formal die gleichen Kriterien heranzuziehen, diese weichen inhaltlich jedoch teilweise stark voneinander ab. Deutlich wird dies insbesondere bei der Frage, inwiefern wiederholte Verletzungshandlungen zur Bestimmung der reprehensibility zu berücksichtigen sind. So dürfen nach der Rechtsprechung des U.S. Supreme Court bei der Frage, ob Strafschadensersatz gewährt werden soll, zwar Fälle als Beweis für die Verwerflichkeit des Schädigers angeführt werden,

---

635 Dieser Punkt wurde vom U.S. Supreme Court in *Campbell* leicht relativiert, siehe State Farm Mutual Automobile Insurance Co. v. Campbell, 538 U.S. 408, 523 f.

636 BMW of North America, Inc. v. Gore, 517 U.S. 559, 575 ff.; *Lenenbach*, WM 2003, 2398, 2405.

637 Möchte man diesen beiden Stereotypen Beklagte aus der Verfahrenswirklichkeit zuordnen, so kommt auf der einen Seite eine natürliche Personen in Betracht, die ein Unternehmen schädigt, auf der anderen Seite hingegen ein Unternehmen, das durch eine bestimmte Unternehmenspolitik Kunden planvoll geschädigt hat.

die im gleichen Bundestaat belegen sind und vergleichbare deliktische Handlungen zum Inhalt haben.[638] Bei der Frage nach der Höhe des punitive damages award dürfen diese dann jedoch nicht länger berücksichtigt werden, sondern die in die Bemessung einzustellende Verwerflichkeit muss einzig und allein anhand des streitgegenständlichen Verhaltens des Beklagten bewertet werden.[639] In beiden Fällen darf wiederum kein Verhalten herangezogen werden, das außerhalb des Einzelstaates erfolgte, in dem die streitgegenständliche Verletzungshandlung begangen wurde, da die Bestrafung solchen Verhaltens nicht im Interesse des betroffenen Einzelstaates liegt.[640] Die wesentlich breitere Beurteilungsgrundlage für die Verwerflichkeit des Schädigerverhaltens auf Ebene des „ob" dürfte auch ein wesentlicher Grund dafür sein, dass das Verwerflichkeitsurteil hier regelmäßig weitaus negativer ausfallen wird, als dies bei der auf das streitgegenständliche Verhalten reduzierten Beurteilungsgrundlage bei der Bemessung der Strafschadensersatzhöhe der Fall ist. Die Fokussierung der reprehensibility auf das streitgegenständliche Verhalten führt mithin automatisch zu einer Verminderung der Strafschadensersatzhöhe.

Auch wenn die Verengung der reprehensibility zwar grundsätzlich zu begrüßen ist, verursacht sie in ihrer heutigen Form doch eine Reihe von Problemen. Denn die Unterscheidung in der Beurteilungsgrundlage mag theoretisch zwar gerechtfertigt sein, sorgt jedoch für ein praktisches Hindernis: Wie soll eine Jury das Wissen um streitverwandtes Fehlverhalten des Beklagten nach Beurteilung der reprehensibility auf der Ebene des „ob" wieder aus dem Gedächtnis streichen, um die Verwerflichkeit auf Ebene des „wie" hiervon unabhängig und allein anhand des konkreten Fehlverhaltens beurteilen zu können?[641] Der U.S. Supreme Court selbst nimmt sich dieser Frage nicht an, sondern überlässt ihre Beantwortung den Einzelstaaten.[642] Er gibt diesen lediglich mit auf den Weg, dass die Umsetzung über die Schaffung verfahrensrechtlicher Instrumente sicherzustellen sei. Faktisch läuft dies auf die Notwendigkeit hinaus, die Jury genauer als bisher über die Aufgaben und Grenzen von Strafschadensersatz zu unterrichten und den Gerichten mehr Befugnisse zur Überprüfung der durch die Jury gefundenen Entscheidung zu geben. Insbesondere eine Ausdehnung der Nachprüfungsmöglichkeiten durch die Gerichte birgt jedoch Konfliktpotential,

638 State Farm Mutual Automobile Insurance Co. v. Campbell, 538 U.S. 408, 422 f.
639 State Farm Mutual Automobile Insurance Co. v. Campbell, 538 U.S. 408, 422.
640 State Farm Mutual Automobile Insurance Co. v. Campbell, 538 U.S. 408, 420.
641 Das Problem sieht so auch *Reinhard*, IPRax 2008, 49, 52.
642 Philip Morris USA v. Williams, 549 U.S 346, 357.

da hierdurch eine Beschneidung der verfassungsmäßigen Rechte der Jury droht.[643] Diese Gefahr wird durch den Gerichtshof jedoch offensichtlich geringer eingeschätzt, als die einer Gefährdung der föderalen Ordnung durch die Einbeziehung außerstaatlichen Verhaltens des Beklagten. Die Einschränkung des Beurteilungsmaßstabs der reprehensibility auf das innerstaatliche Verhalten ist nämlich maßgeblich dem Umstand geschuldet, dass das US-amerikanische Deliktsrecht den Einzelstaaten obliegt.[644] Diese Kompetenzzuweisung führt dazu, dass ein Einzelstaat nur für diejenigen Verhaltensweisen ein berechtigtes Interesse an der Bestrafung und Abschreckung haben kann, die auf seinem eigenen Territorium begangen wurden. Die Einbeziehung außerstaatlichen Verhaltens würde mit dem Interesse an der eigenen Aufarbeitung und Bewertung des Sachverhalts desjenigen Einzelstaates kollidieren, auf dessen Gebiet das Delikt begangen wurde.[645] Zur Wahrung der jeweiligen Interessen der betroffenen Einzelstaaten und zur Aufrechterhaltung der föderalen Struktur ist die Begrenzung des Beurteilungsmaßstabs mithin absolut notwendig. Der sich gleichzeitig einstellende begrenzende Effekt auf die Höhe von punitive damages awards kann dabei als willkommene Nebenfolge betrachtet werden. Während der Ausschluss außerstaatlichen Verhaltens mithin verfassungsrechtliche Gründe hat, ist der Ausschluss sonstigen innerstaatlichen Verhaltens im Rahmen der Bemessung der Strafschadensersatzhöhe vorrangig dem Schutz des Beklagten geschuldet. Dieser wäre nur unzureichend gewährleistet, könnte der Kläger jegliches Verhalten des Beklagten vorbringen, um einen Anspruch auf Strafschadensersatz zu belegen. Vorrangig wird sich der Beklagte nämlich darauf einstellen, sich gegen die ihm konkret vorgeworfene deliktische Handlung zu verteidigen und gerade nicht gegen sonstiges Fehlverhalten.[646] Hinzu kommt, dass der Beklagte bei Einbeziehung von sonstigem deliktischen Verhalten Gefahr laufen würde, in einem weiteren Verfahren gegen einen anderen Kläger wegen eines bereits im vorherigen Verfahren berücksichtigten Verhaltens erneut bestraft zu werden.[647] Da es in diesem Fall, anders als im Bereich der „class action",[648] keine besonderen verfahrensrechtlichen Sicherungen gibt, die den Beklagten vor der mehrmaligen Inanspruchnahme aus dem gleichen Verhalten schützen, muss dies folgerichtig

643 *Allen*, 63 N.Y.U. Annual Survey of American Law 343, 376.
644 *Hay*, US Law, Rz. 353.
645 State Farm Mutual Automobile Insurance Co. v. Campbell, 538 U.S. 408, 420.
646 Philip Morris USA v. Williams, 549 U.S 353 f; *Reinhard*, IPRax 2008, 49, 51 f.
647 *Reinhard*, IPRax 2008, 49, 52.
648 Siehe hierzu Fn. 595.

über die Einschränkung des Beurteilungsmaßstabs der Verwerflichkeit erreicht werden.

Alles in allem bleibt daher festzuhalten, dass die heutige Form und Anwendung der reprehensibility zu begrüßen ist. Sie verfolgt vorrangig den Zweck die Höhe des Strafschadensersatzes in Relation zur Schwere des begangenen Delikts zu setzen und somit exorbitante punitive damages awards zu verhindern. Auch wenn die praktischen Probleme, die die Differenzierung zwischen „ob"- und „wie"-Ebene verursacht, zu einem graduellen Bedeutungsverlust des ersten guideposts geführt haben, bleibt dieser dennoch relevant. Dies liegt nicht zuletzt daran, dass er als einziger Faktor die Frage betrifft, ob punitive damages in einem Verfahren grundsätzlich zugesprochen werden können. Hinzu kommt, dass die reprehensibility die Aufgaben der Bestrafung und Abschreckung des Schädigers für sein individuelles Fehlverhalten aufgrund ihrer Vielschichtigkeit besser erfüllen kann, als die beiden anderen guideposts. Gerade diese Flexibilität ist isoliert betrachtet aber auch der größte Nachteil in der Handhabung des Verwerflichkeitsmerkmals, da diese vielfältige Ergebnisse ermöglicht und mithin dem angestrebten Ziel der guidepost zuwiderläuft, die Vorhersehbarkeit von Strafschadensersatz zu erhöhen.

(2) Punitive-to-compensatory-ratio

Eine herausgehobene Stellung unter den drei guideposts nimmt in Literatur und Rechtsprechung die punitive-to-compensatory-ratio ein. Dies kann kaum verwundern, wenn man das durch die guideposts vorrangig verfolgte Ziel der Schaffung vorhersehbarer und sicher bestimmbarer punitive damages bedenkt. Der entscheidende Vorteil des Verhältnisses[649] ist dessen Praktikabilität. Dabei war zunächst keineswegs zu erwarten, dass die punitive-to-compensatory-ratio einmal das wichtigste Kriterium in der Bemessung von Strafschadensersatz werden würde. Der Grund hierfür war die lange Weigerung des U.S. Supreme Court, ein festes Verhältnis zwischen Strafschadensersatz und kompensatorischen Schadensersatz einzuführen. Der Gerichtshof zog sich über viele Jahre auf den Standpunkt zurück, er könne kein festes mathematisches Verhältnis festlegen, das in allen Fällen dazu imstande sei, verhältnismäßige von unverhältnismäßigen

649 Neben dem tatsächlich verursachten Schaden, der durch die Schadensersatzsumme zum Ausdruck kommt, können auch lediglich potentielle Schadensposten in die Bestimmung des für den Vergleich relevanten kompensatorischen Schadensersatzes einfließen; siehe hierzu TXO Production Corp. v. Alliance Resources Corp., 509 U.S. 443, 460 f.

punitive damages awards abzugrenzen.[650] Stattdessen galt der Grundsatz, dass das Verhältnis zwischen den beiden Schadensersatzarten lediglich grundsätzlichen Verhältnismäßigkeitserwägungen entsprechen müsse.[651] Diese Ansicht des Gerichtshofs war freilich alles andere als praktikabel und entsprach damit in keiner Weise dem Bestreben, Strafschadensersatzurteile vorhersehbar zu machen. Insofern ist es auch nicht verwunderlich, dass die an die punitive-to-compensatory-ratio geknüpften Erwartungen der Literatur und nachgeordneten Gerichte zunächst nicht erfüllt wurden.

Dies änderte sich erst durch die Einführung des Maximalverhältnisses von 9:1 in *Campbell*, dessen Anwendung jedoch zwei Voraussetzungen hat. Zum einen muss es sich um Strafschadensersatz handeln, der nach einzelstaatlichem Deliktsrecht zugesprochen wurde.[652] Zum anderen durfte es sich nicht um einen außergewöhnlichen Fall handeln, in dem der kompensatorische Schadensersatz besonders groß oder außergewöhnlich gering war, da in diesen Fällen ein Abweichen vom Maximalverhältnis ausdrücklich erlaubt sein sollte.[653] Diese Präzisierung der punitive-to-compensatory-ratio in *Campbell* war ein enorm wichtiger Schritt in der Rechtsprechung des U.S. Supreme Court zu punitive damages und verbesserte maßgeblich die Vorhersehbarkeit von Strafschadensersatz.

Ein noch bedeutenderer Schritt könnte dem Gerichtshof mit der *Exxon*-Entscheidung gelungen sein, wenn die dort getroffenen Aussagen verallgemeinert werden können und nicht auf die dem Urteil zugrunde liegende Konstellation zu beschränken sind. Gegen eine solche Möglichkeit der Verallgemeinerung spricht, dass der Gerichtshof im *Exxon*-Verfahren als Revisionsinstanz einen Fall auf Grundlage von bundesstaatlichen common law zu entscheiden hatte. Er war somit weder den verfassungsrechtlichen Restriktionen seiner bisherigen

---

650 Pacific Mutual Life Insurance Co. v. Haslip, 499 U.S. 1, 18; TXO Production Corp. v. Alliance Resources Corp., 509 U.S. 443, 458; BMW of North America, Inc. v. Gore, 517 U.S. 559, 582 f.

651 Siehe hierzu BMW of North America, Inc. v. Gore, 517 U.S. 559, 583: „In most cases, the ratio will be within a constitutionally acceptable range, and remittitur will not be justified on this basis."

652 Dies ergibt sich bereits aus dem Umstand, dass der U.S. Supreme Court in den zentralen Verfahren zu punitive damages bis *Campbell* ausschließlich als Verfassungsgericht handeln musste.

653 So schon im Ansatz in BMW of North America, Inc. v. Gore, 517 U.S. 559, 582: „Indeed, low awards of compensatory damages may properly support a higher ratio than high compensatory awards, [...]"; ausdrücklich und bezogen auf einen Vergleich zwischen punitive damages und compensatory damages schließlich in State Farm Mutual Automobile Insurance Co. v. Campbell, 538 U.S. 408, 425.

Rechtsprechung zu punitive damages unterworfen[654] noch können die tragenden Gründe seiner Entscheidung automatisch auf verfassungsrechtliche Fallgestaltungen übertragen werden. Insbesondere zwei Gründe sprechen jedoch für eine Verallgemeinerungsfähigkeit. Zum einen die sehr ausführliche Begründung des Gerichtshofs für das starre Verhältnis von 1:1,[655] zum anderen die präzise Diagnose des Hauptproblems der Strafschadensersatzproblematik, die unzureichende Vorhersehbarkeit von punitive damages awards.[656] Dieses Problem betrifft nämlich nicht nur bundesstaatliche punitive damages, sondern in gleichem Maße auch auf einzelstaatlichem Deliktsrecht basierenden Strafschadensersatz.[657] Darüber hinaus spricht auch die allgemeine Rechtsprechungstendenz des Gerichtshofs für die Annahme, dass dieser auf lange Sicht für alle Fallgestaltungen ein Verhältnis von 1:1 anstreben dürfte. Während der Gerichtshof in den vergangenen 20 Jahren nämlich regelmäßig für seine den Strafschadensersatz einschränkende Rechtsprechung kritisiert und mehr als einmal das Ende dieser Rechtsprechungsentwicklung prophezeit wurde,[658] trat tatsächlich stets das genaue Gegenteil ein. Von Urteil zu Urteil hat der U.S. Supreme Court punitive damages immer weitergehenden Restriktionen unterworfen, um das angestrebte Ziel der Vorhersehbarkeit und wirksamen Beschränkung von Strafschadensersatz zu erreichen.

---

654 Die Auswirkungen dieser sog. verfassungsrechtlichen Restriktionen zeigen sich deutlich, wenn man das Abstimmungsverhalten der beteiligten Richter des U.S. Supreme Court betrachtet. Während in den verfassungsrechtlichen Fällen die als konservativ geltenden Richter Scalia und Thomas konsequent gegen die Einschränkung von punitive damages stimmten, waren sie in Exxon plötzlich aufseiten der Mehrheit zu finden, die für das Verhältnis von 1:1 votierte. Wirklich überraschen konnte dies jedoch nicht, da die Ablehnung der einschränkenden verfassungsrechtlichen Rechtsprechung durch die beiden Richter keine dogmatischen Gründe hatte, sondern Scalia und Thomas den Gerichthof in diesen Fällen vielmehr als nicht zuständig betrachten. Ihrer Meinung nach kann die due process clause, die Anknüpfungspunkt für die Einschränkung von punitive damages in der US-Verfassung ist, keine schützende Wirkung gegenüber zu hohem Strafschadensersatz entnommen werden.

655 Exxon Shipping Co. v. Baker 554 U.S. 471, 513.

656 Exxon Shipping Co. v. Baker 554 U.S. 471, 499.

657 Dies wurde auch vom U.S. Supreme Court bereits so gesehen, wenn er in BMW of North America, Inc. v. Gore, 517 U.S. 559, 574 darauf verweist, dass jede Person vor einer Verurteilung Kenntnis von der zu erwartenden Strafe haben muss: „Elementary notions of fairness enshrined in our constitutional jurisprudence dictate that a person receive fair notice […], but also of the severity of the penalty that a State may impose."

658 *Sebok*, 2 Charleston Law Review 287 (2008).

Final streitet für die sukzessive Ausdehnung des Verhältnisses von 1:1 auf alle Fallgruppen auch das Praktikabilitätsargument. So würde die Vereinheitlichung der Rechtsprechung zu punitive damages im verfassungsrechtlichen wie im revisionsrechtlichen Bereich zwangsläufig zu größerer Verfahrensgerechtigkeit und Rechtsanwendungssicherheit führen. Dies schon deshalb, weil die heutige Unterscheidung zwischen der verfassungsrechtlichen und revisionsrechtlichen Ebene ihre Rechtfertigung nicht in der Dogmatik der punitive damages findet, sondern einzig und allein aufgrund kompetenzrechtlicher Beschränkungen besteht.[659] Eine von den theoretischen Grundlagen des Strafschadensersatzes her gedachte Rechtsprechung darf jedoch keinen Unterschied zwischen auf bundesstaatlichen und auf einzelstaatlichen Deliktrecht basierenden punitive damages machen, da die rechtshistorischen und dogmatischen Grundlagen für punitive damages in beiden Fällen dieselben sind. Ein Verhältnis von 1:1 in allen Bereichen wäre zudem einfach anzuwenden. Es würde die Bemessung des Strafschadensersatzes auch noch weiter aus subjektiv geprägten Überlegungen herauslösen[660] und stattdessen an den objektiv zu ermittelnden kompensatorischen Schadensersatz koppeln.

Zusammenfassend lässt sich festhalten, dass die punitive-to-compensatory-ratio in ihrer heutigen Form signifikant zur Steigerung der Vorhersehbarkeit von punitive damages awards beiträgt und die Wahrscheinlichkeit von exorbitant hohem Strafschadensersatz erheblich verringert. Ob es in den nächsten Jahren endgültig zu einer Koppelung des Strafschadensersatzes an den kompensatorischen Schadensersatz im Verhältnis von 1:1 kommen wird, bleibt abzuwarten. Der U.S. Supreme Court hat hierfür in *Exxon* erste Grundlagen geschaffen, auch wenn das Einschwenken der einzelstaatlichen Gerichte auf eine solche Linie nicht ohne weiteres zu erwarten ist. Eine endgültige Klarstellung dieser Situation durch den U.S. Supreme Court erscheint auf lange Sicht jedoch notwendig und unausweichlich.

(3) Punitive-to-fines-ratio

Der dritte und am wenigstens beachtete guidepost ist die punitive-to-fines-ratio. Hier wird der Strafschadensersatz mit Bußgeldern verglichen, die gegen den Schädiger für dessen Handlung verhängt werden können. Dabei wurden

659 Siehe zum Problem der Differenzierung der beiden Fallgruppen aus kompetenzrechtlichen Gründen Fn. 654.

660 Zum Problem der Subjektivität in der Bemessung von Strafschadensersatz siehe *Chanenson/Gotonda*, 37 University of Michigan Journal of Law Reform 441, 467.

vom U.S. Supreme Court ursprünglich auch auf originär strafrechtlichen Vorschriften basierende Bußgelder berücksichtigt.[661] Dies änderte sich mit der Entscheidung in *Campbell*, die der U.S. Supreme Court zum Anlass nahm, um von der Berücksichtigung strafrechtlicher Bußgelder Abstand zu nehmen.[662] Trotz dieser Klarstellung und der damit einhergehenden stringenteren dogmatischen Ausrichtung der punitive-to-fines-ratio hat diese bislang keine signifikante Auswirkung auf die Rechtsprechung zu Strafschadensersatz gehabt. Dies dürfte vor allem am Fehlen einer nachvollziehbaren Begründung dafür liegen, warum der Vergleich des Strafschadensersatzes mit Bußgeldern zur Überprüfung der Verhältnismäßigkeit geeignet sein soll.[663] Zum geringen Stellenwert des dritten guideposts trägt zudem die Art und Weise der Anwendung der punitive-to-fines-ratio durch den Gerichtshof selbst bei, insbesondere im Vergleich mit den beiden anderen guideposts. So wird sie zumeist äußerst kurz am Ende der Urteilsbegründung abgehandelt und ausschließlich dazu genutzt, um das bereits anhand der anderen Vorgaben gefundene Verhältnismäßigkeitsurteil zu bestätigen.[664] Vor diesem Hintergrund und den bisherigen Erfahrungen darf insofern bezweifelt werden, dass der dritte guidepost in Zukunft einen aktiveren Einfluss auf die Bemessung von punitive damages awards haben wird.

(4) Zwischenergebnis

Zusammenfassend lässt sich festhalten, dass die guideposts seit ihrer Einführung eine kontinuierliche Entwicklung durchlaufen haben. Im Zuge dessen wurden sie durch den U.S. Supreme Court weiter präzisiert und ihr Verhältnis zueinander neu geordnet. Dies hat in der praktischen Anwendung der guideposts zu einem stetigen Bedeutungsgewinn für die punitive-to-compensatory-ratio und einem gleichzeitigen Bedeutungsverlust der reprehensibility geführt. Zudem hat sich durch diese Entwicklungen bestätigt, dass der punitive-to-fines-ratio in der praktischen Bemessung von Strafschadensersatz keine eigenständige, sondern lediglich eine unterstützende Rolle zukommt.

---

661 BMW of North America, Inc. v. Gore, 517 U.S. 559, 583.

662 State Farm Mutual Automobile Insurance Co. v. Campbell, 538 U.S. 408, 428.

663 *Chanenson/Gotonda*, 37 University of Michigan Journal of Law Reform 441, 466.

664 Siehe hierzu den relevanten Abschnitt in *Exxon Shipping Co. v. Baker* 554 U.S. 471, 514: „The provisions of the CWA respecting daily fines **confirms** our judgment that anything greater would be excessive here and in cases of this type" [Hervorhebung durch den Autor]. Einen eigenen prägenden Einfluss auf die Frage, ob ein Strafschadensersatzurteil verhältnismäßig ist oder nicht, hat die punitive-to-fines-ratio hingegen nicht.

Alles in allem deutet die Entwicklung der guideposts somit kontinuierlich auf eine Objektivierung der Verhältnismäßigkeitsprüfung von Strafschadensersatz hin, die durch die Koppelung der punitive damages an eine objektiv zu bestimmende Größe erreicht werden soll. Dass diese Größe im kompensatorischen Schadensersatz und nicht in einem Bußgeld gesehen wird, hängt dabei sowohl mit den vergleichsweise niedrigen Bußgeldern zusammen, die das US-amerikanische Recht für deliktisches Vergehen vorsieht,[665] als auch mit der durch kompensatorischen Schadensersatz als Vergleichsmaßstab zu erzielenden größeren Einzelfallgerechtigkeit.[666] Anhand der fortschreitenden Weiterentwicklung der guideposts lässt sich sehr gut das Bestreben des U.S. Supreme Court ablesen, ein objektives System zur wirkungsvollen Begrenzung von unverhältnismäßig hohen punitive damages awards zu schaffen.

b) Praktische Auswirkungen und Folgen

Die Einführung der guideposts durch den U.S. Supreme Court verfolgte auch das Ziel, den nachgeordneten Gerichten ein praktikables und einfaches Instrument zur Bemessung punitive damages awards an die Hand zu geben. Durch die Fortentwicklung und Konkretisierung der guideposts dürften diese spätestens seit der Entscheidung in *Campbell* eine Ausgestaltung erreicht haben, die eine sinnvolle Anwendung durch die Instanzgerichte zulässt. Sicher dürfte dies für die punitive-to-compensatory-ratio gelten, in eingeschränktem Maß aber auch für die reprehensibility. Vor diesem Hintergrund soll nachfolgend aufgezeigt werden, welche praktischen Auswirkungen die Fortentwicklung der guideposts insbesondere für die Strategie des Geschädigten im Strafschadensersatzverfahren hatte und welchen erkennbaren Einfluss die guideposts bereits auf die Höhe von punitive damages genommen haben.

(1) Auswirkungen auf die Strategie des geschädigten Klägers

Zu einem deutlichen Wandel in der Herangehensweise des Geschädigten in einem Verfahren um Strafschadensersatz führte die Entscheidung des U.S.

665 Würde man punitive damages an Bußgelder koppeln, so könnte in vielen Fällen nur sehr moderater Strafschadensersatz zugesprochen werden, der dem damit verfolgten Zweck unter Umständen nicht erreichen würde.

666 Bußgelder sehen oft Pauschalbeträge für bestimme Arten von bußgeldbewehrten Verhalten vor, orientieren sich folglich nicht präzise am Einzelfall. Der Schadensersatz wird hingegen nur anhand des konkreten Einzelfalls bemessen.

Supreme Court in *Campbell*.[667] Während bis zu dieser Entscheidung die Betonung der Verwerflichkeit des Schädigerverhaltens oberstes Gebot für den Geschädigten war, um auf die Höhe des punitive damages award Einfluss zu nehmen, verlagerte sich dieses Bemühen ab *Campbell* auf die Höhe und Ausgestaltung des kompensatorischen Schadensersatzes.

Notwendig wurde dies aus drei Gründen. So wurde durch *Campbell* zunächst die Möglichkeit begrenzt, durch das Vorbringen von sonstigen verwerflichen Verhalten des Beklagten dessen bösartige Gesinnung besonders herauszustellen und dadurch den Weg zu höherem Strafschadensersatz zu eröffnen.[668] Sodann führte die Hervorhebung der punitive-to-compensatory-ratio als vorrangiges Instrument zur Bemessung von Strafschadensersatz dazu, dass punitive damages stärker als zuvor maßgeblich von der Höhe des kompensatorischen Schadensersatzes abhängig gemacht wurden. Und zuletzt bewirkte die Einführung der Obergrenze von 9:1 zwischen Strafschadensersatz und kompensatorischen Schadensersatz, dass eine absolute Erhöhung der Höhe von punitive damages nur noch durch eine gleichlaufende Erhöhung des kompensatorischen Schadensersatzes zu erreichen war. Insbesondere vor dem Hintergrund dieses letzten Punktes ist es für den geschädigten Kläger heute notwendig geworden, weitere Schadenspositionen neben dem rein materiellen Schaden aufzuzeigen.[669] Aufgrund der Koppelung des kompensatorischen Schadensersatzes an den Strafschadensersatz kann hierdurch nämlich noch immer eine Erhöhung des punitive damages award erreicht bzw. angeregt werden. Als Alternative hierzu kann aber auch der umgekehrte Weg gewählt werden,[670] da nach den Ausführungen des U.S. Supreme Court ein Abrücken von der Obergrenze von 9:1 auch bei Vorliegen von sehr niedrigen kompensatorischen Schadensersatz in Betracht kommt.[671] Somit kann auch das Nichteinfordern bestimmter Schadensposition dazu geeignet sein, eine Erhöhung von Strafschadensersatz zu bewirken.

Alles in allem bleibt festzuhalten, dass die konkrete Ausprägung der guideposts unmittelbaren Einfluss auf die Strategie des geschädigten Klägers nimmt.

---

667 So auch die Einschätzung von *Viscusi/McMichael*, 11 Journal of Empirical Legal Studies 350, 368.

668 Noch weiter eingeschränkt wurde diese Möglichkeit dann in *Philip Morris USA v. Williams*, 549 U.S 346, 355.

669 Siehe zu den in die Bemessung des kompensatorischen Schadens einzubeziehenden Schadenskategorien bereits Kapitel B. II. 2. a) (2).

670 *Viscusi*, 53 Emory Law Journal 1405, 1427, mit dem Hinweis, dass dies die Wirkung der Konkretisierungen von *Campbell* erheblich schwächen würde.

671 Siehe State Farm Mutual Automobile Insurance Co. v. Campbell, 538 U.S. 408, 425.

Die in *Gore* aufgestellten guideposts führten in Strafschadensersatzverfahren zunächst zur Hervorhebung der Verwerflichkeit des Schädigerverhaltens durch den Geschädigten, um auf diese Weise die Bemessung von punitive damages zu beeinflussen. Nachdem die reprehensibility in *Campbell* im Vergleich zur punitive-to-compensatory-ratio an Bedeutung verlor und gleichzeitig die Obergrenze von 9:1 eingeführt wurde, rückte die Beeinflussung der Höhe des kompensatorischen Schadensersatzes in den Fokus. Wenn die guideposts ihre begrenzende Wirkung auf punitive damages behalten sollen, muss es vor dem Hintergrund dieser Entwicklungen daher auch Aufgabe der Gerichte sein, diese Strategien kritisch zu begleiten und sich auf die versuchte Beeinflussung der Strafschadensersatzhöhe durch den geschädigten Kläger einzustellen.

(2) Einfluss auf punitive damages awards

Die Präzisierung der guideposts in *Campbell* und insbesondere die Festlegung der punitive-to-compensatory-ratio auf eine Obergrenze von 9:1 hat in den zehn Jahren seit dieser Entscheidung des U.S. Supreme Court bereits erheblichen Einfluss auf die Bemessung von punitive damages durch die Instanzgerichte genommen.

(a) Höhe von Strafschadensersatz allgemein

Ein Vergleich der Höhe von punitive damages awards vor und nach der Entscheidung des U.S. Supreme Court in *Campbell* zeigt deutlich die Auswirkungen, die die Präzisierung der in *Gore* erstmals aufgestellten guideposts hatte.

Der Vergleich der Daten des *Civil Justice Survey of State Courts* (CJSSC) von 2001 mit dem *Civil Justice Survey of State Courts* von 2005 zeigt,[672] dass sowohl die Anzahl von punitive damages awards, deren durchschnittliche Höhe als auch die durchschnittliche punitive-to-compensatory-ratio nach der Entscheidung in *Campbell* abgenommen haben. Im CJSSC 2001 sind noch in 212 von insgesamt 4.236 Verfahren und somit in 5 % aller Fälle punitive damages zugestanden worden. Diese Zahl sinkt im CJSSC 2005 moderat auf 163 von insgesamt 3.850 Verfahren und somit 4,23 % ab. Deutlicher zeigt sich der Rückgang in der durchschnittlichen Höhe von punitive damages awards. Diese beträgt im CJSSC

672 Der *Civil Justice Survey of State Courts* ist eine vom Bureau of Justice Statistics in den Jahren 1992, 1996, 2001 und 2005 herausgegebene statistische Aufarbeitung von Zivilverfahren in den Vereinigten Staaten für den Zeitraum von einem Bericht zum nächsten. Die aufgeführten Daten aus den Berichten der Jahre 2001 und 2005 sind Table 1 und Table 2 von *McMichael*, 66 Vanderbilt Law Review 961, 982 f. entnommen.

2001 noch USD 5,1 Mio., im CJSSC 2005 hingegen nur noch USD 2,3 Mio., was einen Rückgang um fast 55 % bedeutet. Die punitive-to-compensatory-ratio sank sogar noch stärker ab und zwar von durchschnittlich 6,5 auf 2,3, was einem Rückgang von fast 65 % entspricht.

Darüber hinaus zeigen die Zahlen, dass auch die Anzahl von punitive damages über der Grenze von 9:1 abgenommen hat. Können im CJSSC 2001 noch neun solcher Entscheidungen identifiziert werden, sind es im CJSSC nur noch sechs. Dieser Rückgang, so gering er auch erscheinen mag, ist aus zwei Gründen besonders interessant. Zum einen zeigt er, dass die Anzahl von punitive damages awards, die über der vom U.S. Supreme Court definierten Obergrenze liegen, absolut betrachtet vergleichsweise gering ist. Gemessen an allen relevanten Zivilverfahren beträgt sie lediglich 0,2 % (CJSSC 2001) bzw. 0,15 % (CJSSC 2005) und gemessen an den Verfahren, in denen punitive damages zugesprochen wurde, ebenfalls nur 4,2 % (CJSSC 2001) bzw. 3,7 % (CJSSC 2005). Zum anderen zeigt ein genauer Blick auf die Urteile, dass nach der Entscheidung in *Campbell* keine die Obergrenze überschreitenden punitive damages awards mehr durch Richter, sondern nur noch durch Juries erlassen wurden,[673] während vor *Campbell* ein Überschreiten der Obergrenze immerhin noch in zwei von neun Fällen durch Richter erfolgte. Hieraus lässt sich schließen, dass die Entscheidung des U.S. Supreme Court insbesondere eine beschränkende Wirkung auf die Richter hatte und Fälle der Überschreitung der guideposts vorrangig ein Problem der Entscheidung durch Juries darstellen dürften.[674]

Alles in allem lassen die verfügbaren Informationen den Schluss zu, dass die guideposts insgesamt und insbesondere die punitive-to-compensatory-ratio seit *Campbell* erheblichen Einfluss auf die Anzahl und Höhe von punitive damages awards genommen haben.[675] Dies hat für den Beklagten die Möglichkeit geschaffen, die Wahrscheinlichkeit und Höhe des gegen ihn zu verhängenden Strafschadensersatzes präziser als vor der Geltung der guideposts vorherzusehen.[676]

673 Eine Entscheidung direkt durch den Richter („trial by court") kann immer dann ergehen, wenn eine Entscheidung durch eine Jury („trial by jury") nicht beantragt wird; siehe hierzu Rule 28 und 29 der Federal Rules of Civil Procedure.

674 Dies Ansicht vertreten auch *Hersch/Viscusi*, Discussion Paper, S. 34 f.

675 *Eisenberg/Heise/Waters/Wells*, 2 Journal of Legal Analysis 577, 617 (2010).

676 *Viscusi/McMichael*, 11 Journal of Empirical Legal Studies 350, 376.

(b) Höhe von sog. „blockbuster awards"

Der Einfluss der guideposts beschränkt sich aber nicht nur auf die allgemeine Höhe von punitive damages awards, sondern insbesondere auch auf die Höhe von sog. „blockbuster awards". Im Zeitraum von 1980 bis zur Entscheidung in *Campbell* sind insgesamt 77 solcher „blockbuster awards" nachweisbar, von denen 43 eine punitive-to-compensatory-ratio von über zehn aufwiesen.[677] Im Zeitraum von Campbell bis 2014 beträgt die Zahl von „blockbuster awards" noch 53, von denen allerdings nur noch 16 über der Obergrenze von 9:1 lagen.[678] Es zeigt sich hier folglich ein Rückgang von 56 % auf 29 %.[679]

Darüber hinaus lässt sich feststellen, dass nach der Entscheidung in *Campbell* auch die Höhe von „blockbuster awards", die als völlige Ausreißer nach oben bezeichnet werden können, abgenommen hat. So haben *Viscusi* und *McMichael* vor und nach der Entscheidung in Campbell jeweils zwei solcher „blockbuster awards" identifizieren können.[680] Die beiden Fälle vor *Campbell* wiesen dabei einen punitive damages award von USD 144,8 Mrd.[681] bzw. USD 28 Mrd.[682] und eine punitive-to-compensatory-ratio von 11.000 bzw. 33.000 auf. Die beiden nach Campbell entschiedenen Fälle beinhalteten punitive damages awards in Höhe von USD 11,8 Mrd.[683] bzw. USD 150 Mrd.[684] und eine punitive-to-compensatory-ratio von 187 bzw. 405. Selbst im Bereich dieser Ausreißer zeigt sich mithin der begrenzende Effekt der Entscheidung in *Campbell*. Es sei zudem noch angemerkt, dass keines dieser Ausreißerurteile Bestand hatte. Während die ersten drei Entscheidungen im weiteren Verfahrensverlauf revidiert und die punitive damages erheblich gesenkt wurden, hatten die Kläger des vierten Verfahrens die Zivilklage nur aus symbolischen Gründen angestrengt und betrieben nie die Vollstreckung des ausgeurteilten punitive damages award.[685]

---

677 *Viscusi/McMichael*, 11 Journal of Empirical Legal Studies 350, 368. Es kann zusätzlich davon ausgegangen werden, dass die meisten „blockbuster awards" vor *Campbell* erst nach 1990 ergangen sind. Wie in Kapitel B. II. 3. c) ausgeführt, begann das Wiederaufleben der punitive damages nämlich erst Ende der 1980er Jahre.

678 *Viscusi/McMichael*, 11 Journal of Empirical Legal Studies 350, 368.

679 *Viscusi/McMichael*, 11 Journal of Empirical Legal Studies 350, 368.

680 *Viscusi/McMichael*, 11 Journal of Empirical Legal Studies 350, 370 ff.

681 *Viscusi/McMichael*, 11 Journal of Empirical Legal Studies 350, 371 ff.

682 *Viscusi/McMichael*, 11 Journal of Empirical Legal Studies 350, 373 f.

683 *Viscusi/McMichael*, 11 Journal of Empirical Legal Studies 350, 374 f.

684 *Viscusi/McMichael*, 11 Journal of Empirical Legal Studies 350, 375.

685 Siehe hierzu ausführlich *Viscusi/McMichael*, 11 Journal of Empirical Legal Studies 350, 375.

Der Rückgang in der Höhe von „blockbuster awards“ lässt mithin den Schluss zu, dass die Entscheidung in *Campbell* sogar noch größeren Einfluss auf sehr hohe punitive damages als auf punitive damages allgemein genommen hat.[686]

c) Fazit

Alles in allem lässt sich festhalten, dass die kontinuierliche Fortentwicklung der guideposts durch den U.S. Supreme Court zur Herausbildung konkreter Vorgaben für die Instanzgerichte geführt hat. Dabei hat vor allem die Aufwertung der punitive-to-compensatory-ratio den Gerichten ein gut handhabbares Instrument an die Hand gegeben, um einen Rahmen für die Höhe von Strafschadensersatz setzen zu können. Zugleich wurde hierdurch aber auch für den beklagten Schädiger die Möglichkeit geschaffen, die Höhe von punitive damages besser vorhersehen und sich auf diese einstellen zu können. Mithin ist es auch nicht verwunderlich, dass sich ein konkreter Einfluss der guideposts auf die Höhe von punitive damages awards auch empirisch nachweisen lässt. Sowohl die Höhe von punitive damages allgemein wie auch die Höhe sog. „blockbuster awards“ ist nach der Entscheidung in *Campbell* erheblich zurückgegangen. Das gilt in gleicher Weise auch für die punitive-to-compensatory-ratio sowie die Anzahl an punitive damages awards, die die Obergrenze von 9:1 überschreiten. Insgesamt spricht dies dafür, dass die Akzeptanz der guideposts durch die Gerichte im Anschluss an die durch *Campbell* bewirkte Präzisierung der Vorgaben des U.S. Supreme Court gestiegen ist und daher mit einer weiteren Verbesserung der Rechtsprechung in diesem Bereich zu rechnen sein wird.[687]

4. Ergebnis

Die vorangegangenen Ausführungen haben gezeigt, dass sich der U.S. Supreme Court vor nunmehr 20 Jahren der Aufgabe verschrieben hat, punitive damages awards der Höhe nach zu begrenzen und vorhersehbar zu machen. Ausgehend von seiner Funktion als Verfassungsgericht hat er hierzu die due process clause

---

686 *Viscusi/McMichael*, 11 Journal of Empirical Legal Studies 350, 366; so auch bereits *Del Rossi/Viscusi*, 12 American Law and Economics Revue 116, 154: „A diverse series of statistical analyses indicates that the upward trend in blockbuster awards may have been dampened by the U.S. Supreme Court's State Farm decision. […] From 2004 onward, the total number of blockbuster awards per year and the growth in the total value of the blockbuster awards in any given year tapered off.“

687 *Del Rossi/Viscusi*, 12 American Law and Economics Rev. 116, 154 f.; *Jones*, 83 Tulane Law Rev. 1289, 1290 (2009).

des 14. Zusatzartikels der US-Verfassung genutzt, um Strafschadensersatz an den Grundsatz der Verhältnismäßigkeit zu binden.

Im Einzelnen wurden durch den Gerichtshof sodann in drei wegeweisenden Urteilen konkrete Vorgaben entwickelt, die letztlich zu einer Verhältnismäßigkeitskontrolle von punitive damages awards geführt haben.[688] Bei diesen Vorgaben, an denen punitive damages seitdem gemessen werden müssen, handelt es sich um die reprehensibility, d.h. die Verwerflichkeit des Verhaltens des Schädigers, die punitive-to-compensatory-ratio, d.h. das Verhältnis von Strafschadensersatz zu kompensatorischen Schadensersatz, und die punitive-to-fines-ratio, d.h. das Verhältnis des Strafschadensersatzes zu Bußgeldern. Dabei hat sich im Rahmen der Rechtsprechung des U.S. Supreme Court gezeigt, dass insbesondere die punitive-to-compensatory-ratio ein wichtiges Instrument zur Begrenzung und Steigerung der Vorhersehbarkeit von Strafschadensersatz darstellt. Auch aus diesem Grund hat der Gerichtshof in der Entscheidung in *Campbell* diesen guidepost entscheidend weiterentwickelt und eine Obergrenze von 9:1 festgelegt, die er für bundesstaatliche Fälle in *Williams* sogar auf 1:1 abgesenkt hat. Die Vorgaben haben nach ihrer Präzisierung in *Campbell* die in sie gesetzten Hoffnungen sodann auch erfüllen können. So hat die Höhe von punitive damages awards seit 2003 kontinuierlich abgenommen und auch die Höhe von sog. „blockbuster awards“ ist rückläufig.

Insgesamt kann daher festgehalten werden, dass es dem U.S. Supreme Court in den letzten 20 Jahren gelungen ist, die Höhe von punitive damages awards effektiv zu begrenzen und die Bemessung von Strafschadensersatz vorhersehbar zu machen.

III. Zusammenfassung

Zusammenfassend lässt sich feststellen, dass seit der Kalifornien-Entscheidung erhebliche Entwicklungen im deutschen und US-amerikanischen Recht stattgefunden haben, die Einfluss auf die Argumentation des BGH zur Anerkennungsfähigkeit von punitive damages haben können.

So lässt sich der Ausgleich einer erlittenen Einbuße heute nicht mehr als einzige Aufgabe des deutschen Schadensrechts bestimmen. Vielmehr sind sukzessiv weitere Aufgabe hinzugekommen, unter ihnen auch die Bestrafung und Abschreckung des Schädigers. Das deutsche Schadensrecht kann vor diesem Hintergrund heute nicht mehr wie noch in der Kalifornien-Entscheidung als rein

688 So auch *Stürner*, FS BGH, S. 679.

kompensatorisch angesehen werden. Diese Feststellung hat erheblichen Einfluss auf die Frage, inwieweit das Verhältnismäßigkeitsprinzip auf die Bemessung von Ersatzfolgen einwirkt. Während die Entscheidung des BGH aus dem Jahr implizit zugrunde legte, dass dies auch vorrangig durch das Prinzip der Totalreparation erfolgt, hat sich durch die Aufgabenerweiterung des Schadensrechts auch die Art und Weise dieser Verhältnismäßigkeitswirkung gewandelt. Diese findet heute stärker als noch vor knapp 25 Jahren durch das Prinzip der Angemessenheit Eingang in die Bemessung bestimmter Ersatzfolgen. Zu den durch die Angemessenheit beeinflussten Ersatzfolgen gehören dabei insbesondere diejenigen, deren Aufgabe in der Bestrafung und Abschreckung des Schädigers liegen. Immer wenn diese beiden Aufgaben durch eine Geldleistung erreicht werden sollen, erfolgt die Bestimmung der Höhe durch eine umfassende Abwägung der Interessen von Schädiger und Geschädigten. In die Abwägung ist dabei eine Vielzahl verschiedener Faktoren einzustellen, um zu einem angemessenen Ergebnis zu gelangen.

Auch das Recht der punitive damages hat sich seit der Kalifornien-Entscheidung maßgeblich weiterentwickelt. Erfolgte die Bemessung von Strafschadensersatz im Jahr 1992 tatsächlich noch weitgehend unreguliert und war daher für den schädigenden Kläger auch kaum vorhersehbar, so hat sich dies durch die Rechtsprechung des U.S. Supreme Court seitdem grundlegend geändert. Die Entwicklung klarer Vorgaben durch den U.S. Supreme Court und deren kontinuierliche Weiterentwicklung und Präzisierung hat eine Situation geschaffen, in der Strafschadensersatz heute an klar bestimmbare Faktoren geknüpft ist. Diese Faktoren führen zu einer weitaus weniger willkürlichen Bestimmung von punitive damages durch die Gerichte und ermöglichen dem schädigenden Kläger eine sehr viel bessere Einschätzung des ihn zu erwartenden Strafschadensersatzes. Die begrenzende Wirkung der Vorgaben des U.S. Supreme Court auf die Höhe von Strafschadensersatz lässt sich dabei auch bereits empirisch in den Urteilen der Instanzgerichte nachweisen.

Es zeigt sich folglich, dass sich die beiden für die Argumentation des BGH in der Kalifornien-Entscheidung maßgeblichen Bereiche des deutschen und des US-amerikanischen Rechts seit dem Jahr 1992 erheblich weiterentwickelt haben. Daher scheint es auch nicht ausgeschlossen, dass sich hieraus Folgen für die Beurteilung der Anerkennungsfähigkeit von punitive damages awards im deutschen Anerkennungsverfahren ergeben haben.

D. Der ordre public Vorbehalt vor dem Hintergrund bestimmbarer punitive damages awards

Die im vorangegangenen Kapitel dargestellten Entwicklungen im deutschen Schadensrecht sowie dem Recht der punitive damages führen zwangsläufig zur Frage, ob die Argumentation des BGH aus der Kalifornien-Entscheidung zur mangelnden Bestimmbarkeit von punitive damages awards und der damit einhergehenden Unverhältnismäßigkeit noch immer tragfähig ist. Insbesondere wenn man sich vor Augen führt, dass der ordre public Vorbehalt nur dann eingreifen soll, wenn „wesentliche Grundsätze" der deutschen Rechtsordnung gefährdet sind, erscheint die pauschale Verweigerung der Anerkennung jeglicher punitive damages awards mit der heutigen Rechtswirklichkeit nur noch schwer zu vereinbaren. Es muss vielmehr gefragt werden, ob vor dem Hintergrund der Entwicklungen, die das deutsche Schadensrecht sowie das Recht der punitive damages seit der Kalifornien-Entscheidung erfahren haben, nicht eine differenziertere Betrachtung und Behandlung von punitive damages im Anerkennungsverfahren und insbesondere im Rahmen Prüfung gem. § 328 Abs. 1 Nr. 4 ZPO notwendig geworden ist.

I. Der Einfluss der guideposts auf die Beurteilung von punitive damages im Anerkennungsverfahren

Die durch den BGH in der Kalifornien-Entscheidung etablierte umfassende Verweigerung der Anerkennung von punitive damages hat zu einem weitgehend unreflektierten Umgang der Instanzgerichte mit US-amerikanischen Strafschadensersatz geführt. Unter Verweis auf die Entscheidung des BGH verweigern deutsche Gerichte seit 1992 pauschal die Anerkennung jeglicher punitive damages awards. Eine inhaltliche Auseinandersetzung mit dem jeweils konkret in Rede stehenden Strafschadensersatzurteil wird dabei ebenso wenig für nötig erachtet wie die inhaltliche Auseinandersetzung mit den in Kapitel C. beschriebenen rechtlichen Entwicklungen in der Bundesrepublik und den Vereinigten Staaten. Dabei wäre es mehr als angebracht die Frage aufzuwerfen, ob die pauschale Ablehnung von punitive damages awards noch immer so begründet werden kann wie im Jahr 1992. Hierbei stellt sich insbesondere die Frage, ob die Begründung des BGH zur fehlenden Bestimmbarkeit von punitive damages auch nach Schaffung der durch den U.S. Supreme Court entwickelten guideposts noch trägt und wie sich die konkrete Ausgestaltung pönaler Elemente im deutschen Schadensersatzrecht auf die Anerkennungsfähigkeit von punitive damages ausgewirkt hat. Diesen für die Beurteilung der Anerkennungsfähigkeit von punitive damages zentralen Fragen soll im Folgenden nachgegangen werden.

1. Das Bestimmbarkeitsdefizit im Lichte der guideposts des U.S. Supreme Court

In der Kalifornien-Entscheidung argumentierte der BGH, dass der Anerkennung von punitive damages neben ihrem Strafcharakter auch ihre Unbestimmtheit und die unklare Regeln für ihre Bemessung entgegenstehen.[689] Dieses Bestimmbarkeitsdefizit zeigt sich laut BGH in zwei Ausprägungen: Zum einen fehle es an hinreichend bestimmten Begrenzungen, wie insbesondere einem festen Verhältnis zwischen dem tatsächlich eingetretenen Schaden und punitive damages.[690] Zum anderen fehle es an zuverlässigen Begrenzungen, da die Bemessung von punitive damages vollständig im freien Ermessen der Gerichte stehe.[691] Diese beiden Kritikpunkte des BGH sollen nachfolgend vor dem Hintergrund der in den 25 Jahren seit der Kalifornien-Entscheidung entwickelten guideposts des U.S. Supreme Court genauer beleuchtet werden.

a) Fehlen hinreichend bestimmter Begrenzungen

Das Fehlen hinreichend bestimmter Begrenzung für punitive damages awards kommt laut BGH insbesondere durch das Fehlen eines festen Verhältnisses zwischen dem eingetretenen Schaden und der Höhe des Strafschadensersatzes zum Ausdruck.[692] Eben diese Kritik, die in vergleichbarer Form auch in den Vereinigten Staaten vorgebracht wurde, veranlasste den U.S. Supreme Court zur Entwicklung des guidepost der punitive-to-compensatory-ratio.[693] Nach anfänglichem Zögern erkannte der U.S. Supreme Court, dass eine ohne feste Regeln stattfindende Bemessung von punitive damages die Legitimation von Strafschadensersatz untergräbt und zu verfassungsrechtlichen Problemen führt.[694]

---

689 Siehe hierzu bereits Kapitel B. III. 2. c).

690 BGHZ 118, 312, 344.

691 BGHZ 118, 312, 344.

692 BGHZ 118, 312, 344.

693 Siehe hierzu die Ausführungen des U.S. Supreme Court in BMW of North America, Inc. v. Gore, 517 U.S. 559, 574 f.

694 Insbesondere aufgrund der fehlenden Vorhersehbarkeit der Strafschadensersatzhöhe für den Beklagten, siehe hierzu Kapitel C. II. 2. c) (1) (b) (ii).

Der Blickwinkel des U.S. Supreme Court auf dieses Problem ist dabei ein leicht anderer als der des BGH, da der U.S. Supreme Court stärker auf die Unvorhersehbarkeit abstellt, der BGH hingegen auf die fehlende Begrenzung. Es handelt sich hierbei aber letztlich um dasselbe Problem, da unvorhersehbarer Schadensersatz nur durch eine wirksame Begrenzung vorhersehbar wird und eine wirksame Begrenzung automatisch zur besseren Vorhersehbarkeit führt. Um dieses Problem in den Griff zu bekommen, legte der U.S. Supreme Court in *Campbell* schließlich ein Verhältnis von 9:1 von Strafschadensersatz zum tatsächlich eingetretenen Schaden als Obergrenze für punitive damages fest.[695] In *Exxon* wurde diese Obergrenze für den bundesstaatlichen Bereich sogar auf 1:1 abgesenkt[696] und eine Ausdehnung auf einzelstaatliche Fälle scheint in der Argumentation des U.S. Supreme Court bereits angelegt zu sein.[697]

Die Einführung der punitive-to-compensatory-ratio hat dabei nicht nur ein praktikables Instrument zur besseren Vorhersehbarkeit von Strafschadensersatz geschaffen, sondern gleichzeitig eine einfach und objektiv zu bestimmende Obergrenze für punitive damages awards etabliert. Unbewusst wurde durch den U.S. Supreme Court damit auch die Kritik des BGH aus der Kalifornien-Entscheidung adressiert. Zwar wird der Strafschadensersatz nicht im Sinne eines festen Verhältnisses an den tatsächlich eingetretenen Schaden gekoppelt, d.h. der Strafschadensersatz muss nicht stets ein bestimmtes Mehrfaches des tatsächlichen Schadens betragen. Es handelt sich bei der punitive-to-compensatory-ratio vielmehr um eine Regelung, die durch die Bindung der Höhe des Strafschadensersatzes an den tatsächlich eingetretenen Schaden zu dessen Deckelung führt. Die Ausgestaltung als Deckelung trägt dabei dem Umstand Rechnung, dass die konkrete Bemessung von punitive damages stets einzelfallabhängig und unter Anwendung der beiden anderen guideposts zu erfolgen hat.

Es lässt sich mithin festhalten, dass die Kritik des BGH aus der Kalifornien-Entscheidung bezüglich der fehlenden Begrenzung von punitive damages aufgrund der punitive-to-compensatory-ratio heute nicht mehr greift.

b) Fehlen zuverlässiger Begrenzungen

Neben dem Fehlen hinreichend bestimmter Begrenzungen wurde durch den BGH auch das Fehlen zuverlässiger Begrenzungen als Hindernis für die Anerkennungsfähigkeit von punitive damages benannt. Dabei bemängelte der

695 State Farm Mutual Automobile Insurance Co. v. Campbell, 538 U.S. 408, 425.

696 Exxon Shipping Co. v. Baker 554 U.S. 471, 513.

697 Siehe hierzu die Ausführungen in Kapitel C. II. 2. d) (2) a.E.

BGH insbesondere, dass die Bemessung von Strafschadensersatz im freien Ermessen der Gerichte stehe,[698] diese mithin bei ihrer Entscheidung an keine klaren Vorgaben gebunden seien. Diese Analyse war im Jahr 1992 durchaus richtig, die Rechtsprechung des U.S. Supreme Court in den Jahren nach der Kalifornien-Entscheidung gibt hier aber ebenfalls zu einer anderen Bewertung Anlass.

Die gesamte Entwicklung der guideposts verfolgte nämlich auch das Ziel, die Bemessung von punitive damages durch die Instanzgerichte und Juries in geregelte Bahnen zu lenken und die Willkürlichkeit in der Bemessung von Strafschadensersatz so weit wie möglich zu reduzieren. Die im Laufe der Zeit immer weiter verfeinerten Vorgaben schaffen dies, indem sie den Gerichten auf einzel- und bundesstaatlicher Ebene genaue Anweisungen geben, wie punitive damages awards zu bemessen sind. Lässt man die in der bisherigen Praxis eher weniger beachtete punitive-to-fines-ratio einmal außen vor, so haben die Gerichte bei der Bemessung von Strafschadensersatz heute insbesondere zwei Regeln zu beachten: Zunächst wird ihnen durch die punitive-to-compensatory-ratio eine Höchstgrenze vorgegeben, bis zu der Strafschadensersatz zugesprochen werden kann. Hiervon ausgehend muss sich sodann im Rahmen der Bemessung der konkreten Höhe des Strafschadensersatzes an der reprehensibility, d.h. dem Grad der Vorwerfbarkeit des Schädigerverhaltens, orientieren werden. Durch diese zweite Regel wird die Möglichkeit geschaffen, den Besonderheiten des jeweiligen Einzelfalls gerecht zu werden und den Strafschadensersatz zu individualisieren. Die guideposts gelten dabei für alle Gerichte, die sich mit der Bemessung von punitive damages awards zu befassen haben und zwar unabhängig davon, ob es sich um Tatsachen- oder Revisionsgerichte in den Einzelstaaten oder auf Bundesebene handelt.[699] Durch diese Bindung aller Gerichte an die Vorgaben des U.S. Supreme Court wird gewährleistet, dass etwaige Unregelmäßigkeiten im Verlauf des Instanzenzugs korrigiert werden können. Die hierdurch geschaffene Kontrolle führt dazu, dass die Wahrscheinlichkeit von rechtskräftigen, nicht den Vorgaben des U.S. Supreme Court entsprechenden Strafschadensersatzurteilen erheblich gesunken ist.

---

698 BGHZ 118, 312, 344.

699 Aufgrund der unterschiedlichen Funktion des U.S. Supreme Court als Revisions- und Verfassungsgericht (siehe Kapitel C. II. 1.) gelten dabei für die einzelstaatlichen Gerichte die Entscheidungen des „constitutional excessiveness trios“ (siehe Kapitel C. II. 2. c)) und für die bundesstaatlichen Gerichte die Entscheidung in *Exxon* (siehe Kapitel C. II. 2 d)).

Daher kann festgehalten werden, dass die guideposts zu einer zuverlässigen Begrenzung der Strafschadensersatzhöhe geführt haben und die Kritik des BGH aus der Kalifornien-Entscheidung auch insoweit heute nicht mehr berechtigt ist.

c) *Fazit*

Aus den obigen Ausführungen ergibt sich, dass die pauschale Kritik des BGH in der Kalifornien-Entscheidung bezüglich der mangelnden Bestimmbarkeit von punitive damages heute nicht mehr greift. Die Entwicklung der guideposts hat dazu geführt, dass der Strafschadensersatz nunmehr hinreichend bestimmten und zuverlässigen Begrenzungen unterworfen ist. Frei von jeglichen Regeln und Grenzen zu bestimmender Strafschadensersatz ist mit der Einführung der Vorgaben durch den U.S. Supreme Court obsolet geworden. Zudem sorgt die Bindungswirkung der Rechtsprechung des U.S. Supreme Court dafür, dass die guideposts tatsächlich durch alle einzel- und bundesstaatlichen Instanzgerichte zu befolgen sind. Somit ist die konkrete Art und Weise der Bemessung von punitive damages als Argument für eine Nichtanerkennung von Strafschadensersatz durch die Einführung der guideposts weggefallen.[700]

2. Die Vergleichbarkeit der Bemessung von pönalen Ersatzfolgen und punitive damages

Die Begründung der pauschalen Verweigerung einer Anerkennung von punitive damages erscheint heute noch aus einem weiteren Grund nicht mehr tragfähig. Wie gezeigt, will der ordre public eine Anerkennung von ausländischen Urteilen nämlich immer nur dann unterbinden, wenn diese gegen „wesentliche Grundsätze" des deutschen Rechts verstoßen. Vor diesem Hintergrund ist fraglich, ob die Entwicklungen der letzten 25 Jahre im Bereich der pönalen Ersatzfolgen und der punitive damages nicht dazu beigetragen haben, das deutsche und das US-amerikanische Schadensersatzrecht bei der Bemessung dieser Arten von Schadensersatz anzugleichen. Sollte dies so sein, wäre es ein weiterer Beleg dafür, dass punitive damages nicht mehr als unvereinbar mit dem deutschen Recht gelten können und die Argumentation des BGH aus der Kalifornien-Entscheidung nicht länger greift. Denn vergleichbare Bemessungsvorschriften für vergleichbare Ersatzfolgen in unterschiedlichen Jurisdiktionen können schwerlich ein ordre public-relevantes Abweichen von den „westlichen Grundsätzen" des

700 In Kapitel C. I. 2. wurde bereits gezeigt, dass das Argument eines rein auf Ausgleich bedachten Schadensersatzes ebenfalls nicht mehr greift.

deutschen Rechts bewirken. Aus diesem Grund sollen nachfolgend die Bemessungsgrundlagen für pönale Ersatzfolgen in Form der pönalen Entschädigung mit denen für punitive damages genauer verglichen und relevante Gemeinsamkeiten aufgezeigt werden.

a) Pönale Entschädigung gem. § 15 Abs. 2 AGG als Vergleichsgröße

Um die Bemessung von punitive damages mit den in der deutschen Rechtsordnung vorhandenen Ersatzfolgen effektiv vergleichen zu können, soll zunächst ein hierzu sinnvoll heranzuziehendes deutsches Äquivalent identifiziert werden. Zu diesem Zweck muss vom Ziel und Wesen der punitive damages ausgegangen werden. Diese dienen, wie gezeigt, in erster Linie der Bestrafung und Abschreckung des Schädigers, sie wirken präventiv und sollen vergleichbaren zukünftigen Verletzungshandlungen vorbeugen.[701] Erreicht werden diese Ziele sodann durch eine in Geld zu leistende Entschädigungszahlung und somit ausschließlich auf monetären Weg.

Betrachtet man vor diesem Hintergrund die infrage kommenden Ersatzfolgen mit pönalem Charakter des deutschen Rechts,[702] so fällt der Blick schnell auf die Entschädigungsregelung des § 15 Abs. 2 AGG. Diese verfolgt ebenfalls rein pönale Ziele, da sie den Anspruchsschuldner für von ihm begangene Diskriminierungen bestrafen und von der Begehung weiterer Vergehen abhalten möchte.[703] Sie hat mithin ausschließlich den Anspruchsschuldner und dessen Abschreckung im Blick.[704] Erreicht wird dieses Ziel durch das Zusprechen einer Geldentschädigung an den durch die Diskriminierung Benachteiligten, ohne dass dieser eine Einbuße erlitten haben muss.[705]

Die pönale Entschädigung gem. § 15 Abs. 2 AGG ist aber nicht die einzige Regelung des deutschen Rechts, die hier herangezogen werden könnte. Es könnte gleichfalls auf die Entschädigungspauschale gem. § 288 Abs. 5 BGB, den Anspruchsausschluss gem. § 241a BGB oder vergleichbare Regelungen abgestellt werden. Allerdings bietet § 15 Abs. 2 AGG im Vergleich zu den sonst in Betracht kommenden Entschädigungsregelungen drei Vorteile. Erstens ist die Entschädigung im Fall des § 15 Abs. 2 AGG nicht von vornherein auf einen bestimmten Höchstbetrag begrenzt, zweitens begründet sie eine ausschließlich in Geld zu

701 Siehe hierzu umfassend Kapitel B. II. 2. b).
702 Siehe Kapitel C. I. 2. b) (2).
703 Siehe Kapitel C. I. 2. b) (2) (a) (i).
704 Siehe Kapitel C. I. 2. b) (2) (a) (i) und Kapitel C. I. 3. b) (3) (b).
705 Siehe Kapitel C. I. 3. b) (3) (b).

leistenden Zahlungsverpflichtung und drittens hat sich für die Bemessung dieser Entschädigung seit ihrer Einführung bereits ein konkreter Katalog zu berücksichtigender Faktoren etabliert. Insbesondere der letzte Aspekt spricht dafür, für den Vergleich der Bemessungsgrundlagen von punitive damages und pönalen Ersatzfolgen aufseiten der deutschen Rechtsordnung § 15 Abs. 2 AGG heranzuziehen. Auf diese Weise können den guideposts vergleichbare Vorgaben zur Bemessung einer ebenfalls pönal wirkenden Ersatzfolge der deutschen Rechtsordnung gegenübergestellt werden.

b) Zur inhaltlichen Vergleichbarkeit der Bemessungsgrundlagen

In Kapitel C. wurde gezeigt, dass sowohl die Bemessung von punitive damages als auch die Bemessung von pönaler Entschädigung gem. § 15 Abs. 2 AGG anhand bestimmter Faktoren erfolgt. Doch während die guideposts des U.S. Supreme Court tatsächlich feste Vorgaben darstellen, sind die Leilinien zur Bemessung pönaler Entschädigung nicht im gleichen Maße festgelegt. Es lassen sich jedoch, wie bereits gezeigt, aus der Funktion und Struktur des Entschädigungsanspruchs gem. § 15 Abs. 2 AGG bestimmte Bemessungsregeln ableiten.[706] Nachfolgend sollen diese Regeln mit den guideposts verglichen werden, um Gemeinsamkeiten identifizieren und aus den so gewonnen Erkenntnissen Rückschlüsse auf die Behandlung von punitive damages im Anerkennungsverfahren ziehen zu können.

(1) Objektive Faktoren

In der Bemessung von punitive damages und pönaler Entschädigung gem. § 15 Abs. 2 AGG spielen zunächst objektive Faktoren eine maßgebliche Rolle. Hierunter sollen Regeln verstanden werden, die die Höhe des Ersatzanspruchs an Umstände knüpfen, die nicht in der Person des Schädigers liegen.

(a) Punitive-to-compensatory-ratio und punitive-to-fines-ratio

Unter den drei guideposts stellen die punitive-to-compensatory-ratio und die punitive-to-fines-ratio objektive Faktoren zur Bestimmung von Strafschadensersatz dar. Im Rahmen der Anwendung dieser beiden guideposts wird die Höhe von Strafschadensersatz von dessen Verhältnis zu einer bestimmten anderen Größe, entweder kompensatorischen Schadensersatz oder Bußgeldern, abhängig gemacht. Im Vergleich der beiden guideposts untereinander nimmt die

706 Siehe Kapitel C. I. 3. b) (3) (b).

punitive-to-compensatory-ratio einen weitaus größeren Stellenwert als die punitive-to-fines-ratio ein, die bislang nur eine geringe praktische Bedeutung für die Bemessung von Strafschadensersatz erlangt hat.[707] Der Grund hierfür dürfte vor allem darin liegen, dass der U.S. Supreme Court bislang keine nachvollziehbare Begründung dafür geliefert hat, warum Bußgeldern Einfluss auf die Höhe von punitive damages zukommen soll. Zudem hat es der Gerichtshof bisher unterlassen, die Relevanz von Bußgeldern für die Bemessung von punitive damages in seinen Urteilen näher zu erläutern. Dabei könnte die punitive-to-fines-ratio durchaus zu einer weiteren Stärkung der Vorhersehbarkeit und Bestimmbarkeit von punitive damages beitragen.[708] Diesen Effekt hat bislang die punitive-to-compensatory-ratio alleine bewirkt, indem sie die Höhe von punitive damages an einen objektiven Richtwert geknüpft hat.

In einer solchen Verknüpfung mit objektiv zu bestimmenden Faktoren liegt aus Verhältnismäßigkeitsgesichtspunkten gerade der Vorteil von Bemessungsfaktoren wie der punitive-to-compensatory-ratio. Indem sie die Höhe von Strafschadensersatz an eine objektiv zu bemessende Zahlungsverpflichtung koppeln, bewirken sie nämlich zwei Dinge. Zum einen nehmen sie den punitive damages die Willkürlichkeit und machen sie vorhersehbar, zum anderen fördern sie die Vergleichbarkeit von Strafschadensersatz in unterschiedlichen Fallgestaltungen. Der Strafschadensersatz erfährt durch die objektiven Faktoren mithin eine bessere Legitimation und Nachprüfbarkeit.

(b) Tatumstände und Diskriminierungsart/-folgen

Im Rahmen der Bemessung von pönaler Entschädigung gem. § 15 Abs. 2 AGG kommt es anders als bei den punitive damages zu keiner Verknüpfung des Entschädigungsanspruchs mit einem objektiv bestimmbaren Zahlungsanspruch. Stattdessen finden andere objektive Kriterien Anwendung, namentlich die Berücksichtigung der konkreten Tatumstände sowie der Diskriminierungsart und deren Folgen.[709] Dabei wird im Rahmen der Berücksichtigung der konkreten Tatumstände nach dem Anlass und den Beweggründe für ein bestimmtes diskriminierendes Verhalten gefragt und dieses in die Bemessung des Entschädigungsanspruchs mit einbezogen. Die Berücksichtigung der konkreten Diskriminierungsart und deren Folgen wiederum ermöglicht es, die Auswirkungen der Diskriminierung des Schädigers als dem anspruchsbegründenden Verhalten

707 Siehe hierzu Kapitel C. II. 3. a) (3).
708 *McMichael*, 66 Vanderbilt Law Review 961, 1002 ff.
709 Siehe hierzu Kapitel C. I. 3. b) (3) (a).

auf die Lebensführung des Geschädigten in die Höhe des Entschädigungsanspruchs einfließen zu lassen. Ein diskriminierendes Verhalten, das langfristige Nachteile für den Geschädigten mit sich einbringt, kann daher zu einer höheren Entschädigung führen, als dies bei einer Diskriminierung der Fall ist, die nur eine kurzfristige Auswirkung hat. Zudem kann hierdurch in die Bemessung mit einbezogen werden, ob es sich um eine unmittelbare oder lediglich eine mittelbare Diskriminierung gehandelt hat.[710]

Die Berücksichtigung dieser objektiven Faktoren hat dabei den gleichen Effekt wie die Koppelung von punitive damages an kompensatorischen Schadensersatz bzw. Bußgelder. Anders als im Rahmen der Bemessung von Strafschadensersatz bildet zwar nicht die materielle Folge eines bestimmten anspruchsbegründenden Verhaltens die Bemessungsleitlinie, sondern das anspruchsbegründenden Verhalten selbst, erreicht werden hiermit aber gleichfalls eine bessere Vorhersehbarkeit und Vergleichbarkeit von Entschädigungsansprüchen. Zu dieser Steigerung kommt es, weil hierdurch bestimmten diskriminierenden Verhaltensweisen konkrete Entschädigungshöhen zugewiesen und somit untereinander vergleichbare Fallgruppen gebildet werden können. Diese Fallgruppen erfüllen damit den gleichen Zweck wie der kompensatorische Schadensersatz oder die Bußgelder im Rahmen der Bemessung von punitive damages, indem sie objektive Leitlinien für die Bestimmung des Entschädigungsanspruchs in konkreten Situationen vorgeben. Die Wirkung dieser erhöhten Vorhersehbarkeit und Vergleichbarkeit entspricht derjenigen im Fall der punitive-to-compensatory-ratio und der punitive-to-fines-ratio, nämlich eine Absenkung der Willkürlichkeit unter gleichzeitiger Erhöhung der Nachprüfbarkeit pönaler Entschädigungen.

(2) Subjektive Faktoren

Neben objektiven spielen bei der Bemessung von punitive damages und pönaler Entschädigung auch subjektive Faktoren eine Rolle. Hierunter sind Umstände zu verstehen, die in der Person des Schädigers liegen und dazu dienen, die innere Einstellung des Schädigers zu seinem schädigenden Verhalten in der Höhe des jeweiligen Ersatzanspruchs zum Ausdruck zu bringen.

(a) Reprehensibility

Im Rahmen der Bemessung von punitive damages übernimmt die Rolle des subjektiven Faktors die reprehensibility.[711] Diese fordert, dass der Strafschadensersatz

710 So auch MüKoBGB-*Thüsing*, § 15 AGG Rn. 12.
711 Siehe Kapitel C. II. 3. a) (1).

umso höher ausfallen muss, je verwerflicher das Verhalten des Schädigers war. Die Einbeziehung dieser subjektiven Komponente dient dazu, den durch die punitive-to-compensatory-ratio und die punitive-to-fines-ratio objektiv vorbestimmten Strafschadensersatz auf den konkreten Schädiger zu individualisieren. Eine solche Individualisierung ist notwendig, um der Natur des Strafschadensersatzes als auf den Schädiger ausgerichtete Ersatzfolge gerecht zu werden. Wie bereits gezeigt wurde, nimmt der Strafschadensersatz nämlich anders als kompensatorischer Schadensersatz nicht den Geschädigten und dessen erlittene Einbuße in den Blick, sondern den Schädiger und dessen Verhalten.[712] Der Schädiger in seiner konkreten Gestalt soll durch den Strafschadensersatz bestraft und zu einer Verhaltensänderung angehalten werden.[713]

In die Bestimmung der reprehensibility fließt wiederum eine Vielzahl an Faktoren ein, die ein umfassendes Bild der subjektiven Einstellung des Schädigers zu seinem schädigenden Verhalten liefern sollen. Die beiden maßgeblichen Faktoren stellen dabei die subjektive Vorhersehbarkeit des schädigenden Verhaltens und der Verschuldensgrad dar.[714] Sie beeinflussen die Bemessung der Höhe des Strafschadensersatzes insofern, als dieser umso höher ausfallen muss, je vorhersehbarer der Schaden war und je größer das Verschulden des Schädigers. Die Relevanz gerade dieser Umstände für die Beurteilung der Verwerflichkeit eines Verhaltens kann dabei kaum verwundern. Der erzieherische Effekt des Strafschadensersatzes kann nämlich nur dann voll zum Tragen kommen, wenn ein vorsätzlich und sicher vorhersehbar handelnder Schädiger mit einem höheren Strafschadensersatz belegt wird, als ein lediglich fahrlässig handelnder Schädiger.

(b) Verschuldensgrad und Vermögensverhältnisse

Die beiden maßgeblichen subjektiven Faktoren in der Bemessung von pönaler Entschädigung stellen der Verschuldensgrad und die Vermögensverhältnisse des Schädigers dar.[715] Anders als im Rahmen der Bemessung von punitive damages erfolgt hier erneut keine Bündelung einzelner Umstände in einem übergeordneten Faktor, sondern die subjektiven Faktoren werden einzeln in die Bemessung

---

712 Siehe zu dieser für pönalen Schadensersatz grundsätzlich charakteristische Zentrierung auf den Schädiger Kapitel C. I. 3. b) (1) (b).

713 Siehe Kapitel B. II. 2. b) (1).

714 Siehe Kapitel C. II. 3. a) (1).

715 Siehe Kapitel C. I. 3. b) (3) (a) und (b).

des Entschädigungsanspruchs mit eingestellt. Erreicht wird hiermit aber ebenfalls eine Individualisierung des Entschädigungsanspruchs.

Die Einbeziehung des Verschuldensgrads erfolgt dabei auf gleiche Weise wie ihm Rahmen der Bemessung von punitive damages und verfolgt das gleiche Ziel. Indem die Höhe der pönalen Entschädigung danach bestimmt wird, ob die schädigende Handlung vorsätzlich oder lediglich fahrlässig begangen wurde, wird dem abschreckenden und strafenden Aspekt der pönalen Entschädigung Geltung verschafft und die individuelle Vorwerfbarkeit in der Entschädigungshöhe reflektiert. Die Einbeziehung der Vermögensverhältnisse des Schuldners wiederum erlaubt es, die individuelle Leistungsfähigkeit des Schädigers zu reflektieren.[716] Die Notwendigkeit dieses Faktors für die Bemessung von pönaler Entschädigung gem. § 15 Abs. 2 AGG ist keineswegs selbstverständlich. Allerdings eröffnet sich hierdurch die Möglichkeit, die Ziele der pönalen Entschädigung weiter auf den konkreten Schädiger zu individualisieren. Dem liegt die Überlegung zugrunde, dass im Vergleich zwischen einem vorsätzlich handelnden Schädiger mit großem Vermögen und einem vorsätzlich handelnden Schädiger mit kleinem Vermögen zwar der Verschuldensgrad derselbe ist, eine gleich intensive abschreckende und strafende Einwirkung auf den jeweiligen Schädiger aber nur dadurch erreicht werden kann, indem der vermögende Schädiger mit einer höheren Entschädigungsverpflichtung belegt wird.[717] Der sich hierdurch ergebende höhere Grad an Individualisierung verschafft den Zwecken der pönalen Entschädigung damit deutlicher Geltung.

(3) Zwischenergebnis

Die Analyse der für die Bemessung von punitive damages und pönaler Entschädigung maßgeblichen inhaltlichen Faktoren zeigt, dass beide Entschädigungsregelungen auf gleichen Wegen gleiche Ziele verfolgen.

Abstrakt zeigt sich dies an der Art und Weise der Bestimmung der konkreten Entschädigungshöhe, die in beiden Fällen auf Grundlage einer Kombination von objektiven und subjektiven Faktoren erfolgt. Beide Gruppen von Faktoren dienen wiederum der Durchsetzung bestimmter übergeordneter Ziele. Während die objektiven Faktoren eine willkürliche und nicht nachprüfbare Bemessung der Entschädigungshöhe verhindern sollen, verschaffen die subjektiven Faktoren dem abschreckenden und bestrafenden Zweck Geltung. Bildlich kann auch davon gesprochen werden, dass die objektiven Faktoren der Entschädigung

716 Siehe Kapitel C. I. 3. b) (3) (b).
717 Siehe Kapitel C. I. 3. b) (3) (b).

einen höhenmäßigen Rahmen setzen und die subjektiven Faktoren diesen sodann genauer ausfüllen.

Die objektiven Faktoren erreichen ihr Ziel, indem sie die Vorhersehbarkeit des konkreten Entschädigungsanspruchs steigern und dessen Vergleichbarkeit mit gleich gelagerten Entschädigungsansprüchen erhöhen. Hierzu bedienen sich beide Entschädigungsregime der gleichen Methode, nämlich der Verknüpfung des Entschädigungsanspruchs an objektiv zu bestimmende Umstände. Im Fall der punitive damages handelt es sich hierbei um kompensatorischen Schadensersatz und Bußgelder, im Falle der pönalen Entschädigung gem. § 15 Abs. 2 AGG um die Tatumstände und Diskriminierungsfolgen. Auch wenn diese Faktoren äußerlich betrachtet Unterschiede aufweisen, so sind sie inhaltlich doch deckungsgleich. Denn kompensatorischer Schadensersatz und Bußgelder stellen im Ergebnis nichts anderes dar, als das Kondensat der sie bestimmenden Umstände. Zu diesen zählen wiederum Faktoren wie die Tatumstände und Schädigungsfolgen und damit genau solche Faktoren, die auch im Rahmen der Bemessung von pönaler Entschädigung zur Anwendung kommen. Dass dies im Fall des § 15 Abs. 2 AGG unmittelbar geschieht, im Fall von punitive damages hingegen nur mittelbar, hat keine Konsequenzen auf die Vergleichbarkeit der beiden Regelungen. Vielmehr wir durch die Bündelung der äußeren Umstände in den Kategorien des kompensatorischen Schadensersatzes bzw. Bußgeldes lediglich eine Vereinfachung der sodann zu erfolgenden Bemessung von punitive damages erreicht. Zu deren Bestimmung müssen schließlich nur noch die drei guideposts gegeneinander abgewogen werden und nicht etwa eine Vielzahl individueller Faktoren. Vom Ablauf her wird die Bestimmung von punitive damages somit auf zwei Stufen verteilt und hierdurch die Komplexität reduziert, die durch eine einstufige Methode entsteht. An der Wirkung der objektiv zu bestimmenden Umstände auf die Höhe der punitive damages ändert sich hingegen nichts, da diese durch den kompensatorischen Schadensersatz bzw. die Bußgelder inhaltsgetreu weitergegeben werden.

Die Durchsetzung des abschreckenden und strafenden Zwecks von punitive damages und pönaler Entschädigung wird durch die subjektiven Faktoren mittels einer Individualisierung des Entschädigungsanspruchs erreicht. Diese Individualisierung rückt die Person des Schädigers und dessen Einstellung zur schädigenden Handlungen in den Mittelpunkt. Diese Fokussierung auf den Schädiger wird dabei maßgeblich durch die Berücksichtigung des Verschuldensgrads in der Entschädigungshöhe erreicht. So fallen sowohl punitive damages als auch die Entschädigung gem. § 15 Abs. 2 AGG bei vorsätzlichem Handeln höher aus, als im Fall einer rein fahrlässigen Begehung. Die darüber hinaus zur Anwendung kommenden Einzelfaktoren ermöglichen in beiden Entschädigungsregelungen eine weitere Feinjustierung der Entschädigungshöhe. Für die Vergleichbarkeit der subjektiven Bemessung von punitive damages und pönaler Entschädigung ist es zudem irrelevant, dass die jeweils zur Anwendung kommenden subjektiven Einzelfaktoren nicht vollständig inhaltsgleich sind und sie im Rahmen der Bemessung von punitive damages lediglich mittelbar über die reprehensibility berücksichtigt werden. Die Auswahl der jeweils in die Bemessung einzubeziehenden subjektiven Einzelfaktoren ist nämlich geprägt von den Besonderheiten der jeweiligen Rechtsordnung, sodass eine vollständige inhaltliche Übereinstimmung nicht zu erwarten ist. Sie ist aber auch nicht notwendig oder zu fordern, da das Ziel der Individualisierung der Entschädigungshöhe durch unterschiedliche subjektive Faktoren gleich effektiv erreicht werden kann. Keiner der subjektiven Faktoren ist hierfür einzig und allein maßgeblich. Auch die lediglich mittelbare Einbeziehung der subjektiven Einzelfaktoren in die Bemessung von punitive damages hat erneut keine negativen Auswirkungen auf die Vergleichbarkeit mit der Bemessung von pönaler Entschädigung. Dies liegt vor allem daran, dass es neben der reprehensibility keinen weiteren subjektiven guidepost gibt. Die über die reprehensibility vermittelte Wirkung der subjektiven Einzelfaktoren auf die Höhe von punitive damages wird daher nicht durch die Berücksichtigung weiterer subjektiver Umstände beeinflusst. Man kann daher auch sagen, dass die subjektiven Einzelfaktoren, die in die Bestimmung der reprehensibility einfließen, in gleicher Form und mit gleicher Wirkung auch ungefiltert auf die Höhe von punitive damages Einfluss nehmen würden.

Alles in allem zeigt sich, dass die Bemessung von punitive damages und pönaler Entschädigung gem. § 15 Abs. 2 AGG weitgehend identisch abläuft. Zwar gibt es Unterschiede in der konkreten Ausgestaltung, allerdings stimmen die beiden Entschädigungsregime in den verfolgten Zielen und der Auswahl der hierzu angewandten Mittel maßgeblich überein. Die Bemessung von punitive damages und pönaler Entschädigung weist somit mehr einende denn trennende Faktoren auf.

c) Fazit

Für die Anerkennungsfähigkeit von punitive damages hat die Inhaltsgleichheit der Bemessung von punitive damages und pönaler Entschädigung weitreichende Folgen. Wie oben angemerkt, will der ordre public eine Anerkennung von ausländischen Urteilen nämlich immer nur dann unterbinden, wenn diese gegen „wesentliche Grundsätze" des deutschen Rechts verstoßen. Von einem solchen Verstoß kann aber nicht ernsthaft ausgegangen werden, wenn die Bemessung von punitive damages mit derjenigen übereinstimmt, die die deutsche

Rechtsordnung für eine vergleichbare inländische Entschädigungsregelung vorgibt. Genau dies ist aber der Fall, wie die Gegenüberstellung der Bemessung von punitive damages und pönaler Entschädigung gem. § 15 Abs. 2 AGG gezeigt hat. Die Inhaltsgleichheit betrifft dabei nicht nur die konkreten Umstände, die zur Bemessung der jeweiligen Entschädigung herangezogen werden, sondern auch die jeweils damit verfolgten Ziele. Somit übersteigen die Gemeinsamkeiten der Ausgestaltung der Entschädigungsbemessungen bei Weitem deren jeweilige Unterschiede. Es scheint daher nicht mehr gerechtfertigt zu sein davon zu sprechen, dass die Bemessung von punitive damages den „wesentlichen Grundsätzen" des deutschen Rechts widerspricht.

3. Ergebnis

Die vorangegangenen Ausführungen haben gezeigt, dass sich die US-amerikanische und die deutsche Rechtsordnung in relevanten Bereichen des Schadensersatzrechts seit der Kalifornien-Entscheidung entscheidend angenähert haben. Diese Annäherung erfolgte zunächst durch die Entwicklung fester Vorgaben zur Bemessung von Strafschadensersatz durch den U.S. Supreme Court. Die hieraus resultierende Verringerung der Willkürlichkeit in der Bemessung von punitive damages hat letztlich auch dazu geführt, dass einer der Hauptkritikpunkte des BGH aus der Kalifornien-Entscheidung heute nicht mehr durchgreift.

Die Annäherung ist hier jedoch nicht stehen geblieben. Vielmehr hat die Einführung von pönalen Ersatzfolgen im deutschen Recht zu einer weiteren Verstärkung der Annäherung geführt. Der Grund hierfür liegt darin, dass die Bemessung von pönaler Entschädigung des deutschen Rechts auf die gleiche Art und Weise erfolgt wie die Bemessung von punitive damages. Es ist hierdurch zu einer weitgehenden Übereinstimmung der beiden Rechtsordnungen in der Frage gekommen, wie die Bemessung einer strafenden und abschreckend wirkenden Entschädigungsregelung auszusehen hat.

Diese zweistufige Annäherung hat auch weitreichende Folgen für das Anerkennungsverfahren und die ordre public-Beurteilung von punitive damages. Denn das maßgebliche Urteil für die Versagung der Anerkennung, der Verstoß gegen die „wesentlichen Grundsätze" der deutschen Rechtsordnung, kann heute nicht mehr abstrakt und ohne Einzelfallprüfung gefällt werden. Dies liegt zum einen am Entfallen der Argumentationsgrundlage des BGH aus der Kalifornien-Entscheidung, zum anderen und ganz entscheidend aber auch an der konkreten Vergleichbarkeit von punitive damages mit der deutschen pönalen Entschädigung. Insgesamt ist hierdurch eine Situation entstanden, in der für punitive damages awards, die sich im Rahmen der guideposts bewegen, ein

Abwägungsvorsprung zugunsten einer Anerkennungsfähigkeit angenommen werden muss. Wenn dieser überwunden und ein punitive damages award für nicht anerkennungsfähig erklärt werden soll, so ist hierfür nunmehr die Auseinandersetzung mit dem Strafschadensersatzurteil und dessen konkreter ordre public-Widrigkeit erforderlich. Eine pauschale Anerkennungsverweigerung ohne Eingehen auf die Umstände des Einzelfalls, wie sie sich nach der Kalifornien-Entscheidung in der deutschen Rechtsprechung etabliert hat, kommt heute nicht mehr in Betracht.

II. Die zukünftige Handhabung von punitive damages im Anerkennungsverfahren

Mit dem Entfallen der pauschalen Anerkennungsverweigerung eröffnen sich für den Umgang mit Strafschadensersatzurteilen im Anerkennungsverfahren neue Fragen. Insbesondere muss geklärt werden, unter welchen Umständen weiterhin von einem ordre public Verstoß eines Strafschadensersatzurteils ausgegangen werden kann und wann ein punitive damages award nunmehr anzuerkennen ist.

1. Indizwirkung der guideposts

Zunächst muss erneut festgehalten werden, dass das Entfallen der pauschalen Anerkennungsverweigerung dazu führt, dass im Rahmen des Anerkennungsverfahrens nun eine Auseinandersetzung mit dem konkreten Strafschadensersatzurteil zu erfolgen hat. Das Anerkennungsverfahren muss folglich wieder die Frage in den Blick nehmen, ob der konkret in Rede stehende punitive damages award gegen die „wesentlichen Grundsätze" der deutschen Rechtsordnung verstößt. Nicht mehr länger ausreichend ist es daher, den ausgeurteilten Anspruch als Strafschadensersatz einzuordnen und unter Rückgriff auf die Kalifornien-Entscheidung des BGH eine Anerkennung des punitive damages award vollumfänglich abzulehnen. Die Notwendigkeit der Auseinandersetzung mit dem konkreten Urteil bedeutet dabei nicht, dass die Entscheidung des ausländischen Gerichts unter Verstoß gegen die Grundsätze des Anerkennungsrechts inhaltlich nachzuprüfen ist.[718] Vielmehr muss sich darauf beschränkt werden, die Kompatibilität des konkreten punitive damages award mit der deutschen Rechtsordnung zu überprüfen.

Als Indiz für das Übereinstimmen eines Strafschadensersatzurteils mit den „wesentlichen Grundsätzen" der deutschen Rechtsordnung kann dabei die

718 Siehe zum Verbot der révision au fond bereits Kapitel B. I. 1.

Einhaltung der guideposts des U.S. Supreme Court herangezogen werden. Wie bereits festgestellt wurde, stimmen die guideposts inhaltlich mit den Bemessungsfaktoren für mit punitive damages vergleichbare Ersatzfolgen des deutschen Rechts überein.[719] Diese Bemessungsfaktoren wiederum können im Bereich der Anerkennung von ausländischem pönalen Schadensersatz als ordre public-relevante „wesentliche Grundsätze" des deutschen Rechts definiert werden. Selbst wenn man die Ansicht vertritt, dass es sich bei „wesentlichen Grundsätzen" nicht um solch konkrete Einzelfaktoren, sondern nur um übergeordnete Prinzipien handeln kann, würde dies die Einschätzung in Bezug auf die Indizwirkung der guideposts nicht ändern. Denn das übergeordnete Ziel sowohl der deutschen Bemessungsfaktoren als auch der guideposts ist jeweils die Verringerung der Willkürlichkeit und Steigerung der Nachprüfbarkeit bei gleichzeitiger Individualisierung der Entschädigung. Diese Ziele wiederum dienen alle der Durchsetzung des Verhältnismäßigkeitsgrundsatzes in der Entschädigungshöhe. Die Bemessungsfaktoren und die guideposts entspringen mithin beide, ebenso wie die ihnen übergeordneten Prinzipien, der Wirkung des Verhältnismäßigkeitsgrundsatzes im Recht des nicht-kompensatorischen Schadensersatzes. Die inhaltliche Übereinstimmung der deutschen Bemessungsfaktoren mit den guideposts spricht mithin dafür, dass ein ordre public-relevanter Verstoß gegen die „wesentlichen Grundsätze" des deutschen Rechts im Fall von den guideposts entsprechenden punitive damages ausscheiden dürfte. Eine Nichtanerkennung solcher punitive damages würde nämlich bedeuten, dass die Bemessung von Strafschadensersatz trotz ihrer inhaltlichen Übereinstimmung mit der Bemessung vergleichbarer Ersatzfolgen des deutschen Rechts als unvereinbar mit der deutschen Rechtsordnung gilt. Dass dies nicht richtig sein kann, liegt auf der Hand.

Punitive damages awards, die den guideposts des U.S. Supreme Court entsprechen, entfalten im Anerkennungsverfahren mithin eine Indizwirkung für eine Anerkennungsfähigkeit. Diese Indizwirkung geht dabei so weit, dass für eine Ablehnung der Anerkennung wiederum durchschlagende Gründe vorgebracht werden müssen. Liegen diese nicht vor, so muss die Indizwirkung der guideposts das Anerkennungsgericht zu einer positiven Anerkennungsentscheidung veranlassen. Für diese Folge spricht nicht zuletzt das Prinzip der Anerkennungsfreundlichkeit,[720] welches das Anerkennungsverfahren grundsätzlich in Richtung der Anerkennung von ausländischen Urteilen leitet. Ist zusätzlich noch

719 Siehe Kapitel D. I. 2. b).
720 Siehe Kapitel B. V.

die Indizwirkung der guideposts gegeben, dann muss diese Tendenz endgültig zugunsten einer Anerkennung ausschlagen.

2. Praktische Relevanz der punitive-to-compensatory-ratio

Im Rahmen der Anerkennungsprüfung unter Wirkung der Indizwirkung der guideposts muss zudem die punitive-to-compensatory-ratio eine wesentliche Rolle einnehmen. Der Grund hierfür liegt darin, dass die Überprüfung des Verhältnisses zwischen Strafschadensersatz und kompensatorischen Schadensersatz und der Einhaltung der 9:1-Obergrenze durch das Anerkennungsgericht mittels eines einfachen Vergleichs der beiden Schadensersatzbeträge erreicht werden kann. Der Abgleich der punitive-to-compensatory-ratio ist mithin ein leicht anzuwendendes Instrument zur Bestimmung der Anerkennungsfähigkeit eines Strafschadensersatzurteils. Zudem läuft das Anerkennungsgericht so nicht Gefahr, in eine inhaltliche Überprüfung des ausländischen Urteils einzutreten. Hierzu würde es nämlich kommen, wenn beispielsweise die Berücksichtigung der reprehensibility in der Strafschadensersatzhöhe inhaltlich überprüft werden würde.

Allerdings muss eine Berücksichtigung der anderen guideposts, das heißt der reprehensibility und der punitive-to-fines-ratio, im Rahmen der Anerkennungsprüfung nicht vollständig unterbleiben. Insbesondere die Überprüfung der Berücksichtigung der reprehensibility im zu prüfenden punitive damages award ist ebenfalls ein wichtiger Beleg für dessen Anerkennungsfähigkeit. Ein Strafschadensersatzurteil, das sich nicht mit der Verwerflichkeit des Schädigerverhaltens auseinandersetzt und somit keine Individualisierung der Höhe der punitive damages vornimmt, würde sich nämlich gleichfalls nicht im Rahmen der guideposts des U.S. Supreme Court bewegen. Allerdings kann dies im Rahmen des Anerkennungsverfahrens nur dazu führen, dass das Anerkennungsgericht überprüft, ob sich das zu prüfende Schadensersatzurteil überhaupt mit der reprehensibility beschäftigt und diese in die Würdigung der Strafschadensersatzhöhe mit einbezogen hat. Eine Auseinandersetzung des punitive damages award mit der punitive-to-fines-ratio ist hingegen nicht zu verlangen. Wie bereits gezeigt,[721] hat dieser guidepost bislang weder in der Rechtsprechung des U.S. Supreme Court noch in der Rechtsprechung der Instanzgerichte signifikanten Niederschlag gefunden. Aus diesem Grund kann im Rahmen des Anerkennungsverfahrens auch nicht gefordert werden, dass sich ein Strafschadensersatzurteil, um

---

721 Siehe Kapitel C. II. 3. a) (3).

von der Indizwirkung zu profitieren, mit diesem guidepost auseinandergesetzt haben muss.

3. Verweigerung der Urteilsanerkennung in Ausnahmefällen

Der durch die Indizwirkung vermittelte Abwägungsvorsprung zugunsten einer Anerkennung führt jedoch nicht dazu, dass Strafschadensersatz in jedem Fall anzuerkennen ist. Vielmehr können bestimmte Gründe auch weiterhin zu einer Verweigerung der Anerkennung führen.

Dies ist zunächst der Fall, wenn der zu prüfende punitive damages award gerade nicht mit den guideposts übereinstimmt, weil insbesondere die punitive-to-compensatory-ratio nicht eingehalten wurde. In einer solchen Situation kann auch die Indizwirkung nicht zum Tragen kommen, da diese ja nur greift, wenn das Strafschadensersatzurteil auch wirklich mit den Vorgaben des U.S. Supreme Court übereinstimmt. Nur in einer solchen Situation ist es nach den obigen Ausführungen überhaupt möglich, die Bemessung des Strafschadensersatzes als ordre public-konform anzusehen.

Die Anerkennung kann aber auch solchen punitive damages awards verweigert werden, die den guideposts entsprechen und bei denen daher grundsätzlich die Indizwirkung greift. Denn die Einhaltung der guideposts ist eben lediglich ein Indiz für eine Anerkennungsfähigkeit, das bei Vorliegen besonderer Umstände somit auch überwunden werden und zu einer Anerkennungsverweigerung führen kann. Ein solcher Umstand könnte beispielsweise vorliegen, wenn der zu prüfende Strafschadensersatz das Niveau eines sog. „blockbuster awards“ erreicht.[722] Ein solcher „blockbuster award“ kann dann im Einzelfall, auch wenn er den guideposts entspricht, aufgrund seiner absoluten Höhe mit der deutschen Rechtsordnung nicht zu vereinbaren sein.

Die Feststellung dieses Ergebnisses und damit die Überwindung der Indizwirkung erfordern vom Anerkennungsgericht jedoch einen gesteigerten Begründungaufwand. Denn trotz eines absolut betrachtet überhöhten punitive damages award entspricht dieser bei Einhaltung der guideposts und insbesondere der punitive-to-compensatory-ratio doch den vergleichbaren Bemessungsfaktoren für pönale Ersatzfolgen der deutschen Rechtsordnung.[723] Dieser gesteigerte Begründungsaufwand könnte in einer solchen Situation unter Umständen immer dann möglich sein, wenn der kompensatorische Schadensersatz selbst sehr hoch ist. Für diese Fälle hat nämlich auch der U.S. Supreme Court bereits

722 Siehe hierzu Kapitel B. II. 3. c).
723 Siehe Kapitel D. I. 2. b) (3).

angedeutet, dass von der Obergrenze von 9:1 zwischen punitive und compensatory damages möglicherweise abzuweichen sei und lediglich ein wesentlich geringerer Strafschadensersatz zu gewähren.[724] In dieser Konstellation kann auch über eine Verweigerung der Anerkennung nachgedacht werden, weil hier auch durch den U.S. Supreme Court selbst im Ergebnis über eine Anpassung eines der oben angeführten objektiven Umstände nachgedacht wird. Die anwendbare punitive-to-compensatory-ratio würde in Fällen, in denen hoher kompensatorischer Schadensersatz gewährt wird, nämlich dem Grunde nach auf ein niedrigeres Verhältnis abgesenkt. Eine solche Anpassung wäre auch unter den Bemessungsregeln der deutschen Rechtsordnung möglich und unter Umständen sogar geboten. Das Aufgreifen dieser Überlegung im Anerkennungsverfahren kann daher erfolgen, ohne in Widerspruch zu der oben beschriebenen Systematik zu geraten.

Darüber hinaus sind sicher noch weitere Fälle denkbar, in denen Strafschadensersatz trotz Übereinstimmung mit den guideposts nicht anzuerkennen sein wird. Die Identifikation dieser Fälle hat zukünftig durch die Anerkennungsgerichte im Rahmen der vorzunehmenden Einzelfallprüfung stattzufinden, der sich jeder punitive damages award und jedes Anerkennungsgericht nach dem Entfallen der pauschalen Anerkennungsverweigerung wieder stellen müssen.

4. Ergebnis

Festzuhalten bleibt, dass die zukünftige Handhabung von punitive damages awards im Anerkennungsverfahren maßgeblich vom Bestehen oder Nichtbestehen der Indizwirkung der guideposts geprägt sein sollte. Die Indizwirkung wird dabei regelmäßig bei Einhalten der punitive-to-compensatory-ratio vorliegen und dazu führen, dass den Vorgaben des U.S. Supreme Court entsprechender Strafschadensersatz ein Abwägungsvorsprung zugunsten einer Anerkennungsfähigkeit zukommt. Dieser Abwägungsvorsprung wird bei Nichtvorliegen besonderer Umstände sodann regelmäßig zu einer Anerkennung des punitive damages award führen.

Die Indizwirkung führt jedoch zu keiner pauschalen Anerkennung von punitive damages. Zu keiner Anerkennung wird es vor allem immer dann kommen, wenn das zu prüfende Strafschadensersatzurteil selbst nicht mit den guideposts übereinstimmt. Darüber hinaus sind aber auch weitere Konstellationen denkbar, in denen trotz einer Übereinstimmung mit den guideposts eine Anerkennung

---

724 State Farm Mutual Automobile Insurance Co. v. Campbell, 538 U.S. 408, 425; siehe auch Kapitel C. II. 2. c) (2) (b).

nicht möglich ist. Zu denken ist hier in Anlehnung an die Rechtsprechung des U.S. Supreme Court beispielsweise an Fälle, in denen der kompensatorische Schadensersatz bereits sehr hoch ist.

III. Zusammenfassung

Die obigen Ausführungen haben gezeigt, dass die Entwicklungen im Recht der punitive damages sowie im deutschen Schadensersatzrecht seit der Kalifornien-Entscheidung erhebliche Auswirkungen auf das Anerkennungsverfahren und die Frage der ordre public-Widrigkeit von Strafschadensersatz gehabt haben. Die durch den U.S. Supreme Court entwickelten guideposts adressierten unbewusst, aber zielgerichtet, auch die Kritik des BGH aus der Kalifornien-Entscheidung hinsichtlich der nicht hinreichend bestimmten und unzuverlässigen Bemessung von Strafschadensersatz und näherten diese Bemessung zugleich derjenigen von pönaler Entschädigung im deutschen Recht an. Hierdurch ist insgesamt eine Situation entstanden, in der der Anerkennung von punitive damages die Art und Weise ihrer Bemessung im Rahmen des US-amerikanischen Erstverfahrens nicht mehr länger entgegengehalten werden kann. Insbesondere kann die Bemessung nicht mehr als gegen die „wesentlichen Grundsätze" der deutschen Rechtsordnung verstoßend angesehen werden, da diese weitgehend identisch mit der Bemessung vergleichbarer Rechtsfolgen des deutschen Rechts ist. Der ordre public Einwand des BGH aus der Kalifornien-Entscheidung läuft somit heute ins Leere.

Allerding kann hieraus keine vollständige Anerkennungsfähigkeit von punitive damages im Rahmen des Anerkennungsverfahrens nach der ZPO folgen. Denn die Vergleichbarkeit der Bemessung von punitive damages mit deutschen Äquivalenten gilt nur so lange, wie sich der Strafschadensersatz selbst an die Vorgaben der durch den U.S. Supreme Court entwickelten guideposts hält. In diesen Fällen kann ein Abwägungsvorsprung zugunsten einer Anerkennung angenommen werden, der bei nicht guidepost-konformen punitive damages wieder entfällt. Darüber hinaus sind auch weitere Situationen denkbar, in denen punitive damages nicht anerkannt werden können. Dies ändert aber nichts an der Tatsache, dass die Entwicklungen der letzten 25 Jahre dazu geführt haben, dass die Prüfung von punitive damages awards im Anerkennungsverfahren wieder zu einer Einzelfallprüfung werden muss. Die pauschale Ablehnung einer Anerkennung auf Grundlage der Feststellung, dass es sich bei dem anzuerkennenden Urteil um einen punitive damages award handelt, ist heute nicht mehr möglich.

E. Ergebnis

Die vorangegangenen Ausführungen haben gezeigt, dass die Entwicklungen im deutschen und im US-amerikanischen Recht seit der Kalifornien-Entscheidung weitreichende Auswirkungen auf die Anerkennungsfähigkeit von punitive damages haben.

Durch die Einführung pönaler Elemente im deutschen Schadensersatzrecht sowie der gleichzeitigen Schaffung einer effektiven Verhältnismäßigkeitskontrolle für punitive damages awards durch den U.S. Supreme Court wurde der Argumentation des BGH zur Anerkennungsverweigerung von Strafschadensersatz aus der Kalifornien-Entscheidung im weiten Umfang die Grundlage entzogen. Aufgrund der Geltung der guideposts kann heute insbesondere kein pauschaler Verstoß der Bemessung von punitive damages gegen das Verhältnismäßigkeitsprinzip mehr festgestellt werden. Die Vorgaben des U.S. Supreme Court haben vielmehr dafür gesorgt, dass die Höhe von Strafschadensersatz für den Schädiger heute gut vorhersehbar ist und die Bemessung von Strafschadensersatzurteilen klaren Regeln unterworfen wurde.

Darüber hinaus zeigt sich, dass die durch die guideposts geleitete Bemessung von Strafschadensersatz in weiten Teilen mit der Bemessung vergleichbarer pönaler Ersatzfolgen des deutschen Rechts übereinstimmt. Auch die deutsche Rechtsordnung unterwirft die Bemessung von auf Geld gerichteter pönaler Ersatzfolgen nämlich einer Verhältnismäßigkeitskontrolle, die auf einer umfassenden Interessenabwägung basiert. Die dabei in die Abwägung einzustellenden Einzelfaktoren sind weitgehend inhaltsgleich mit denjenigen, die im Rahmen der über die guideposts vermittelten Verhältnismäßigkeitskontrolle von punitive damages awards eingesetzt werden. Die vergleichbare Bemessung vergleichbarer Ersatzfolgen im deutschen und im US-amerikanischen Recht führt zugleich dazu, dass punitive damages immer dann, wenn sie den Vorgaben der guideposts entsprechen, nicht wesentlich von den auch in der deutschen Rechtsordnung wirkenden Grundsätzen abweichen. Ein ordre public-relevantes Abweichen von den „wesentlichen Grundsätzen" des deutschen Rechts kann in solchen Fällen daher nicht festgestellt werden.

Dies hat wiederum zur Folge, dass die seit der Kalifornien-Entscheidung praktizierte pauschale Ablehnung einer Anerkennung von Strafschadensersatz durch deutsche Gerichte nicht mehr weitergeführt werden kann. Das hierfür notwendige Argument, der grundsätzliche Verstoß der Bemessung von punitive damages awards gegen das Verhältnismäßigkeitsprinzip, ist durch die

Vergleichbarkeit der heute in den jeweiligen Rechtsordnungen anzuwendenden Bemessungsgrundlagen entfallen. Vielmehr muss nun davon ausgegangen werden, dass im Rahmen des Anerkennungsverfahrens ein Abwägungsvorsprung für Strafschadensersatzurteile besteht, die den guideposts des U.S. Supreme Court entsprechen. Dieser Abwägungsvorsprung muss nicht automatisch, sollte in der Regel aber zu einer Anerkennung führen. Die Anerkennungsgerichte müssen daher in Zukunft wieder zu einer Einzelfallprüfung des konkret in Rede stehenden punitive damages award übergehen, weil von dessen grundsätzlichen Verstoß gegen den ordre public nicht mehr länger ausgegangen werden kann.

Zusammenfassend lassen sich die Hauptaussagen der durchgeführten Untersuchung zur Anerkennungsfähigkeit von punitive damages awards vor dem Hintergrund der Wirkung des Verhältnismäßigkeitsprinzips im Schadensrecht noch folgendermaßen zusammenfassen:

1. Der BGH hat die Anerkennungsverweigerung in der Kalifornien-Entscheidung auf einen Verstoß gegen den Verhältnismäßigkeitsgrundsatz gestützt. Punitive damages verstoßen demnach sowohl gegen den Verhältnismäßigkeitsgrundsatz in Form des Kompensationsprinzips als Aufgabenbeschreibung des Schadensrechts als auch gegen den Verhältnismäßigkeitsgrundsatz als Leitlinie zur Bemessung des konkreten Ersatzumfangs.
2. Das Kompensationsprinzip kann einer Anerkennung von punitive damages nicht mehr entgegenstehen, da das Schadensrecht heute neben dem Schadensausgleich noch weitere Zwecke verfolgt. Hierzu zählen auch die Bestrafung und Abschreckung des Schädigers. Das deutsche Schadensrecht kann daher nicht mehr als „nur-kompensatorisch“, sondern muss vielmehr als „auch-kompensatorisch“ bezeichnet werden.
3. Als Leitlinie zur Bemessung des Ersatzumfangs verlangt die Verhältnismäßigkeit nachvollziehbare Bemessungsfaktoren und Begrenzungen. Im deutschen Recht wird dies durch die Anwendung des Prinzips der Totalreparation und des Prinzips der Angemessenheit erreicht.
4. Das Prinzip der Totalreparation dient im Bereich des Ersatzes materieller Schäden als Grundlage zur Bemessung des Ersatzumfangs. Modifikationen erfährt die „Alles-oder-Nichts“-Folge der Totalreparation durch Elemente wie Mitverschulden, Haftungshöchstgrenzen und Selbstbehalte.
5. Die „modifizierte“ Totalreparation kann als atypische Interessensabwägung verstanden werden. Es findet zwar keine Abwägung zwischen den beteiligten Interessen im Einzelfall statt, wohl aber eine antizipierte Abwägung genereller Interessen von Schädigern und Geschädigten.

6. Das Prinzip der Angemessenheit dient im Bereich des Ersatzes immaterieller Schäden und sonstiger ersatzfähiger Einbußen als Grundlage der Bemessung des Ersatzumfangs.
7. Sonstige ersatzfähige Einbußen werden durch pönale Ersatzfolgen ausgefüllt. Diese haben nicht den Ersatz einer tatsächlichen Einbuße zum Ziel, sondern sollen den Schädiger für sein schädigendes Verhalten bestrafen und abschreckend wirken.
8. Im Rahmen der Bemessung des Ersatzes immaterieller Schäden und pönaler Entschädigung fordert das Prinzip der Angemessenheit eine Abwägung zwischen den Interessen der konkret Betroffenen.
9. Die Abwägung bei der Bemessung pönaler Entschädigung orientiert sich stark an der Abwägung bei der Bemessung von immateriellem Schadensersatz, muss jedoch zusätzlich den besonderen Strafzweck im Abwägungsergebnis zum Ausdruck bringen.
10. Der U.S. Supreme Court hat in den vergangenen 20 Jahren eine wirksame Verhältnismäßigkeitskontrolle für punitive damages awards geschaffen, die die Vorhersehbarkeit und effektive Begrenzung von Strafschadensersatz sicherstellt.
11. Punitive damages awards orientieren sich heute an den sog. guideposts, die der Gerichtshof aus der due process clause abgeleitet hat. Es handelt sich dabei um den degree of reprehensibility, die punitive-to-compensatory-ratio und die punitive-to-fines-ratio.
12. Der degree of reprehensibility beschreibt die Verwerflichkeit des Schädigerverhaltens. Zu seiner Bestimmung wird auf verschiedene Einzelfaktoren zurückgegriffen, insbesondere auf den Verschuldensgrad und die konkreten Tatumstände.
13. Die punitive-to-compensatory-ratio koppelt den Strafschadensersatz an den kompensatorischen Schadensersatz. Hierzu legt sie ein Maximalverhältnis zwischen den beiden Schadenersatzarten fest, das durch den punitive damages award nicht überschritten werden darf.
14. Im Bereich der einzelstaatlichen punitive damages gilt heute ein Maximalverhältnis von 9:1. Dieses ist als Obergrenze zu verstehen, die zur effektiven Bestrafung des Schädigers nicht voll ausgereizt werden muss.
15. Im Bereich der bundesstaatlichen punitive damages gilt ein Maximalverhältnis von 1:1. Hinweise in der relevanten Entscheidung des U.S. Supreme Court legen den Schluss nahe, dass eine zukünftige Ausdehnung auf einzelstaatlichen Fälle möglich ist.
16. Die punitive-to-fines-ratio setzt den Strafschadensersatz ins Verhältnis zu Bußgeldern, die gegen den Schädiger verhängt werden können. Dieser

guidepost hat bislang keinen nennenswerten Einfluss auf die Bemessung von punitive damages ausgeübt.

17. Die guideposts haben bereits konkret nachweisbar Einfluss auf die Bemessung von punitive damages genommen. Sowohl die Höhe von Strafschadensersatzurteilen allgemein als auch die Höhe von sog. „blockbuster awards“ ist seit der Entscheidung in *Campbell* gesunken.
18. Die Bemessung von punitive damages awards wurde durch die guideposts hinreichend bestimmten und zuverlässigen Begrenzungen unterworfen, sodass diese beiden zentralen Kritikpunkte des BGH aus der Kalifornien-Entscheidung zur Bestimmung der Strafschadensersatzhöhe heute nicht mehr greifen.
19. Die Bemessung von US-amerikanischen punitive damages kann am besten mit der Bemessung pönaler Entschädigung gem. § 15 Abs. 2 AGG verglichen werden.
20. Die Bemessung von punitive damages und pönaler Entschädigung gem. § 15 Abs. 2 AGG erfolgt anhand von objektiven und subjektiven Faktoren. In beiden Fällen sollen die objektiven Faktoren eine willkürliche und nicht nachprüfbare Bemessung der Entschädigungshöhe verhindern, während die subjektiven Faktoren dem abschreckenden und bestrafenden Zweck der Ersatzfolgen Geltung verschaffen sollen.
21. Die objektiven und subjektiven Einzelfaktoren zur Bemessung von punitive damages sind inhalts- und wirkungsgleich mit den jeweiligen Einzelfaktoren zur Bemessung von pönaler Entschädigung gem. § 15 Abs. 2 AGG.
22. Aus dem Entfallen der zentralen Kritikpunkte des BGH aus der Kalifornien-Entscheidung zur Bestimmung der Strafschadensersatzhöhe und der Vergleichbarkeit der Bemessungsfaktoren von punitive damages und pönaler Entschädigung gem. § 15 Abs. 2 AGG folgt, dass punitive damages heute nicht mehr grundsätzlich gegen den ordre public verstoßen. Die Anerkennung von punitive damages awards kann daher nicht mehr pauschal verweigert werden.
23. Das Entfallen der pauschalen Anerkennungsverweigerung führt dazu, dass die Beurteilung der Anerkennungsfähigkeit eines punitive damages award in Zukunft wieder im Rahmen einer konkreten Einzelfallprüfung durch die Anerkennungsgerichte erfolgen muss.
24. Im Rahmen dieser Einzelfallprüfung entfalten den Vorgaben des U.S. Supreme Court entsprechende punitive damages Indizwirkung für eine Anerkennungsfähigkeit.

25. Der durch die Indizwirkung vermittelte Abwägungsvorsprung wird bei Nichtvorliegen besonderer Umstände regelmäßig zu einer Anerkennung des jeweiligen punitive damages award führen.

Im Ergebnis kann sich ein inländischer Vollstreckungsschuldner somit nur noch in Ausnahmenfällen darauf verlassen, dass ihm die Rechtsschutzgarantie des § 328 Abs. 1 Nr. 4 ZPO im Falle der Anerkennungsprüfung eines gegen ihn gerichteten punitive damages award zur Seite steht.

Literaturverzeichnis

Ady, Johannes Ersatzansprüche wegen immaterieller Einbußen, Mohr Siebeck, Tübingen 2004. Zitiert als: *Ady*, Ersatzansprüche

Allen, Michael P. Of remedy, juries, and state regulation of punitive damages: The significance of Philip Morris v. Williams, 63 N.Y.U. Annual Survey of American Law (2008), S. 343–384.

Arens, Peter Zur Aufklärungspflicht der nicht beweisbelasteten Partei im Zivilprozeß, ZZP 96 (1983), S. 1–24.

Bach, Ivo Grenzüberschreitende Vollstreckung in Europa. Darstellung und Entwicklung, Vergleich, Bewertung, Mohr Siebeck, Tübingen 2008. Zitiert als: *Bach*, Grenzüberschreitende Vollstreckung

Bar, Christian von/Mankowski, Peter Internationales Privatrecht. Band I – Allgemeine Lehren, 2. Auflage, Verlag C.H. Beck, München 2003. Zitiert als: *von Bar/Mankowski*, IPR I

Bartelt, Johann Christian Beschränkung des Schadensersatzumfangs durch das Übermaßverbot? Eine Untersuchung der Vereinbarkeit des Grundsatzes der Totalreparation (§ 249 I BGB) mit dem verfassungsrechtlichen Verhältnismäßigkeitsprinzip, Duncker & Humblot, Berlin 2004. Zitiert als: *Bartelt*, Übermaßverbot

Bauer, Jobst-Hubertus/Krieger, Steffen/Günther, Jens Allgemeines Gleichbehandlungsgesetz und Entgelttransparenzgesetz. Kommentar, 5. Auflage, Verlag C.H. Beck, München 2018. Zitiert als: *Bauer/Krieger/Günther*

Baumbach, Adolf/Lauterbach, Wolfgang/Albers, Jan/Hartmann, Peter (Hrsg.) Zivilprozessordnung mit FamFG, GVG und andere Nebengesetze, 76., neu bearbeitete Auflage, Verlag C.H. Beck, München 2018. Zitiert als: Baumbach/Lauterbach/Albers/Hartmann

Baumbach, Manfred/Henkel, Christoph Anerkennung und Vollstreckung von punitive damages-Entscheidungen amerikanischer Zivilgerichte vor dem Hintergrund des Verfahrens BMW v. Gore, RIW 1997, S. 727–733.

Becker, Michael Zwingende Eingriffsnormen in der Urteilsanerkennung, RabelsZ 1996, S. 691–737.

Becker-Eberhard, Ekkehard Grundlagen der Kostenerstattung bei der Verfolgung zivilrechtlicher Ansprüche. Zugleich ein Beitrag zum Verhältnis zwischen materiell-rechtlichem und prozessualem Kostenerstattungsanspruch, Verlag Ernst und Werner Gieseking, Bielefeld 1985. Zitiert als: *Becker-Eberhard*, Kostenerstattung

Behr, Volker Punitive Damages in American and German Law – Tendencies Towards Approximation of Apparently Irreconcilable Concepts, 78 Chicago-Kent Law Review (2003), S. 105–161.

Behr, Volker Strafschadensersatz – Poenale Elemente im Schadensersatzrecht, in: Hiebl, Stefan/Kassebohm, Nils/Lilie, Hans (Hrsg.), Festschrift für Volkmar Mehle zum 65. Geburtstag am 11.11.2009, Nomos Verlag, Berlin 2009, S. 33–47. Zitiert als: *Behr*, FS Mehle

Behr, Volker Strafschadensersatz im deutschen Recht – Wiederauferstehung eines verdrängten Phänomens, ZJS 2010, S. 292–296.

Bieder, Marcus Das ungeschriebene Verhältnismäßigkeitsprinzip als Schranke privater Rechtsausübung, Verlag C.H. Beck, München 2007. Zitiert als: *Bieder*, Verhältnismäßigkeitsprinzip

Böhm, Ulrike Amerikanisches Zivilprozessrecht, Verlag Dr. Otto Schmidt, Köln 2005. Zitiert als: *Böhm*, US-Zivilprozessrecht

Brand, Ronald A. Punitive damages and the recognition of judgments, 43 Netherlands International Law Review (1996), S. 143–186.

Brockmeier, Dirk Punitive damages, multiple damages und deutscher ordre public. Unter besonderer Berücksichtigung des RICO-Act, Mohr Siebeck, Tübingen 1999. Zitiert als: *Brockmeier*, Punitive und multiple damages

Brugger, Winfried Grundrechte und Verfassungsgerichtsbarkeit in der Vereinigten Staaten von Amerika, Mohr Siebeck, Tübingen 1987. Zitiert als: *Brugger*, Grundrechte und Verfassungsgerichtsbarkeit

Brugger, Winfried Einführung in das öffentliche Recht der USA, 2., aktualisierte und erweiterte Auflage, Verlag C.H. Beck, München 2001. Zitiert als: *Brugger*, Einführung

Bruns, Alexander Haftungsbeschränkung und Mindesthaftung, Mohr Siebeck, Tübingen 2003. Zitiert als: *Bruns*, Haftungsbeschränkung

Bruns, Alexander Der anerkennungsrechtliche ordre public in Europa und den USA, JZ 1999, S. 278–287.

Bungert, Hartwin Vollstreckbarkeit US-amerikanischer Schadensersatzurteile in exorbitanter Höhe in der Bundesrepublik. Zugleich eine Besprechung des Urteils des BGH vom 4. Juni 1992, ZIP 1992, 1256, ZIP 1992, S. 1707–1725.

Canaris, Claus-Wilhelm Kreditkündigung und Kreditverweigerung gegenüber sanierungsbedürftigen Bankkunden, ZHR 1979, S. 113–138.

Canaris, Claus-Wilhelm Verstöße gegen das verfassungsrechtliche Übermaßverbot im Recht der Geschäftsfähigen und im Schadensersatzrecht, JZ 1987, S. 993–1004.

Canaris, Claus-Wilhelm Die Verfassungswidrigkeit von § 828 II BGB als Ausschnitt aus einem größeren Problemfeld. Zugleich eine Besprechung des Vorlagebeschlusses des OLG Celle vom 26.5.1989, JZ 1990, S. 679–681.

Chanenson, Steven/Gotanda John Y. The foggy road for evaluating punitive damages: Lifting the haze from the BMW/State Farm guideposts, 37 University of Michigan Journal of Law Reform (2004), S. 441–492.

Coester-Waltjen, Dagmar Deutsches internationales Zivilverfahrensrecht und die punitive damages nach US-amerikanischem Recht, in: Heldrich, Andreas/Kono, Toshiyuki (Hrsg.), Herausforderungen des Internationalen Zivilverfahrensrechts. Japanisch-deutsch-schweizerisches Symposium über aktuelle Fragen des Internationalen Zivilverfahrensrechts im Verhältnis zu den USA, Mohr Siebeck, Tübingen 1994, S. 15–34. Zitiert als: *Coester-Waltjen*, Symposium

Del Rossi, Alison/Viscusi, W. Kip The changing landscape of blockbuster punitive damages awards, 12 American Law and Economics Review (2010), S. 116–161.

Deubner, Karl Günther Grundprobleme der Erledigung der Hauptsache, JuS 1962, S. 205–212.

Ebbing, Frank Strafschadensersatz als Investitionsrisiko – Die Situation nach „BMW Nordamerika", RIW 1996, S. 993–1001.

Ebert, Ina Pönale Elemente im deutschen Privatrecht. Von der Renaissance der Privatstrafe im deutschen Recht, Mohr Siebeck, Tübingen 2004. Zitiert als: *Ebert*, Pönale Elemente

Eisenberg, Theodore/Heise, Michael/Waters, Nicole L./Wells, Martin T. The Decision to Award Punitive Damages: An Empirical Study, 2 Journal of Legal Analysis (2010), S. 577–620.

Epstein, Richard A. Torts, Aspen Publishers, Gaithersburg (New York) 1999. Zitiert als: *Epstein*, Torts

Fischer, James M. Understanding Remedies, Matthew Bender & Co., New York 1999. Zitiert als: *Fischer*, Remedies

Garcia Matamoros, Laura Victoria/Herrera Lozano, María Carolina El concepto de los danos punitivos o „punitive damages", Estudio Socío-Juridico 5 (2003), S. 211–229.

Gaughan, Patrick A. Measuring Business Interruption Loses and Other Commercial Damages, Second Edition, John Wiley & Sons, Inc., Holboken (New Jersey) 2009. Zitiert als: *Gaughan*, Business Interruption Losses

Geimer, Reinhold Härtetest für deutsche Dienstleister im Ausland, IPRax 1998, S. 175–177.

Geimer, Reinhold Exequaturverfahren, in: Stathopoulos, Michael/Beys, Kostas/Doris, Philippos/Karaktostas, Ioannis (Hrsg.), Festschrift für Apostolos

Georgiades zum 70. Geburtstag, Verlag C.H. Beck, München 2006, S. 489–509. Zitiert als: *Geimer*, FS Georgiades

Geimer, Reinhold Internationales Zivilprozessrecht, 7., neu bearbeitete Auflage, Verlag Dr. Otto Schmidt, Köln 2015. Zitiert als: *Geimer*, IZPR

Gierke, Otto von Der Entwurf eines bürgerlichen Gesetzbuchs und das deutsche Recht, Veränderte und vermehrte Ausgabe der in Schmollers Jahrbuch für Gesetzgebung, Verwaltung und Volkswirtschaft erschienenen Abhandlung, Duncker & Humblot, Leipzig 1889. Zitiert als: *v. Gierke*, Entwurf

Gotanda, John Y. Punitive damages: A comparative analysis, 42 Columbia Journal of Transnational Law (2004), S. 391–444.

Greenleaf, Simon The rule of damages in actions ex delicto, 9 Law Reporter (1846–1847), S. 529–542.

Gregor, Stephan Das Bereicherungsverbot. Ausdruck der Trennung von Schaden und Haftung, Mohr Siebeck, Tübingen 2012. Zitiert als: *Gregor*, Bereicherungsverbot

Griessbach, Lothar/Cordero, David BMW v. Gore – praktische Folgen. Auswirkungen der Entscheidung des US-Supreme Court auf die Vollstreckbarkeit von „punitive damages" in Deutschland, RIW 1998, S. 592–597.

Haas, Ulrich Zur Anerkennung US-amerikanischer Urteile in der Bundesrepublik Deutschland, IPRax 2001, S. 195–202.

Haas, Ulrich/Stangl, Burkhard Prozeßkostensicherheit (§ 110 ZPO) und internationale Anerkennung (§ 328 Abs. 1 Nr. 1 ZPO) im deutsch-amerikanischen Verhältnis (zu OLG Hamm, 4.6.1997 - 1 U 2/96 – unten S. 474, Nr. 46), IPRax 1998, S. 452–455.

Harrison, John Substantive due process and the constitutional text, 83 Virginia Law Review (1997), S. 493–558.

Haug, Richard Naturalrestitution und Vermögenskompensation (Teil 2) – Der Stand der Rechtsprechung im Hinblick auf die geplante Gesetzesänderung, VersR 2000, S. 1471–1483.

Hausmaninger, Herbert/Selb, Walter Römisches Privatrecht, 9., vollständig neu bearbeitete Auflage, Verlag Böhlau, Wien 2001. Zitiert als: *Hausmaninger/Selb*, Römisches Privatrecht

Hay, Peter Law of the United States – An Overview, Fourth Revised Edition, Verlag C.H. Beck, München 2016. Zitiert als: *Hay*, US Law

Hein, Jan von BVerfG gestattet Zustellung einer US-amerikanischen Klage auf Punitive Damages. Entspannung im transatlantischen Justizkonflikt? Zugleich Besprechung von BVerfG, RIW 2007, 211, RIW 2007, S. 249–255.

Hersch, Joni/Viscusi W. Kip Punitive Damages: How Judges and Juries Perform, The Harvard John M. Olin Discussion Paper Series, Discussion Paper No. 362, 05/2002, Harvard Law School 2002. Zitiert als: *Hersch/Viscusi*, Discussion Paper

Hoechst, Peter Zur Versicherbarkeit von punitive damages, VersR 1983, S. 13–18.

Hoff, Stefanie von Die Rolle des US-Supreme Court im Prozess der Verfassungsänderung in den Vereinigten Staaten von Amerika, Verlag Peter Lang, Frankfurt am Main 2008. Zitiert als: *von Hoff*, Verfassungsänderungen

Hommelsheim, Edgar Cost Allocation in Civil Litigation. Kostentragung und -ausgleichung im amerikansichen Zivilprozeß, Eigenverlag, Bonn 1990. Zitiert als: *Hommelsheim*, Kostenausgleichung

Honsell, Heinrich Der Strafgedanke im Zivilrecht – ein juristischer Atavismus, in: Aderhold, Lutz/Grunewald, Barbara/Klingberg, Dietgard/Paefgen, Walter G. (Hrsg.), Festschrift für Harm Peter Westermann zum 70. Geburtstag, Verlag Dr. Otto Schmidt, Köln 2008, S. 315–336. Zitiert als: *Honsell*, FS Westermann

Honsell, Heinrich Römisches Recht, 6. Auflage, Verlag Springer, Berlin 2006. Zitiert als: *Honsell*, Römisches Recht

Hubmann, Heinrich Grundsätze der Interessensabwägung, AcP 1956, S. 85–134.

Jaeger, Thomas Ausfall von Telefon, Fax und Internet: Genussschmälerung oder wirtschaftlicher Schaden?, NJW 2013, S. 1031–1035.

Jauernig, Othmar Bürgerliches Gesetzbuch. Kommentar, 17. Auflage, Verlag C.H.Beck, München 2018. Zitiert als: *Jauernig*-Bearbeiter

Jauernig, Othmar/Berger, Christian Zwangsvollstreckungs- und Insolvenzrecht. Ein Studienbuch, 23., völlig neubearbeitete Auflage, Verlag C.H. Beck, München 2010. Zitiert als: *Jauernig/Berger*, Zwangsvollstreckungs- und Insolvenzrecht

Jones, John Paul The sky has not fallen yet on punitive damages in admiralty cases, 83 Tulane Law Review (2009), S. 1289–1302.

Kandler, Johanna Sanktionsregelungen für Verstöße gegen die EG-Gleichbehandlungsrichtlinie (76/207/EWG) im deutschen Recht, Verlag Recht und Wirtschaft, Heidelberg 2003. Zitiert als: *Kandler*, Sanktionsregelungen

Kegel, Gerhard/Schurig, Klaus Internationales Privatrecht. Ein Studienbuch, 9., neubearbeitete Auflage, Verlag C.H. Beck, München 2004. Zitiert als: *Kegel/Schurig*, IPR

Kelly, Michael B. Do punitive damages compensate society?, 41 San Diego Law Review (2004), S. 1429–1442.

Kern, Bernd-Rüdiger Die Genugtuungsfunktion des Schmerzensgeldes – ein pönales Element im Schadensrecht?, AcP 191 (1991), S. 247–272.

Kern, Christoph Anerkennungsrechtliches Spiegelbildprinzip und europäische Zuständigkeit, ZZP 2007, S. 31–71.

Kindl, Johann/Meller-Hannich, Carolin/Wolf, Hans-Joachim Gesamtes Recht der Zwangsvollstreckung. Handkommentar, 3. Auflage, Nomos Verlag, Baden-Baden 2016. Zitiert als: Hk-Zwangsvollstreckung-*Bearbeiter*

Kionka, Edward J. Torts in a Nutshell, Third Edition, West Group, St. Paul 1999. Zitiert als: *Kionka*, Torts

Klass, Alexandra B. Punitive damages and valuing harm, 92 Minnesota Law Review (2007), S. 83–160.

Klumpp, Stefan Die Privatstrafe – eine Untersuchung privater Strafzwecke. Zivilrechtlicher Schutz vor Zwangskommerzialisierung, Duncker & Humblot, Berlin 2002. Zitiert als: *Klumpp*, Privatstrafe

Koch, Harald Ausländischer Schadensersatz vor deutschen Gerichten. Zur Anerkennung eines kalifornischen Urteils in Deutschland durch den BGH, NJW 1992, S. 3073–3075.

Kötz, Hein Ziele des Haftungsrechts, in: Baur, Jürgen F./Hopt, Klaus J./Mailänder, K. Peter (Hrsg.), Festschrift für Ernst Steindorff zum 70. Geburtstag am 13. März 1990, Verlag Walter de Gruyter, Berlin 1990, S. 643–666. Zitiert als: *Kötz*, FS Steindorff

Krätzschmar, Tobias Der deutsch-amerikanische Rechtsverkehr – mehr als ein „Justizkonflikt", in: Rasmussen-Bonne, Hans-Eric/Freer, Richard/Lüke, Wolfgang/Weitnauer, Wolfgang (Hrsg.), Balancing of Interests. Liber Amicorum Peter Hay zum 70. Geburtstag, Verlag Recht und Wirtschaft, Frankfurt am Main 2005, S. 241–255. Zitiert als: *Krätzschmar*, FS Hay

Kropholler, Jan Internationales Privatrecht. einschließlich der Grundbegriffe des Internationalen Zivilverfahrensrechts, 6., neubearbeitete Auflage, Mohr Siebeck, Tübingen 2006. Zitiert als: *Kropholler*, IPR

Krüger, Wolfgang/Rauscher, Thomas (Hrsg.) Münchener Kommentar zur Zivilprozessordnung mit Gerichtsverfassungsgesetz und Nebengesetzen. Band 1 – §§ 1–354, 5. Auflage, Verlag C.H. Beck, München 2016. Zitiert als: MüKoZPO-*Bearbeiter*

Krüger, Wolfgang/Rauscher, Thomas (Hrsg.) Münchener Kommentar zur Zivilprozessordnung mit Gerichtsverfassungsgesetz und Nebengesetzen. Band 2 – §§ 355–945b, 5. Auflage, Verlag C.H. Beck, München 2016. Zitiert als: MüKoZPO-*Bearbeiter*

Larenz, Karl Lehrbuch des Schuldrechts. Band I – Allgemeiner Teil, 14., neubearbeitete Auflage, Verlag C.H. Beck, München 1987. Zitiert als: *Larenz*, Schuldrecht I

Lehmann, Lukas Die Höhe des finanziellen Ausgleichs nach § 15 Abs. 1 und 2 AGG unter besonderer Berücksichtigung der Rechtsprechung des EuGH, Hartung-Gorre Verlag, Konstanz 2010. Zitiert als: *Lehmann*, Ausgleichshöhe

Lenenbach, Markus One-Digit-damages: U.S. Supreme Court präzisiert und verschärft verfassungsrechtliche Schranken von punitive damages, WM 2003, S. 2398–2408.

Licari, Francois-Xavier La compatibilité de principe des punitive damages avec l'ordre public internationale: une décision en trompe-l'oeil de la Cour de cassation?, Recueil Dalloz 2011, S. 423–427.

Liszt, Franz von Die Deliktsobligationen im System des Bürgerlichen Gesetzbuchs. Kritische und dogmatische Randbemerkungen, J. Guttentag Verlagsbuchhandlung, Berlin 1898. Zitiert als: *v. Liszt*, Deliktsobligationen

Loewenstein, Karl Verfassungsrecht und Verfassungspraxis der Vereinigten Staaten, Springer-Verlag, Berlin 1959. Zitiert als: *Loewenstein*, Verfassungsrecht und Verfassungspraxis

Looschelders, Dirk Schutz des Adoptivkindes vor Änderung seines Geburtsdatums – Grundrecht auf Wahrung der personalen Identität und ordre public (zu OLG Karlsruhe, 28.10.2003 – 11 Wx 8/03, unten S. 39, Nr. 4), IPRax 2005, S. 28–31.

Mansel, Heinz-Peter Streitverkündung (vouching in) und Drittklage (third party complaint) im US-Zivilprozeßrecht und die Urteilsanerkennung in Deutschland, in: Heldrich, Andreas/Kono, Toshiyuki (Hrsg.), Herausforderungen des Internationalen Zivilverfahrensrechts. Japanisch-deutsch-schweizerisches Symposium über aktuelle Fragen des Internationalen Zivilverfahrensrechts im Verhältnis zu den USA, Mohr Siebeck, Tübingen 1994, S. 63–102. Zitiert als: *Mansel*, Symposium

Martiny, Dieter Handbuch des Internationalen Zivilverfahrensrechts – Band III/1. Anerkennung ausländischer Entscheidungen nach autonomen Recht, Mohr Siebeck, Tübingen 1984. Zitiert als: *Martiny*, Hdb IZVR III/1

Marx, Kirsten Exemplary Damages im Englischen Recht, LIT Verlag, Münster 1999. Zitiert als: *Marx*, Exemplary Damages

Mataja, Viktor Das Schadensersatzrecht im Entwurf eines bürgerlichen Gesetzbuchs für das Deutsche Reich, AfB 1 (1889), S. 267–282.

Mayenburg, David von Die Bemessung des Inkommensurablen: Wege zur Bestimmung des Ersatzes immaterieller Schäden am Beispiel des Schmerzensgeldes, Duncker & Humblot, Berlin 2012. Zitiert als: *Mayenburg*, Inkommensurablen

Merkt, Hanno Abwehr der Zustellung von „punitive damages"-Klagen. Das Haager Zustellungsübereinkommen und US-amerikanische Klagen auf „punitive damages", „treble damages" und „RICO treble damages", Verlag Recht und Wirtschaft, Heidelberg 1995. Zitiert als: *Merkt*, Zustellung

Mertens, Hans-Joachim Der Begriff des Vermögensschadens im Bürgerlichen Recht, W. Kohlhammer Verlag, Stuttgart 1967. Zitiert als: *Mertens*, Vermögensschaden

Möller, Reinhard Das Präventionsprinzip des Schadensrechts, Duncker & Humblot, Berlin 2006. Zitiert als: *Möller*, Präventionsprinzip

Mörsdorf-Schulte, Juliana Funktion und Dogmatik US-amerikanischer punitive damages. Zugleich ein Beitrag zur Diskussion um die Zustellung und Anerkennung in Deutschland, Mohr Siebeck, Tübingen 1999. Zitiert als: *Mörsdorf-Schulte*, Funktion und Dogmatik

Mörsdorf-Schulte, Juliana Strafschadensersatz – eine deutsche Hassliebe?, NJW 2006, S. 1184–1186.

Müller, Peter Punitive Damages und deutsches Schadensersatzrecht, Verlag Walter de Gruyter, Berlin 2000. Zitiert als: *Müller*, Schadensersatzrecht

Musielak, Hans-Joachim/Voit, Wolfgang (Hrsg.) Kommentar zur Zivilprozessordnung mit Gerichtsverfassungsgesetz, 15., neubearbeitete Auflage, Verlag Franz Vahlen, München 2018. Zitiert als: Musielak-*Bearbeiter*

Palandt, Otto (Begr.) Bürgerliches Gesetzbuch mit Nebengesetzen, 77., neubearbeitete Auflage, Verlag C.H. Beck, München 2018. Zitiert als: Palandt-*Bearbeiter*

Peterson, Mark/Sarma, Syam/Shanley, Michael Punitive Damages. Empirical Findings, RAND Corporation, Santa Monica 1987. Zitiert als: *Peterson/Sarma/Shanley*, Empirics

Quayle, Dan Civil Justice Reform, 41 American University Law Review (1992), S. 559–569.

Ramm, Thilo Drittwirkung und Übermaßverbot. Eine Erwiderung auf den Aufsatz von *Canaris* in JZ 1987, S. 933 ff., JZ 1988, S. 489–493.

Reimann, Mathias Einführung in das US-amerikanische Privatrecht, 2. Auflage, Verlag C.H. Beck, München 2004. Zitiert als: *Reimann*, US-Privatrecht

Reinhard, Jakob Philip Morris v. Williams – eine neue Leitentscheidung des US-Supreme Court zu den punitive damages im US-amerikanischen Recht, IPRax 2008, S. 49–52.

Romero, Leo M. Punitive damages, criminal punishment, and proportionality: The importance of legislative limits, 41 Connecticut (2008), S. 109–160.

Rosengarten, Joachim Punitive damages und ihre Anerkennung und Vollstreckung in der Bundesrepublik Deutschland, Mauke, Hamburg 1994. Zitiert als: *Rosengarten*, Punitive damages in der BRD

Rosengarten, Joachim Der Präventionsgedanke im deutschen Zivilrecht. Höheres Schmerzensgeld, aber keine Anerkennung und Vollstreckung US-amerikanischer punitive damages?, NJW 1996, S. 1935–1938.

Rudolf, Gerhard ZPR-Rechtsgespräch mit dem Vorsitzenden Richter am BGH a.D. Dr. Erich Steffen: „Das Schmerzensgeld soll den Verleger ruhig schmerzen", ZRP 1996, S. 366–367.

Rustad, Michael/Koenig, Thomas The historical continuity of punitive damages awards: Reforming the tort reformers, 42 American University Law Review (1993), S. 1269–1333.

Rust, Ulrike/Falke, Josef (Hrsg.) Allgemeines Gleichbehandlungsgesetz mit weiterführenden Vorschriften. Kommentar, Erich Schmidt Verlag, Berlin 2007. Zitiert als: AGGKom-*Bearbeiter*

Säcker, Franz-Jürgen/Rixecker, Roland/Oetker, Hartmut/Limperg, Bettina (Hrsg.) Münchener Kommentar zum Bürgerlichen Gesetzbuch. Band 1: Allgemeiner Teil – §§ 1-240, ProstG, AGG, 7. Auflage, Verlag C.H. Beck, München 2015. Zitiert als: MüKoBGB-*Bearbeiter*

Säcker, Franz-Jürgen/Rixecker, Roland/Oetker, Hartmut/Limperg, Bettina (Hrsg.) Münchener Kommentar zum Bürgerlichen Gesetzbuch. Band 2: Schuldrecht – Allgemeiner Teil, 7. Auflage, Verlag C.H. Beck, München 2016. Zitiert als: MüKoBGB-*Bearbeiter*

Säcker, Franz-Jürgen/Rixecker, Roland/Oetker, Hartmut/Limperg, Bettina (Hrsg.) Münchener Kommentar zum Bürgerlichen Gesetzbuch. Band 5/2: Schuldrecht – Besonderer Teil III/2, 7. Auflage, Verlag C.H. Beck, München 2017. Zitiert als: MüKoBGB-*Bearbeiter*

Säcker, Franz-Jürgen/Rixecker, Roland/Oetker, Hartmut/Limperg, Bettina (Hrsg.) Münchener Kommentar zum Bürgerlichen Gesetzbuch. Band 6: Schuldrecht – Besonderer Teil IV – §§ 705–853, Partnerschaftsgesellschaftsgesetz, Produkthaftungs-gesetz, 7. Auflage, Verlag C.H. Beck, München 2017. Zitiert als: MüKoBGB-*Bearbeiter*

Sandrock, Otto „Scharfer" ordre public interne und „laxer" ordre public international? Die Unterscheidung zwischen „ordre public interne" und „ordre public international" ist nicht gerechtfertigt, in: Coester, Michael/Martiny, Dieter/Prinz von Sachsen Gessaphe, Karl August (Hrsg.), Privatrecht in Europa – Vielfalt, Kollision, Kooperation. Festschrift für Hans Jürgen Sonnenberger zum 70. Geburtstag, Verlag C.H. Beck, München 2004, S. 615–649. Zitiert als: *Sandrock*, FS Sonnenberger

Schäfer, Carsten Strafe und Prävention im Bürgerlichen Recht, AcP 2002, S. 397–434.

Schiemann, Gottfried Argumente und Prinzipien bei der Fortbildung des Schadensrechts – dargestellt an der Rechtsprechung des BGH, Verlag C.H. Beck, München 1981. Zitiert als: *Schiemann*, Schadensrecht

Schirmer, Helmut § 249 BGB – Magna Charta des Schadensersatzrechts, in: Verein zur Förderung der Versicherungswissenschaft an den drei Berliner Universitäten (Hrsg.), Festschrift für Prof. Dr. Horst Baumann, Verlag Versicherungswirtschaft, Karlsruhe 1999, S. 293–323. Zitiert als: *Schirmer*, FS Baumann

Schlueter, Linda L./Redden, Kenneth R. Punitive Damages. Volume 1, 3rd Edition, Michie Butterworth, Charlotteville 1995. Zitiert als: *Schlueter/Redden*, Punitive Damages

Schönau, Vanessa Die Anerkennung von Urteilen aus Mehrrechtsstaaten nach § 328 Abs. 1 ZPO am Beispiel der USA und Kanadas, JWV – Jenaer Wissenschaftliche Verlagsgesellschaft, Jena 2009. Zitiert als: *Schönau*, Anerkennung Mehrrechtsstaaten

Schütze, Rolf A. Probleme der Anerkennung US-amerikansicher Zivilurteile in der Bundesrepublik Deutschland, WM 1979, S. 1174–1176.

Schütze, Rolf A. Die Anerkennung und Vollstreckbarerklärung US-amerikanischer Schadensersatzurteile und Produkthaftungssachen in der Bundesrepublik Deutschland, in: Habscheid, Walther J./Schwab, Karl Heinz (Hrsg.), Beiträge zum Internationalen Verfahrensrecht und zur Schiedsgerichtsbarkeit. Festschrift für Heinrich Nagel zum 75. Geburtstag, Aschendorff Verlag, Münster 1987, S. 392–401. Zitiert als: *Schütze*, FS Nagel

Schütze, Rolf A. Die Anerkennung und Vollstreckbarerklärung US-amerikanischer Zivilurteile, die nach einer pre-trial-discovery ergangen sind, in der Bundesrepublik Deutschland, in: Lutter, Marcus/Oppenhoff, Walter/Sandrock, Otto/Winkhaus, Hans (Hrsg.), Festschrift für Ernst C. Stiefel zum 80. Geburtstag, C.H. Beck, München 1987, S. 697–708. Zitiert als: *Schütze*, FS Stiefel

Schütze, Rolf A. Überlegungen zur Anerkennung und Vollstreckbarerklärung US-amerikanischer Zivilurteile in Deutschland. Zur Kumulierung von Ordre-public-Verstößen, in: Schütze, Rolf A. (Hrsg.), Einheit und Vielfalt des Rechts. Festschrift für Reinhold Geimer zum 65. Geburtstag, Verlag C.H. Beck, München 2002, S. 1025–1041. Zitiert als: *Schütze*, FS Geimer

Schütze, Rolf A. Zum Stand des deutsch-amerikanischen Justizkonfliktes, RIW 2004, S. 162–167.

Schütze, Rolf A. Aktuelle Fragen der Anerkennung und Vollstreckbarerklärung von US-amerikanischen Schiedssprüchen und Gerichtsurteilen in Deutschland, ZVglRWiss 2005, S. 427–443.

Schütze, Rolf A. Deutsches Internationales Zivilprozessrecht unter Einschluss des Europäischen Zivilprozessrechts, 2. Auflage, Verlag Walter de Gruyter, Berlin 2005. Zitiert als: *Schütze*, IZPR

Schwarz, Günther Christian § 241a BGB als Störfall für die Zivilrechtsdogmatik. Zu den systemwidrigen Folgen der Umsetzung der EG-Fernabsatz-Richtlinie, NJW 2001, S. 1449–1454.

Schwung, Siegfried Transatlantische Justizkonflikte aus Unternehmenssicht, AG 2006, S. 818–823.

Sebok, Anthony J. After *Philip Morris v. Williams*: What is left of the "single-digit"-ratio?, 2 Charleston Law Review (2008), S. 287–296.

Sedgwick, Theodore The rule of damages in actions ex delicto, 10 Law Reporter (1847–1848), S. 49–57.

Sharkey, Catherine M. Punitive damages as societal damages, 113 Yale Law Journal (2003), S. 347–453.

Sharkey, Catherine M. The Exxon Valdez litigation marathon: A window on punitive damages, 7 University of St. Thomas Law Journal (2009), S. 25–54.

Sirotti Gaudenzi, Andrea Brevi note in tema di „danni punitivi", Working Paper Studio Sirotti Gaudenzi, Cesena 2008. Zitiert als: *Sirotti Gaudenzi*, Breve Note

Staudinger, Julius von (Begr.) Kommentar zum Bürgerlichen Gesetzbuch mit Einführungsgesetz und Nebengesetzen. Buch 2 – Recht der Schuldverhältnisse: §§ 249–254 (Schadensersatzrecht), Neubearbeitung, Sellier-de Gruyter, Berlin 2017. Zitiert als: Staudinger-*Bearbeiter*

Staudinger, Julius von (Begr.) Kommentar zum Bürgerlichen Gesetzbuch mit Einführungsgesetz und Nebengesetzen. Buch 2 – Recht der Schuldverhältnisse: §§ 812–822 (Ungerechtfertigte Bereicherung), Neubearbeitung, Sellier-de Gruyter, Berlin 2007. Zitiert als: Staudinger-*Bearbeiter*

Staudinger, Julius von (Begr.) Kommentar zum Bürgerlichen Gesetzbuch mit Einführungsgesetz und Nebengesetzen. Einführungsgesetz zum Bürgerlichen Gesetzbuche/IPR: Art 3–6 EGBGB, Neubearbeitung, Sellier-de Gruyter, Berlin 2013. Zitiert als: Staudinger-*Bearbeiter*

Staudinger, Julius von (Begr.) Kommentar zum Bürgerlichen Gesetzbuch mit Einführungsgesetz und Nebengesetzen. Buch 2 – Recht der Schuldverhältnisse: §§ 255–304 (Leistungsstörungsrecht 1), Neubearbeitung, Sellier-de Gruyter, Berlin 2014. Zitiert als: Staudinger-*Bearbeiter*

Staudinger, Julius von (Begr.) Kommentar zum Bürgerlichen Gesetzbuch mit Einführungsgesetz und Nebengesetzen. Buch 2 – Recht der

Schuldverhältnisse: Einleitung zum Schuldrecht: §§ 241–243 (Treu und Glauben), Neubearbeitung; Sellier-de Gruyter, Berlin 2015. Zitiert als: Staudinger-*Bearbeiter*

Steffen, Erich Der normative Verkehrsunfallschaden, NJW 1995, S. 2057–2063.

Stiefel, Ernst/Stürner, Rolf Die Vollstreckbarkeit US-amerikanischer Schadensersatzurteile exzessiver Höhe, VersR 1987, S. 829–846.

Stoevesandt, Martin Aktivismus und Zurückhaltung im United States Supreme Court, Duncker & Humblot, Berlin 1999. Zitiert als: *Stoevesandt*, Aktivismus und Zurückhaltung

Stoll, Hans Haftungsfolgen im bürgerlichen Recht. Eine Darstellung auf rechtsvergleichender Grundlage, Verlag C.F. Müller, Heidelberg 1993. Zitiert als: *Stoll*, Haftungsfolgen

Stürner, Rolf Die Aufklärungspflicht der Parteien des Zivilprozesses, Mohr Siebeck, Tübingen 1976. Zitiert als: *Stürner*, Aufklärungspflicht

Stürner, Rolf Anerkennungsrechtlicher und europäischer Ordre Public als Schranke der Vollsteckbarerklärung – der Bundesgerichtshof und die Staatlichkeit in der Europäischen Union, in: Canaris, Claus-Wilhelm/Heldrich, Andreas/Hopt, Klaus J./Roxin, Claus/Schmidt, Karsten/Widmaier, Gunter (Hrsg.), 50 Jahre Bundesgerichtshof. Festgabe der Wissenschaft, Band 3, Verlag C.H. Beck, München 2000, S. 677–697. Zitiert als: *Stürner*, FS BGH

Thomas, Heinz/Putzo, Hans (Begr.) Zivilprozessordnung – Kommentar, 39. Auflage, Verlag C.H. Beck, München 2018. Zitiert als: Thomas/Putzo-*Bearbeiter*

Tidmarsh, Jay/Murray, Brian J. A theory of federal common law, 100 Northwestern University Law Review (2006), S. 585–654.

Trapp, Cindy Punitive damages in den USA zwischen Mythos und Rückgang, in: Kosmehl, Guido/Pabst, Steffen (Hrsg.), Liber Amicorum. Thomas Rauscher zum 50. Geburtstag, Verlag Ille & Riemer, Leipzig-Weißenfels 2005, S. 157–168. Zitiert als: *Trapp*, FS Rauscher

Triebel, Volker/Peglow, Michael Positive Funktion des ordre public bei Termingeschäften? – Zugleich Kritik an OLG Frankfurt 16 U 134/85 und 16 U 40/85, ZIP 1987, S. 613–621.

Vidmar, Neil/Holman, Mirya The Frequency, Predictability, and Proportionality of Jury Awards of Punititve Damages in State Courts in 2005: A New Audit, 43 Suffolk University Law Review (2010), S. 101–138.

Viscusi, W. Kip The blockbuster punitive damages awards, 53 Emory Law Journal (2004), S. 1405–1455.

Viscusi, W. Kip/McMichael, Benjamin J. Shifting the fat-tailed distribution of blockbuster punitive damages awards, 11 Journal of Empirical Legal Studies (2014), S. 350–377.

Völker, Christian Zur Dogmatik des ordre public. Die Vorbehaltsklauseln bei der Anerkennung fremder gerichtlicher Entscheidungen und ihr Verhältnis zum ordre public des Kollisionsrechts, Duncker & Humblot, Berlin 1998. Zitiert als: *Völker*, Dogmatik ordre public

Vorpeil, Klaus Schiedsspruch über Punitive Damages, RIW 1991, S. 597–599.

Wagner, Gerhard Neue Perspektiven im Schadensersatzrecht - Kommerzialisierung, Strafschadensersatz, Kollektivschaden. Gutachten A zum 66. Deutschen Juristentag, Verlag C.H. Beck, München 2006. Zitiert als: *Wagner*, Gutachten

Wagner, Gerhard Prävention und Verhaltenssteuerung durch Privatrecht - Anmaßung oder legitime Aufgabe?, AcP 2006, S. 352–476.

Weller, Matthias Ordre-public-Kontrolle internationaler Gerichtsstands-vereinbarungen im autonomen Zuständigkeitsrecht, Mohr Siebeck, Tübingen 2005. Zitiert als: *Weller*, Gerichtsstandsvereinbarungen

Westermann, Harm Peter Geldentschädigung bei Persönlichkeitsverletzungen - Aufweichung der Dogmatik des Schadensrechts?, in: Koller, Ingo/Hager, Johannes/Junker, Michael/Singer, Reinhard/Neuner, Jörg (Hrsg.), Einheit und Folgerichtigkeit im Juristischen Denken. Symposion zu Ehren von Herrn Professor Dr. Dr. h.c. mult. Claus-Wilhelm Canaris, Verlag C.H. Beck, München 1998, S. 125–149. Zitiert als: *Westermann*, Symposion Canaris

Wiese, Günther Der Ersatz des immateriellen Schadens, Mohr Siebeck, Tübingen 1964. Zitiert als: *Wiese*, Ersatz

Zeytin, Zafer Zur Problematik des Schmerzensgeldes: Feststellung und Ersatz des entschädigungspflichtigen immateriellen Schadens und die Doppelfunktion des Schmerzensgeldes, Logos Verlag, Berlin 2001. Zitiert als: *Zeytin*, Problematik Schmerzensgeld

Zöller, Richard Zivilprozessordnung mit FamFG (§§ 1–185, 200–270, 433–484) und Gerichtsverfassungsgesetz, den Einführungsgesetzen, mit Internationalem Zivilprozessrecht, EU-Verordnungen, Kostenanmerkungen, 32., neubearbeitete Auflage, Verlag Dr. Otto Schmidt, Köln 2018. Zitiert als: *Zöller*-Bearbeiter

FSC
www.fsc.org
MIX
Papier | Fördert gute Waldnutzung
FSC® C083411

Kolibri 360 GmbH
Ferdinand-Jühlke-Straße 7
99095 Erfurt, Deutschland
produktsicherheit@kolibri360.de

Druck:
CPI Druckdienstleistungen GmbH
im Auftrag der
Kolibri 360 GmbH
Ferdinand-Jühlke-Str. 7
99095 Erfurt